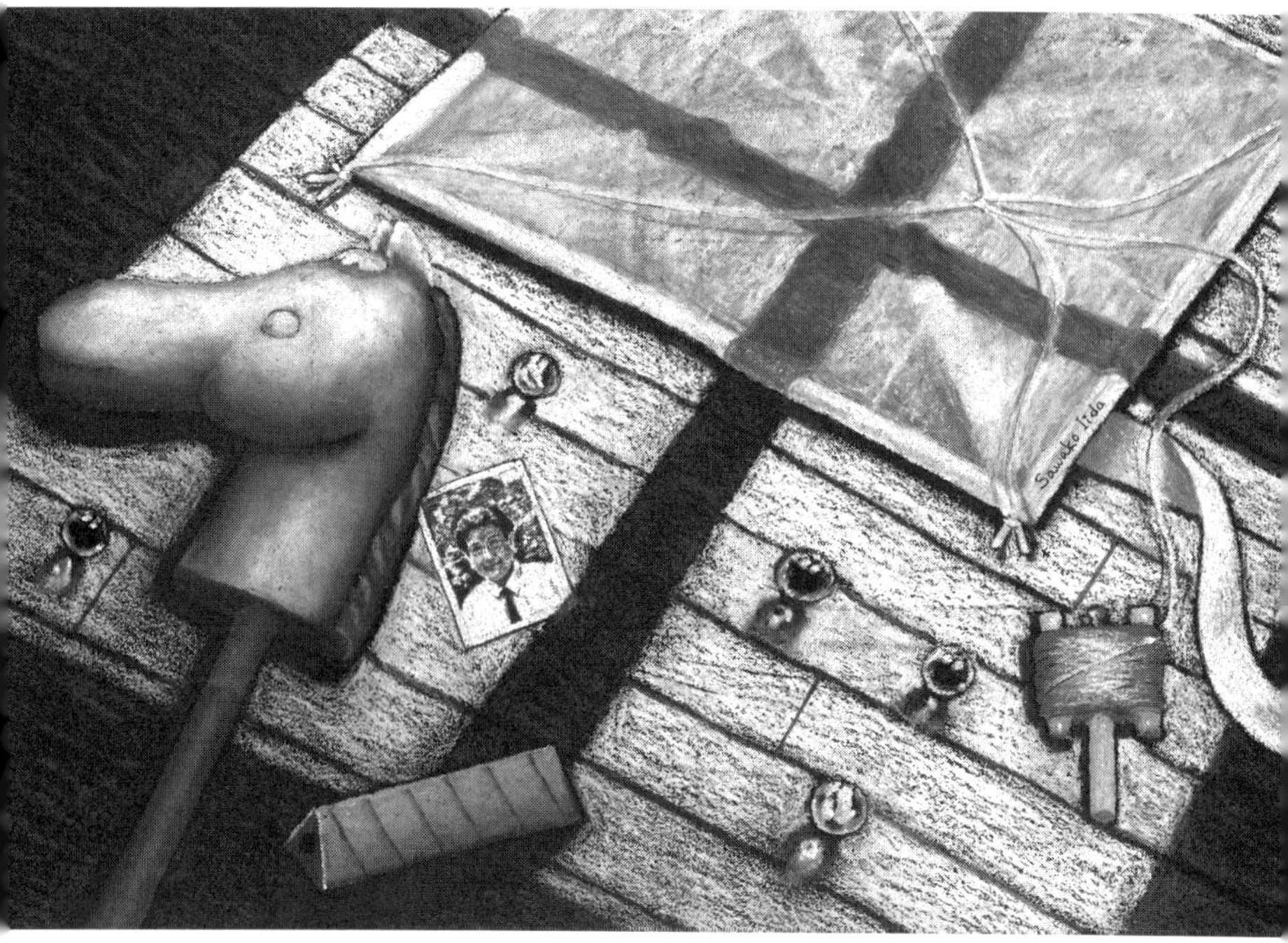

大橋誠を求めて

「千葉大腸チフス事件」の冤罪を告発した疫学者

飯田佐和子 編

一葉社

はじめに

一九六五年（昭和四十年）から一九六六年、千葉や静岡で腸チフスが流行しました。ひとりの医師がバナナやカステラにチフス菌をつけて故意に流行らせた、とマスコミで報じられました。「千葉大学腸チフス事件」とよばれる一連のものです。

疫学の専門の立場から、故意に流行らせたのには矛盾があると考える疫学者たちがいました。日常の業務の時間外に仲間とともに検査、調査、研究を重ね、〝犯人〟とされたその医師の冤罪を確信して訴え、腸チフス患者を隠した病院や、管理すべき厚生省の責任を追及しました。その中の一人。

それが大橋誠《おおはしまこと》です。

国立予防衛生研究所に勤め、一九七六年に東京都立衛生研究所に移り、所長を務め、五十九歳のときに膵臓炎で入院。復帰を目指しますが回復せず退職。一九九二年（平成四年）六月、六十一歳で逝きました。仕事において妥協せず、自分にも人にも厳しい人でした。娘が二人。家庭サービスなどすることはなく、家の事は妻に任せ、たまに行く釣りが何よりの楽しみで、入浴時間はすこぶる短い。

大橋誠……私の父です。

事件後の一九六七年に名古屋大学理学部で講演した記録の中から、父の言葉で説明しますと、疫学とは「集団を対象として、疫病あるいは健康状態をみていこう——どういう病気が、どのように集団に入り消長してゆくか、健康であるとはどういうことであり、どういう人が健康な生活を過ごすことができるかなどを、集団を対象として検討し、結論を出していく——そういう学問で、いわゆる「集団を対象とした医学」」です。

同じくその講演の中で、自己紹介を兼ねて平素何をしているか、このように話しています。

「私が勤めております国立予防衛生研究所の業務は、大きく分けて、次の二つのものから成り立っています。一つは、諸々の疾患の（関連する診断・治療の問題も含めて）予防衛生的な面についての研究の業務で、一つは、ワクチンとか抗生物質とかの生物学的製剤の検定の業務です。その中にありまして、私は、細菌第一部ファージ型別室に所属しており、細菌に起因する疾患について研究しております。特に取り扱う細菌としましては、腸チフス菌・ブドウ球菌など、ファージ型別（流行の伝幡などを調査するために、細菌をバクテリオファージに対する感受性によって識別する）という方法を用いて疫学的な調査・研究のできる種類のものであります。したがいまして、このファージ型別の手技を実際に行なうばかりか、平素から流行がどういう動きをしているかというようなことをも、同時に調査・研究しているわけです。とりわけ腸チフスの疫学については心がけて勉強してきました」

父が「千葉大学腸チフス事件」に関わったいきさつと、懸念したのは次のようなことでした。

「私がこの流行の調査・検討をしているうちに、現在、公判の席で問題となっているような結論に、必ずしも到達できないのではないか、あるいは、かなり別な観点からこれを見直してみる必要があるのではないか、という疑念を抱くに至りました。当時、新聞がこの流行を事件として報道し始めた頃から、我々研究所の内部で、私を含めこれに関心ある多くの人々が集まって、ディスカッションをする機会がありまして、その頃からすでに私自身、この疑念を表明し続けているのであります。

事件の経過につれ、調査資料が増えるにつれ、また公判を傍聴して、起訴状や冒頭陳述の内容を聞いたりいろいろな証拠内容を知る、ということによって、当時、この事件が発表されました時と、まったく同じ考えを今もなお持っているわけではありません。しかし、少なくとも、現在提唱されているような検察庁の態度、考え方というものに、全面的に納得できるものがないという点においては、一年前と現在とでは、私はほとんど変わらない考え方を持っております。

私が抱いてきた考え方は、警察、検事、厚生省の方々にも、何度かお話ししてありますが、それでもなお、裁判の席で私が知りました限りでは、私が投げかけた疑問を明らかにする努力はその後、あまり払われてないような気がします。

こうしたことから、私が最も心配するのは、専門的に検討して出た疑問をはっきりさせる調査を済まさないで、最初に出された説を押し通すことにより問題の解決をはかるという事によって、将来、学問がゆがめられ、(防疫対象がゆがめられ)結局そのひずみが、一般市民の保健・福祉に跳ね返ってくる、そうした事態が必ず起こるのではないかという事であります。

最近、いろいろと検討した結果、今この調査をさらに深めていくことも大切ですが、それと同時に、裁判の在り方を我々が検討するに足るような資料にもとづいて行なわれるようにし、しかも我々が納得するような形で進められるように努力する必要があると考えるに至りました」

父が体の不調を訴えて入院したのは、一九九〇年の秋、膵臓炎でした。癌の疑いは五〇パーセント。検査を繰り返しても、その疑いははっきりしないまま入院生活は長くなりました。父は病院にワープロを持ち込む許可を得て、「千葉大学腸チフス事件」や仕事の記録をまとめ、それだけでなく、仕事への思いや病気への不安などのエッセイを書きました。一九九一年に出版した『広い窓』というその本は、普段会話することの少なかった父を知る機会になりました。

私は、父が単なる研究の成果を綴ったものではなく、私たち家族の宝物となりうる本を残してくれたことに対して、何かしなくてはいられませんでした。父へのお返しに、そして自分のために、父との思い出を綴ることにしました。当時通っていた児童文学の講座の柏原怜子先生の指導を受け、ご主人にも編集にご尽力いただいて、父への思いを一冊の本にまとめました。その『大きな重い枕』(木杳舎、現・風栞舎)を書いたのは、息子が小学校二年生、娘が幼稚園の年少だった一九九九年でした。

息子が年中のときに、かわさきおやこ劇場に出会い、生の舞台を通して地域で子育てをしてきました。たくさんの母に出会い、子どもには感動できる心を持ってほしい、人と関わってほしいと思うようになって、それまでのきちんとさせようとした子育て感が大きく変わりました。『大きな重い枕』には息子をよく怒ると書いていますが、おやこ劇場に関わるようになってから子どもたちを怒ることはなくなりました。

息子が社会人になり、娘も大学生になったとき、かわさきおやこ劇場の創設に関わった方々と話し学ぶ機会を多く持つようになりました。社会をつくっているのは私たち一人ひとりであり、皆がつながって考え話し合う、そういう人が増えることでよりよい社会をつくるのだと考えるようになりました。おやこ劇場を通して一葉社の和田悌二さんと大道万里子さんに出会い、家族の分しか残っていない『広い窓』のコピーを読んでいただき、本を出すことになりました。一葉社は、日本の児童青少年演劇を確立した舞台女優の伊藤巴子さんの本『舞台歴程——凛として』など、今の社会に必要な本を世に送り出している出版社です。

『広い窓』から「千葉大腸チフス事件」に関わる文章と、それを補うためのいくつかの文章。『広い窓』と、『大きな重い枕』からの抜粋を加えて一冊の本にまとめました。

『広い窓』の中の「千葉大腸チフス事件の教えるもの」は一九七三年千葉大学医学部での講演記録ですが、最後に父はこのように述べています。

「科学者が、その科学的能力の貧困さから、あるいは科学者としての社会的責任についての考えの甘さから、知らず知らずにこのような間違った科学の利用に加担してしまう愚かさに思いを馳せてみなくてはならないと思います。疫学も科学の一分野であります。これを利用しようとする者は学者であっても行政官であっても、方法論的な厳密さについて常に自ら精進する心掛けが大切でありましょう。そうでなければ、疫学というものは科学としての存在の意義を失ってしまうと考えます。それにも増して、科学は「人類の健康で幸せな生活」および「人権」に背を向けては存在し得ないことを決して忘れてはならないと思うのであります」

今の社会は「人類の健康で幸せな生活」と「人権」に背を向ける理不尽なことが溢れているように

思います。冤罪事件のみならず、沖縄の米軍基地問題、福島原発事故とその後の住民の生活の保障問題、秘密保護法や〝戦争法〟、共謀罪など憲法を無視した法案などなど。そして世界に誇る日本国憲法を変えようとしています。

誰もが「大橋誠」になったら今の社会はよくなる。それを問うための本であると考えます。それはまさに、私自身が「大橋誠」にならなければならないということなのですが、父のように生きるというのは簡単なことではありません。でも同じ思いの人がもっと増えれば可能なのではないか。そう思えるのです。

2018年6月

飯田佐和子

大橋誠を求めて

「千葉大腸チフス事件」の冤罪を告発した疫学者

目次

装　画／飯田　佐和子
「父・大橋誠を求めて」
（２０１８年）
装　丁／松谷　剛

※本書に登場する人物の年齢・肩書きは、
それぞれの文章の発表当時のものです。

I

冤罪「千葉大学腸チフス事件」

1973年10月28日千葉大学医学部でのシンポジウムで
「千葉大腸チフス事件」について講演する大橋誠（本書24頁）

薮の中

東京都立衛生研究所元所長　大橋　誠

以前「週刊朝日」の副編集長であった大熊一夫さんが病床を見舞ってくださったのは東京電力病院へ転院した当日、一九九一年一月七日の夕暮れであった。彼は「ルポ精神病棟」の著者として勇名を馳せた人であるが、隠れた名バリトン歌手でもある。時々ブリジストン・ホールなどでリサイタルを開いておられるらしい。年賀状で知るだけで、私はまだその美声を聞いたことがないが、平素のテレたような表情から受ける印象では、凜々しいタキシード姿で舞台に立つ彼を思い浮かべるのは難しい。私には、彼が往々にして記者諸君に見られる「さもしさ」を持たないところが好ましく思える。たぶん昨年の夏だったと思うが、朝日新聞社を勇退され、今はフリーのライター生活を送っておられる。奥様の由紀子さんは、まだ朝日新聞社に在籍、以前は科学部の第一線の記者であったが、今は論説委員としてご活躍中である。少しも老けられない不思議な方である。最近は高齢化社会における医療・福祉問題や患者の権利問題に関心をお持ちのようで、そちらの方面のご造詣が深い。一度ある会で講演をお願いしたことがあるが、大変興味深いお話であった。

私はこのご夫婦と千葉大腸チフス事件を通じて知り合った。むしろ、その件で世話になったというべきであろう。あの事件がマスコミで取り上げられ、検察が起訴に踏み切ったのが一九六六年であったから、もう四半世紀も前のことになる。

千葉大腸チフス事件は、一九六六年の春にマスコミに登場した。そのころ、千葉大学第一（三輪）内科、川崎製鉄千葉工場、社会保険三島病院、静岡県御殿場地域の四か所を舞台に腸チフス（一部では細菌性赤痢を含む）の大流行が発生し、これらのすべての場所と関係のある同内科の無給医局員鈴木充医師が故意にバナナやミカンに菌を付けて、同僚医師や看護婦、親族らに食べさせて発病させたという容疑内容の事件である。

事件発生当時、私は国立予防衛生研究所の細菌第一部で腸チフス防疫のための全国的なサーベイランス・システム（監視体制）を確立しようと努力していた。この病気の患者を診断した医師には届出の義務が課せられている。伝染病予防法で決められているところである。これによって患者発生状況は把握できるし、患者は伝染病病院に収容・隔離され、公費で治療される。しかし、大抵の場合対策はここまでであって、流行の原因を究明し、それを排除することによって拡大・遷延《せんえん》を防ぎ、同じ理由で二度と流行を繰り返さないようにする積極的な姿勢には欠ける。腸チフスは患者や保菌者の糞便、ときには尿で汚染された飲食物を摂取することで感染する。ヒトだけを宿主とする病気であり、分離された原因菌株をファージ型別という方法で識別し、それを指標として広域にわたる流行監視体制を整えることが予防対策上きわめて効果的である。言い換えれば、分離菌株のファージ型を頼りにして、隠れた広域流行を感知したり、伝播経路や感染源となった患者・保菌者を追求することが可能なのである。そして、原因となった患者や保菌者を適正に治療していけば、腸チフスは理論的にはいずれ絶滅し得る病気である。欧米の先進諸国では、当時すでにそのような監視体制が整備されていたが、日本では、国立予防衛生研究所でファージ型別検査ができるというだけで、行政的な事業としての監視体制が整うまでには至っていなかった。そのころ、私はこの監視体制を具体化させることを業務上のテーマとしていた。当然、千葉大病院内科や三島病院での腸チフス流行もまた私の関心事であった。

そんな経緯から、この一連の流行の発生についても、私は比較的早い時期に情報をキャッチしていた。本件の犯人とされた鈴木充医師から知らされていたのである。彼は千葉大三輪内科の先輩の紹介で、ブドウ球菌のファージ型別法を習得するために、私の研究室へ実習生として通っていたことがある。記録によれば一九六四年の六月十五日から同年十月七日までであった。学位論文の仕上げのためにこの技術が必要であったという。その研修が終わってから腸内細菌の分離同定についても技術を習って帰った。当時、千葉大学付属病院には中央検査室がなく、彼が所属する三輪内科の第六研究室が感染症関係の検査を行なっていたので、その腕を磨いて帰ろうと考えたらしい。

確か、あれは一九六五年の十一月のことと記憶するが、鈴木医師が千葉大学内科での流行例からの分離チフス菌株のファージ型別を依頼するために持参し、来所した。その時に彼から千葉・三島・御殿場に発生した一連の流行の発生について知らされたのである。私は直ちに静岡県衛生研究所へ連絡して、流行に関連する分離菌株を届けていただいた。ファージ型別の結果は、すべての分離株がＤ２型で、千葉と静岡の流行は相互に関連があるかもしれないと推定された。上司である福見秀雄部長にこのことを報告し、部長は厚生省防疫課に調査の必要性を説いた。しかし、その返事は「対策は十分取られている、特に調査する必要はない」との返事であった。そのようなことがあって後、一九六六年の三月には三島病院での流行が地方新聞で取り上げられた。以後、朝日新聞が「鈴木医師の犯行説」を打ち出し、他の新聞社も同調して狂ったように犯行説のキャンペーンを繰り広げた。「鈴木医師犯行を自白」、「細菌魔の人体実験」などの記事がでるまでは一瀉千里の観があった。私までが、チフス菌の管理がずさんであったから鈴木医師に盗まれ犯行の手段を提供する結果となったなどと、いわれのない非難の的とされた。

私は入手可能な資料を分析し、舞台は病院であるが普通に見られる流行にすぎないと推測していた。しかし、千葉県警から、「鈴木医師の持っていた資料の中にチフス菌を用いた人体実験を証拠付けるようなものがあるかどうかを検討してほしい」と依頼され、千葉県警の福祉施設「なぎさ荘」で持たれた非公式会議に参加してみて、奇異な印象を抱いた。同席した厚生省防疫課技官や他の一部の出席者に、これは犯行による事件だという予断の上での発言が多かったのである。犯行を思わせるような資料は全くなかった。それにもかかわらず、またこれが秘密会であることが前もって周知徹底されていたのに、翌日の毎日新聞朝刊が「検討委員会が犯行と断定」と報じた。検討委員会などというものは存在しなかったのに、存在したかのように書かれた。このような状況から推して、私は犯行説に大いに批判的であった。というより、むしろこのころすでに冤罪事件の臭いを嗅ぎ取っていた。幸いなことに、同じ部で腸チフス・ワクチンの検定と関係分野の研究に携わる同僚の山田千昌さんも犯行説に疑義を持っておられ、一緒に調査してみようということになった。調査検討を進めるにしたがって冤罪の臭いが次第に濃くなり、そのことを世に訴えた。いきおい、被疑者鈴木医師の弁護側に立つこととなった。本事件は、事実上厚生省防疫課の告発によって成立した向きがあるので、私たちは同じ厚生省にありながら、これと真っ向から対立する形とならざるを得なかった。当時、山田さんも私も三十歳代の中ごろで、まだ向こう見ずな青年の情熱を多分に残していたのであろう。このような言動が自分の置かれた社会の中での自決を意味するなどという考えは全然抱かなかった。

しかし、現実は厳しかった。マスコミは犯行説を煽った手前、私どもの反論に全く耳を貸そうとはせず、四面楚歌の状況であった。

そのような雰囲気の中で、マスコミ関係者中最も早く私どもの主張に耳を傾けてくださったのが大熊夫妻であった。しかし、彼らの納得を得るまでにも相当の手間が掛った。自分自身で入念に資料を検討する科学者としての眼を備えておられたからである。しかし、納得されてからは、実に頼りがいのある支援者であった。自ら朝日新聞や週刊朝日に犯行説に疑義をはさむ記事を書いてくださったのみでなく、朝日ジャーナルに私たちの意見を陳述するための誌面を確保するのに仲介の労をとってくださった。担当の朝日ジャーナルの記者は鳥海茂氏であったが、この方の御支持にも感謝しなければならない。度の強いメガネをかけて、私の拙文を丁寧に添削してくださった姿が今でも眼に浮かぶ。夜を徹した作業であった。鳥海氏は飲みっぷりの豪快な方であった。あの後ご無沙汰のまま打ち過ぎているが、お元気であろうか。

やや余談になるが、その後本件被告を主人公として『罠』と題する小説を書いてくださった芥川賞作家の畑山博氏も私どもの主張のよき理解者のお一人であった。同じく作家の青地晨氏にもありがたいご支援をいただいた。また、裁判が進行するにしたがって、法曹界にも支援者が増えていった。木田純一、横山晃一郎、能勢弘之、庭山英雄などの先生方である。日本弁護士連合会人権擁護委員会の先生方にも私どもの主張をご理解願えたようで、ありがたく思っている。

この事件は十三件にも及ぶ傷害事件として起訴された。被害者とみなされた患者の数は六十四名。第一審裁判は一九六六年七月八日、千葉地裁（刑事第二部）で第一回公判が開かれてから、一九七二年十二月二十五日の弁護人最終弁論を経て、翌一九七三年四月二十日の判決にいたるまでに、約八年の歳月を要した。弁護側は、終始科学的な論拠に基づいて、流行は自然発生したもので、「いわゆる自白調書には信憑性はない」と主張した。この主張がほぼ全面的に認められ、「無罪」を勝ち取った。公判百十一回、証人二百余名、鑑定証人三十余名、書証六百九十余点にもおよぶ大型裁判であった。

同年五月四日、検察側控訴。六月十七日、東京高裁（第十一刑事部）扱いで、第二審第一回公判。三十六回の公判を経て、一九七六年四月三十日、原判決破棄、懲役六年の判決。第一審とほとんど同じ証拠に基づいているのに、検察側の「犯行説」を採択しているのが興味深い。証拠書類として重要な患者カルテを改ざんしたり、焼き捨てたりして、証拠の隠滅を図った千葉大関係の医師たちがガン首をそろえて二審の検察側証人として登場しているのも奇異である。

弁護側控訴。一九八二年五月二十五日、最高裁判所第二小法廷は東京高裁の判決を支持し、刑が確定した。

鈴木医師は同年七月十三日から静岡刑務所に服役。一九八六年出所。

弁護人を引き受けられた鈴木元子、大塚喜一両弁護士、特別弁護人となられた山田千昌さんと私との四人で、国家権力を相手とするこの長丁場を戦い抜いた。ただ、研究所の中では、佐藤直行、倉塚和夫、中野健司、本庄重夫、木原光城、高橋佐喜子、三瀬勝利、本間玲子、鈴木健之、中村明子、綿貫まつ子らの諸氏が「千葉大腸チフス事件を考える会」を結成し、国立予防衛生研究所と社会問題との関わり合いについての勉強の素材としてこの事件を検討してくださった。ご支援を賜ったことを大変ありがたく思っている。直属の上司である福見秀雄細菌第一部部長をはじめ、当時の柳沢謙所長（故人）、後任の小宮義孝所長（故人）の各先生から私たちの調査活動にストップがかからなかったことについても感謝している。特に、第二審では、検事が、証人として出廷した私を前にして、私の所属する国立予防衛生研究所が事件の元凶であるとまで発言するに至り、私を陥れようとする態度は露骨の度を加え、その極に達した。所内の研究者で組織されている学友会もこの暴言に抗議してくださった。学友会の主催で、実質的な本件の告発者ともいうべき当時の厚生省防疫課長春日斉氏と私との講演を含む公開討論会も開いていただいた。会議室と廊下をはさんだ食堂とを埋め尽くした聴衆は、私の知る限り学友会始まって以来の動員数であった。よほど気が張っていたのであろう、臆することなく所信を披瀝できた。

二審および最高裁の判決文には、何度読み直してみても、納得できる論旨は発見できなかった。最初から結論が決まっていたとしか思えない。そうでなければ、判事および調査官はよほど科学的な、あるいは論理的な思考が駄目な人達であったとしか言いようがない。

平常の研究・検査業務と平行して事件の真相究明と取り組むことは大変な負担であった。振り返ってみると、それは長い長い道のりであった。

逆転有罪が決定したとき、私は太平洋戦争敗戦時に味わったよりさらに激しい挫折感に打ちのめされたものである。裁判および行政に対する不信感のみが残った。砂を噛むような思いであった。再審請求という方法論は残されているが、刑を終えた鈴木充は、再審を戦う元気を完全に喪失していた。医師免許は剥奪されたままである。その後どうして世過ぎしているのであろうか。家族とも別れて、私たちの前からも身を隠した。

この事件が千葉大関係者と厚生省防疫課およびマスコミによるフレーム・アップであった手ごたえは、大学、行政、司法の三者がそれぞれの権威の擁護という絆で結ばれている図式として、確かに感じとれた。しかし、法廷の場ですらも、事件が冤罪に導かれていった経緯の全貌は、遂に明確な輪郭を見せなかった。私は今でも、私どもの主張が正鵠を射たものであったと固く信じて疑わない。あのころの真実を求めようとする情熱は、埋もれ火のように今も私の胸の中にある。大熊さんと話していて、それがまた火照った。

それにしても、真実とは一体何なのであろうか。時を経るままに、その輪郭はますます薄れてゆくようである。

（大橋誠著『広い窓』１９９１年10月刊より）

〈参考〉一審判決後の新聞記事から

無罪支えた細菌学コンビ――千葉大チフス事件

千葉大チフス事件の鈴木充被告に二十日、無罪の判決が言い渡されたが、七年間の難しい科学裁判で弁護側に全面的に協力、鈴木被告の無罪を学問的に立証しようと努力してきた人々がいる。国立予防衛生研究所細菌部の大橋誠(四三)、山田千昌(四三)両技官だ。厚生省の研究機関に在職している細菌学の専門家が、厚生省防疫課の調査による鈴木犯行説を引き継いだ検察側と真っ向から対立して科学論争を展開した。

異端扱いに屈せず真っ向から科学論争

「最初は共謀を疑われ、次いで内外からの圧力、そして異端者扱い……。でも科学者として得るところが多かった」――。独自の疫学調査や資料分析で弁護側の理論的主柱となった大橋さん、特別弁護人となって活躍した山田さんは異口同音に七年間の苦労と意義を強調する。

細菌部ファージ型別室長の大橋さんは当時から全国で発生する伝染病の病原菌分類を一手にやって

いる。事件になる前から千葉や三島の腸チフス流行を知っていた。細菌分類の手技を実習にきた鈴木被告からも千葉大病院での防疫対策の不備など内情を聞いていた。

だから厚生省防疫課の調査が最初から人為説に傾いていることに細菌の専門家として疑いを持った。主任研究官の山田さんと二人で土曜の午後や日曜を利用して三島へ、千葉へ、御殿場へと綿密な疫学調査の足を伸ばした。その結果はどれも鈴木犯行説では説明できなかった。

「真実が知りたい」――。特別弁護人になれば検察側の資料も手に入る。山田さんは即座に特別弁護人になる決心をした。被告と師弟関係にあった大橋さんは裁判所が認めなかった。

二人の話を聞いた予研の研究者たちもこの事件について学習会をつくって勉強し、二人を支持した。同じ細菌部の中村明子主任研究官、獣疫部の本庄重男室長らは進んで証言台に立ち専門的知識を述べた。昨年末の結審のあと予研の中には「腸チフス事件を考える会」が生まれた。「同じ現象を全く反対に読んでしまう疫学の難しさと、科学者の責任をつくづく感じました」と大橋さんは「被告無罪」の判決を聞いてほっとしながら言うのだ。

（『熊本日日新聞（共同通信）』１９７３年４月21日）

千葉大腸チフス事件の教えるもの

大橋　誠

　これは一九七三年十月二十八日、千葉大学医学部において開催された、ゐのはな祭シンポジウム「現代の疫学――一つのケースとしての千葉大腸チフス事件をめぐって」において私が講演した記録である。シンポジウムは同祭疫学シンポジウム実行委員会および千葉大学社会医学研究会によって準備・実行された。

　当日は、事件発生当時の厚生省防疫課長春日斉氏（現環境庁大気保全局長）の講演も予定されていたが、業務出張のため欠席され、同氏から託された資料「防疫官のノート」が、私の講演に先立って、実行委員会の手で紹介された。

　このシンポジウムは、千葉大学社会医学研究会のメンバーが腸チフス事件を検討している中で、本事件が現代の疫学のかかえている諸問題のほとんどを包含していることに気付き、現代における疫学を学問として発展させていく必要性と、そこにおける科学者の姿勢について討議する意義を痛感し、ゐのはな祭の催し物の一つとして取り上げられたものである。

はじめに

本日の主題である腸チフス事件、この忌まわしい事件が洛陽の紙価を高めてからすでに八年の歳月が流れました。私は今「忌まわしい」という言葉を使いましたが、この形容詞を皆さんはそれぞれの立場で、あるいは本件についての知識の程度に従って、異なったニュアンスで受け止められることと思います。この言葉を使った意図を、私は最後にまとめとして説明しようと思っています。今は聞き流してください。冒頭、まずは、本日このゐのはな祭の催しの一つとしてこの事件を取り上げ、現代の疫学について考察する材料とされた、準備委員会の方々の勇気ある決断と、謙虚な科学的態度に敬意を表するものであります。いうなれば、腸チフス事件は皆さんの大学にとって未だ生々しい傷跡であります。傷の痛みにただ耐えるだけでなく、これを進んで疫学の発展のための糧とされようとする企画者の意図に感激して、本日の講演をお引き受けしました。元より私は現代の疫学というような大きなテーマについて語りうるほどの資格はありません。また、話も上手でありません。しかし、私自身がこの事件と関わり合いを持つようになって、非常に多くの事を学びました。そして、多くの考えなくてはならない重大な事柄を現在もかかえこんでおります。このような私の経験を、この事件の経過を紹介しながら皆さんに語りかけてみようと思います。これが未熟ながら言葉だけは非常にポピュラーになった「疫学」を、より深く考えてみる一つの触媒として役立つならば幸いであります。

私は平素、疫学とは集団現象を取り扱うメディカル・サイエンスであると考えております。その意味で医学という実社会と生々しく関わり合いをもつ科学のあり方について、考えめぐらす素材を提供することができれば、その喜びはまた当然、非常に大きいものであるといわざるをえません。

さて、私は国立予防衛生研究所の細菌第一部ファージ型別室に所属して、平素から腸チフスの疫学的研究に携わってきております。この事件が発生したころもそうでありましたし、現在もそうであります。全国各地で分離されるチフス菌をファージ型別という方法で識別し、その結果を通じ腸チフスの発生状況を全国的に観察して広域流行の感知に役立てたり、感染経路の追及に利用するなど、その結果を防疫対策のために提供する立場でもあるのです。いきおい、この事件に係わる流行の発生当初からその調査に関係してきました。一九六六年の三月、マスコミがこの事件を取り上げだしたころ、それは厚生省防疫課が調査を始めたころでもあるのですが、私もまた厚生省防疫課に協力して、資料を提供してきましたし、共にこの一連の流行について疫学像を検討する機会も持っていたわけであります。しかし、同年の四月に入ってからは、この流行像を分析・検討する基本的な態度において厚生省の防疫課と相入れないものがあり、以後の調査は私独自のものとして遂行しなければならなくなりました。すなわち、厚生省防疫課は自らが打ち出した犯行説に固執したまま、これで防疫担当者としての調査は終了したとし、この件を検察の手に引き渡したからであります。

しかし、当時入手できたすべての資料を分析してみて、私はその程度の調査結果からは犯行説などという結論は決して導き出し得ないという考え方を打ち出し、異議を挟んでいたのであります。(註)その後、私自身も流行現地を訪れていろいろ調査しました。しかし、個人的な努力では、ましてあのように狂ったようなマスコミのキャンペーンの中で、私がなしうる調査には自ら限度がありました。検察が起訴に踏み切ってからは、公判審理の場を通じて本件流行の真相を明らかにするという方法だけが残されたのであります。幸いなことに、私の同僚の山田千昌博士、この人もまた早くから犯行説に疑義を抱いていましたが、この人が流行調査を共に行なってくださいました。同博士は私共の研究所で腸チフスワクチンの検定とそれに関連した研究に従事する立場にある方で、後に本件の特別弁護人として終始活躍されました。さらには本件被告鈴木充医師の弁護人となられた、鈴木元子、大塚喜一両弁護士が私共の考え方に賛同され全面的に流行の真相究明に協力してくださいました。事件の真相を知ることが、弁護活動の基本であるとするこのお二方の識見に絶大な敬意を表するものであります。

七年間にわたる公判審理の結果、現在では、当初私が抱いていた犯行説に対する疑問は当を得ており、あの一連の腸チフス流行は自然に起きたもので、鈴木医師の犯行の事実は無かったことが立証されたと思っています。そして、あのように流行が拡大・遷延していったのは、防疫対策に欠陥があったためであることも明確に立証されております。このような結論を得るに至った大きな原動力が、今申しました御三方の法廷の内外における努力にあったことを紹介しておきたいと思います。

(註) 大橋誠「防疫および疫学的立場からみたチフス事件」(『国立予防衛生研究所学友会報』一九六六年・4号、10～36頁)、大橋誠「千葉・三島・御殿場腸チフス流行犯行説に対する疫学的批判、特に疫学的結論を行政へ正当に反映させるために」(『生物科学』一九六八年・20号、153～162頁)。

流行の概況

本件における一連の流行が発生してから八年余の歳月がたちました。したがって皆さんは問題になった腸チフスの流行がどんなものであったか、またその中のどのような現象を基に犯行説が浮び上がって来たか、記憶が薄れているはずだと思います。そこで、まず流行の概略から説明を始めます。

残念なことに、先ほど「防疫官のメモ」としてその考え方の紹介がありましたが、予定されていた演者、当時の厚生省防疫課課長春日斉先生が欠席され、犯行説のよってきたる論拠もメモの内容から理解せざるを得ません。しかし、先ほど司会者が朗読して紹介された春日メモの内容は、私が聞く限り、事件発生当時提唱された犯行説とかなりニュアンスがずれております。少なくとも一部分が削除されております。春日先生自身がお話しになれば、より説得力のあるものになるかもしれませんが、私が主張している説ではありませんので、説得力に欠けるのは止むを得ません。以下の説明は、当時すでに私の手元にあった当該流行に関する資料、すべてではないかもしれませんが厚生省防疫課の方々が検討の基礎とされたと思われる資料、また、春日先生の講演の記録(註)、裁判における検察側の主張などに基づいております。

まず最初に、図1に事件に包含される一連の腸チフスおよび赤痢流行の患者発生状況を示しました。一番上から発生の舞台別に、旬別の患者発生数を発病日でとって棒グラフで示してあります。一番上「川鉄及び千葉市内」と書いた欄をご覧ください。事件が問題にされだしたのは一九六六年ですが、患者の発生はその前年、一九六五年の夏から問題になります。千葉市内では、ここに斜線（編注・スミアミで表示。以下同）で示しますように、一九六五年の五月から七月までに三例の腸チフス患者が届出されています。先ほどの春日メモでは、当時問題の地域には腸チフスの散発例すら発生がなかったと説明されていましたが、それは嘘であります。このように散発例が出ております。川鉄医務課内の流行、いわゆる「カルピス事件」が起こったのがこの年、一九六五年の八月であります。その後も、同年十月

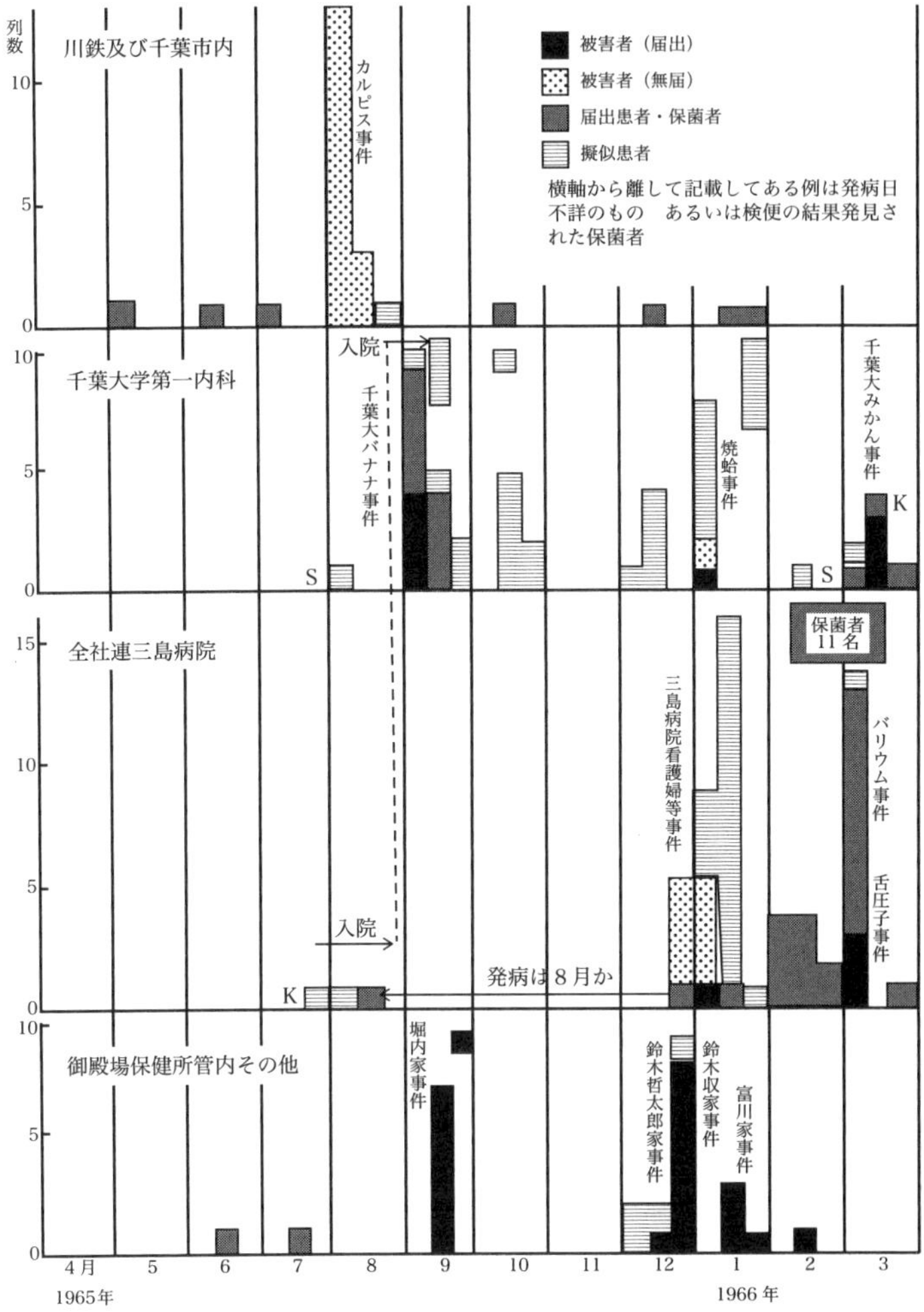

図1　旬別患者発生状況（発病日分布）

から一九六六年一月下旬までに届出患者が四名出ました。

次の欄が千葉大第一内科の六研を中心とした患者発生状況です。内科の職員を中心とする腸チフス流行、いわゆる「千葉大バナナ事件」が発生したのが一九六五年の九月であります。

斜線および黒く塗りつぶした例が届出された腸チフス患者です。その内、後者が起訴の対象となった被害者であります。大学内では次の年の一月、いわゆる「焼蛤事件」と言われる事件が発生するまで、その事件の被害者とされる一人が届出されているだけで、それ以外は全然届出されていません。すなわちこの図の中に横線で示した例、後で詳しく述べますが、これらは隠されていた患者です。一九六五年九月と一九六六年一月には内科関係者の検便が実施され、その結果何名かのチフス菌保菌者が発見されましたが、それらについても届出はされていません。図では保菌者は横軸から離して書いてあります。次いで、一九六六年の三月に至って、いわゆる「千葉大みかん事件」といわれるものが発生しています。ここでは三名の患者が被害者とされていますが、同じころに発病し、届出された他の三名は被害者とはされていません。

次の欄が社会保険三島病院関係の流行であります。この病院の内科へは千葉大内科から医師が派遣されています。三島病院において問題になる最初の腸チフス患者は一九六五年の八月に発病した臨床検査担当の技師です。これは届出されております。その後、いわゆる「三島病院看護婦等事件」と呼ばれる流行が一九六六年の一月に発生しました。この時の患者三名はかなり遅くになって届出されております。そのうちの一名が起訴対象の被害者とされています。その他にも、このようにたくさんの腸チフス疑似患者が集団風邪の名で隠されていました。引き続き、二月、三月にも、多くの患者発生が届出られています。これは、三月の中旬に同病院の副院長であった内科医が不幸にも腸チフスで亡くなられたのを契機に、地方新聞が「三島病院が腸チフスの巣」という書き方で報道しはじめ、これに刺激されて関係者検便が入念に行なわれたため、結果として患者、経過者あるいは保菌者が多数発見されたということであります。

春日メモでは、これらの患者は厚生省防疫課が活動を開始したために発見されたということでしたが、そうではありません。はっきりいって、三島保健所の努力によるものです。しかも、一九六五年の暮から一九六六年一月にかけてこのようにたくさんの患者が発生していたにもかかわらず、病院ではいわゆる「集団風邪」であるとして隠蔽しようとしました。当時、三島保健所はいろいろな角度から検討した結果、これらは腸チフスの疑いが濃いと判断し、本格的な調査を実施しようと考えておりました。しかし、厚生省防疫課はそれを認めようとしなかったのです。私は今でもまざまざと想い出します。当時その調査を担当した保健所の職員が「厚生省から来た技官が我々の努力を無視して『この風邪は、病院が風邪だというのだから風邪だ。腸チフスとしてはどうしても認め難い』といって退けた」といった事実があったのを、非常に憤懣やる方ない表現で私に訴えたことがありました。このことはこの流行の規模を知り、原因を分析する上で、また厚生省の当時の姿勢を知るのに重要な意義をもっております。

一番下の欄が御殿場保健所管内及び小田原、松田保健所管内にわたる鈴木被告の実家に関係する患者群であります。まず、いわゆる「堀内家事件」といわれるものが一九六五年の九月に、十二月には「鈴木哲太郎家事件」、「鈴木収家事件」が発生しております。それから一九六六年には「富川家事件」

と呼ばれる患者発生が、春日メモにありましたように「家族内集積性が高い集団発生」の形で四件発生しております。同メモでは、当時御殿場保健所管内には腸チフス患者の散発例が皆無であったとのことですが、事実は二件の届出があります。一九六五年六月と七月にそれぞれ一件ずつ届出がされています。これらの二件については、この事件が刑事事件として取り上げられてから、というよりは私共がこの散発例の存在を指摘し検討を必要とすると言い出した途端に、実はあれは腸チフスではなかった、誤診であったという医師の証明書が作成されております。しかし、私が山田先生と一緒に調査した限りでは、このうちの少なくとも一例については実際にチフス菌が分離されていることを診断した開業医から聞いています。

この図1で示したように、各事件の被害者とされた患者、あるいは届出された患者以外に、同じころたくさんの腸チフス患者が発生していたことを記憶に留めていただきたいと思います。

(註) 春日斉「千葉大チフス事件から」(保健同人事業団主催、朝日新聞厚生文化事業団後援「医の倫理、講演会と討論会〈二〉」一九六六年五月十九日、於朝日講堂)

犯行説の論拠

このような流行の経過の中で、犯行説が提唱されたわけですが、その論拠とするところを概略まとめますと次の通りであります。

犯行説の論拠のまず第一は、春日メモにもあったように、鈴木医師がすべての流行に関係し得る存在であったという点であります。千葉大内科に籍を置く彼は、川鉄医務課および三島病院へ非常勤医師として出向いていました。そして、御殿場保健所管内の静岡県駿東郡小山町は彼の生まれ育ったところであり、父母が住んでいます。

二番目。しかし、彼は患者でも保菌者でもなかった。これも事実のようであります。葛城病院へ強制的に収容隔離され、検査を受けた時点ではチフス菌は検出されませんでした。

次、第三には、千葉、三島あるいは御殿場保健所管内で発生した各流行の患者から分離されたチフス菌がすべてファージ型Ｄ２であったことであります。このことの解釈については後で触れますが、私が実施した検査の結果でありまして、これも事実です。

四番目には、特に御殿場の流行例では家族集積性が高く、比較的発病日がそろっている。すなわち「一斉に」発病している。

それから第五番目には、これら一連の流行に含まれる患者が食中毒様の発症形態をとり、また重症例が多く、典型的な腸チフスの発症の形態ではなかったこと。実は、この事が当時彼らが犯行であると主張した最も基本的な論拠の一つであったのであります。しかし、この二点は事実ではないことが公判廷で明らかにされました。すると不思議ではありませんか、論拠から姿を消すのであります。なぜか先ほどの春日メモでは全く触れられていませんでした。

六番目。どの流行においても患者の発病に先立って鈴木医師から贈物が届けられている。あるいはその患者に対する診療行為があった。しかも贈物はバナナやミカンなど普通の腸チフスの流行では原因食として指摘されたことがない食物であったというのであります。

第七の論拠は、潜伏期が異常に短いということです。人為的に多量の菌が入っていたから急激に発病したというのです。この点も、ナンセンスであることを後で詳しく説明します。

次、八番目には特殊例が存在するという主張です。特殊例とは、流行地へたまたま一回だけ行き、そこでの飲食が原因で罹患したと考えられる例で、流行の感染経路を割り出すのによく利用されます。春日メモの中でも述べられていましたが、鈴木被告の弟の奥さんの母親がたまたま彼がバナナをもって弟の家を訪れた日に居合わせ、弟夫婦と同じくそのバナナを食べた。そして腸チフスに罹患した。これを特殊例と彼らは思ったのであります。平素は行動を共にしていないから、たまたま行動を共にしたその日に原因が作用したと考える、これはそのことが事実である限りは、原因究明に際して説得力があります。これについても反論がありますが、後で話します。

また、以上のほか、鈴木医師は大学の研究室で腸チフス菌や赤痢菌を取り扱っていたという事実がある。そして、鈴木医師を葛城病院へ隔離することによって一連の流行がおさまったではないか、これは原因が除去されたことを意味する。その他に、感染源として説明し得るような患者や保菌者は全くいなかった。これらも、全く説得力はありませんが犯行説の論拠の一つであったはずです。さらにこれらに加え、傍証として次のようなことが強調されていました。まず、保健所などへ流行の事実を電話で通報したり、新聞社へ投書したり、奇怪な行動があったというのです。私はそれほど奇怪と思いませんが、裁判の経過中、その一部分は鈴木被告がやったことが明らかにされました。しかし、そうでない通報もたくさんありました。

以上の論拠を総合すると、これらの罹患者たちはきわめて多量の菌で汚染された食品を食べたと考えざるをえない。そのようなことは自然界では起き得ないので、犯行である。この論法は春日メモで紹介されたとおりであります。

次に、鈴木医師は過去に奇異な行動が多かった。例えば、朝廊下で看護婦さんに会った時、挨拶するのに最敬礼する。あるいは川鉄にアルバイトに行っていたが、朝出勤前に研究室へ来て仕事をする。帰りにも寄ってゆく。日曜日にも出て来て仕事をする。こんなことは普通は行なわない。これらの行動は異常である。こういう事も傍証として挙げられています。

さらにもう一つ、日本では過去にチフス菌を凶器として使用した犯罪行為が二回起きているという、全く本件とは関係のないことまでも傍証として挙げられております。

これは一連の腸チフス流行とは無縁ではありますが、いわゆる「カステラ事件」という赤痢流行が、腸チフスの流行が始まるさらに一年前の一九六四年の十二月に、千葉大内科で発生しています。これは千葉大学の内科で医局員や看護婦がカステラを食べ赤痢に罹患したという事件です。これについては原因と思われるカステラの屑、小豆大の屑から、それは床に落ちていたものだそうですが、赤痢菌が分離されている。そして、当時誰が扱っていたかわからない赤痢菌の培養された試験管があり、このことを同僚の医師から指摘された鈴木医師がまごまごした態度を取ったといわれている事件です。推定原因食から原因菌が分離されたと証言する人がいるという意味で、非常に刑事訴訟上重要な存在であったはずであります。これが犯行説をもっともらしく見せるのに大いに役立っていたようです。しかし、赤痢菌を検出したと主張する医師が用いた方法では、赤痢菌は分離できないことが、その後、専門家の鑑定によって明らかにされています。

以上が当時の厚生省防疫課の見解だと思っていただいてほぼ間違いないと思います。

検察官は、以上のほかに自白調書を証拠として法廷に提出したのであります。その自白調書のなかで犯行の動機が変遷しており、検察官の主張が一審の審議中に人体実験説から異常性格論へ変わってしまった非常に不可解なことがありますが、疫学的な問題ではありませんので、省略いたします。自白をめぐる問題としては、もう一つ自白による犯行態様によって患者の発生状況を科学的に説明し得るかどうかという事も議論の対象となりました。これは、春日メモの中で強調された「菌数と潜伏期との関係」の問題とも係わり合いを持つので、後で詳しく触れることにします。

以上のような犯行説の論拠は、一見して非常に説得力があるように思われます。いや、事実ほとんどすべての人がこれを信じ込まされるだけの説得力があったのであります。しかし、この論拠にはいくつもの非常に大きな陥穽があります。以下それを逐次ご説明しようと思いますが、その前に説明に対するご理解を容易にするため、腸チフスの流行調査についての一般論を少し付け加えておきます。

腸チフス流行調査における問題点

これはどの教科書にも出てくることで、改めて言うほどのことはありませんが、表1に流行が起きた場合、その原因を推定する疫学的なアプローチの順序を示しました。まず最初に重要なことは流行像を客観的に観察して正確に把握するということであります。二番目には流行像を基礎として原因を説明すべく仮説を設定することであります。因果関係であるために満たすべき条件は、表に挙げたとおりです。当然のことながら、時間的にみて原因は結果の前に作用していなければなりません。統計的な関連性も大事です。また、用量—反応曲線が成立するかどうか。すなわち、感染菌量が多ければ、春日メモにもありましたように、感染率が高いというようなことです。

次は、特殊例の検討。これについては鈴木医師の弟のお姑さんの例として先ほど述べました。続いて、そのような仮説が設定されたら、その内のどれを選択するか、どれが最も適切かを評価する必要があります。まず第一に統計的な関連の強さが判断の有力な武器になります。それから、推定原因と結果である流行とが因果関係にあるかどうかを考察しなければなりません。関連が強くても因果関係でない場合もあり、因果関係が直接的な場合もあれば、間接的な場合もあります。これらについての考察が必要であります。

次は、もし対立仮説があるならば、それとの比較検討を怠ってはなりません。最後に、その仮説が既知の医学的、生物学的な知識によって支持されるかどうかが大切でしょう。既知の知識を大幅に訂正しなければならないような仮説の場合は、その採択に

表1　疫学的アプローチによる流行の原因推定

1. 現象の観察
2. 仮説の設定
   因果関係であるための条件
   a. 時間的順序
   b. 統計的関連
   c. 用量―反応関係の成立
   d. 特殊例の検討
   e. 既存知識による支持
3. 仮説の選択と評価
   a. 統計的関連の強さ
   b. 因果関係であるかどうか（直接的か間接的か）
   c. 対立仮説との比較
   d. 医学・生物学の一般的知識との照合
4. 予防計画の展開

はかなり入念な検討が必要となります。

当然のことながら、以上のような原因推定の手続きはその流行の拡大・遷延を予防するための対策を展開するのに必要であります。特に伝染病の流行の場合は、前述のような原因調査と並行して対策が実施されます。このことについて、春日メモでは、私たちが「十分な原因調査ができるまでは、対策を立てるべきでない」と主張しているがごとく間違った理解をしておられるようでしたが、我々は当初からそんな事は全く申しておりません。当然、原因の調査と対策は平行して実施されるべきものであります。そこに原因調査の難しさがあるのです。

このような一般論は無味乾燥ですが、それほどむずかしい理論ではありません。どんな流行の場合も、謙虚にこの順序で調査をすれば、かなりの程度まで流行の原因は突き止められるはずです。しかし、腸チフスの場合は注意を要することがあります。一つには、この病気には、軽症例あるいは不顕性感染例、すなわち感染が成立していても本人が気づかないほど軽く経過するような、あるいは全く症状を現わさないような例が比較的多いことです。これらも感染源としての役割を果たし得るものですから、関係者検便によって洗い出す必要があります。もう一つ注意を要するのは、この病気は発病の初期にあまり特徴的な症状が無いことです。不明の熱性疾患、風邪、あるいは腎盂炎などとして処理されることが多いのです。このため、発病から診断までにかなり長期間を要します。全国的な統計によると、平均して二週間、長い例では数カ月を要した例もあります。中途半端な治療を繰り返すために再燃・再発を重ね、医療機関を移り歩き、幾月もの後やっと腸チフスの診断がついたという例が毎年数件ずつ見られます。

　このように腸チフスの診断が難しくなっている原因としては、一つには抗生物質の普及が原因していいます。非常に安易にいわゆるマイマイ療法、すなわち何々マイシンを使って駄目なら別のマイシンに切り替えるような療法をやっていますと、たまたまクロラムフェニコール、これは現在のところ腸チフスの治療にもっとも信頼性の置ける抗生物質ですが、これが投与された場合は症状は改善されます。しかし、腸チフスを意識して使っていませんので比較的短い期間で投薬をやめてしまう。治療が十分でないため再燃したり、幸いなことに腸チフスとは気づかないまま治癒してしまう例もあるのです。腸チフスの治療に効果のない抗生物質を使った場合、使用中に血液培養、検便など菌の検出を試みても、それらの薬剤が検査材料中に含まれておれば培地上では菌の増殖を抑制するので、検出は非常に困難になります。これらの理由で腸チフスの診断が難しくなってきています。その結果、再排菌率あるいは再発率が抗生物質の普及する前と比較すると格段と高くなっています。それに加え、戦後腸チフスの患者数が激減したので、これがさらに診断を難しくするのに拍車をかけました。比較的若い臨床の先生方は、腸チフス患者に遭遇される機会が少なく、現在日本にはもうこの病気は存在しないという錯覚をお持ちになっているようです。それで不明の熱性疾患患者を診る機会があっても、血液培養をしてチフス菌の検出を試みられることが少ないようです。

　この病気の病理がそうさせるのですが、腸チフスは潜伏期が比較的長い病気であります。平均して約十日から二週間といわれています。短い例で数日、長い例では一カ月くらいだと教科書には記載されております。このように潜伏期が長く、診断までに長期間を要することが、腸チフスの流行調査を困難にしています。原因食品を割り出すために喫食調査をするにも、患者の記憶を喚起することが困難な場合が多いようです。本件では、マスコミで大々的に犯行説が宣伝され、刑事事件にまで発展したために、患者にある種の先入観を植えつけてしまい、調査はきわめて困難になりました。流行の原因調査が拡大・遷延防止に欠くべからざることであると前に述べましたが、残念なことに現在の風潮として、このような伝染病の発生をひた隠しに隠し、穏便に済ませたいとする傾向が顕著です。千葉大学や三島病院では医療機関であるだけに、川鉄では職場の健康管理が優秀だと表彰された事情もあって、そのような意図が非常に強かったようです。従って、当然のことながら感染経路を明らかにし、感染源を除去しようという努力はあまりされませんでした。残念なことに、現在の伝染病対策についての意識はこの程度であります。

以上のような腸チフス流行対策上必要な事柄が、本件腸チフス事件ではすべてといってよいほど励行されていなかったのであります。それが犯行説という間違った結論を導き出すことになりました。誠に不幸なことと言わざるを得ないのであります。あるいは、皮肉を申しますならば、調査の欠陥が犯行説の提唱には幸いしたと言うべきかもしれません。私が冒頭に「この忌まわしい事件」と呼びましたゆえんも一つにはここに存在するのであります。

犯行説批判

さて、前置きが長くなりましたが、いよいよどのようにして本件の間違った仮説「犯行説」が提唱されるに至ったかの説明に入ります。すなわち、私の犯行説批判であります。

まず第一に指摘すべきことは、流行の客観的観察がなされていないということであります。潜在患者あるいは不顕性感染者の拾い出しが不完全であったのみでなく、届出不履行例がたくさんありました。しかも、事件として取り上げられてからは、関係部署の医師たちの手でカルテが改ざん、あるいは焼却されて、発病の様子や、臨床経過の詳細がわからなくなっている例が非常にたくさんあります。そのような隠蔽された事例であっても、例えば彼の持ってきたバナナやみかんなどを食べたとか診察を受けたことがあるなど、鈴木医師と関係を持った例だけが取り上げられ、腸チフスであったことを強調するようにカルテに手を加え、それ以外の例は容赦なく切り捨てられているのです。届出がなされた例においても同様のことが行なわれています。間違った結論「犯行説」が導き出された原因はここにあります。意図的に犯行説が提唱されたという誹りも免れないところでありましょう。

図1をここでもう一度見てください。このカルピス事件では患者は一例も届出されず、すべてが隠されていました。千葉大内科では九月に流行がありました。この事件で十三名の届出患者が出ておりますが、同じころ、ここにも二例が隠されていました。さらには、もう少し前の時期に腸チフスが十分疑われる一例の患者があり、九月の流行の原因となり得たかもしれないのであります。その後、事件として取り沙汰されるようになる一九六六年の三月までに約三十名もの患者が隠されていました。いわゆる「焼蛤事件」に係わる一例の届出があっただけです。この届出は千葉大からでなく自衛隊中央病院からのものです。この焼蛤事件発生の時点でもやはり小規模ながら流行の様子を示しております。一九六五年九月と一九六六年の一月には、職員の検便が行なわれました。完璧な検便であったとは言い難いのですが、それでもやはり数例の保菌者が見つかっております。これも全く無視されています。次いで、いわゆる「みかん事件」が発生します。この時期にはすでにマスコミがかなり騒いで

いましたので、徹底的な検便がなされています。そして、やはり隠された患者が一名発見されました。

九月の流行が一応終熄したとされた後もなお、このように患者発生が続いていたことを私は鈴木医師から聞いておりました。彼はブドウ球菌のファージ型別と腸内細菌の分離・同定の技術を習うために国立予防衛生研究所の私の研究室に実習生として来ておりまして、研修終了後も時々あいさつに立ち寄ったりしていましたので、そのような情報が届いていたのです。徹底した調査をし、原因を除去しないと流行が長引くという忠告をしたことを記憶しております。厚生省の防疫課へも千葉大内科で腸チフスの流行があるということを聞いたので、十分な調査をするよう指導してほしい旨、私の上司から申し出たのですが、結果としては全く無視されてしまいました。「九月の時点で流行対策は完璧であった。その後、患者は出ていない」という返事に終始したのであります。当時千葉大ではかなり民主的な形態で作られたと伝えられる防疫調査委員会が作成した資料が法廷に提出されており、それをまとめてみると、この図1に示したような流行像になります。重ねて言いますが、これらの患者の中で、鈴木医師と接触を持った例だけを抽出して原因を推定しても、ナンセンスであると思います。このことは、それこそ医学の知識の全くないものでも分かる論理だといえましょう。

同じことが三島病院でも起こっているのですが、ここでは注意を要する非常に重要な患者が二例あります。これらも隠蔽されていた患者です。これらは一九六五年の八月、千葉大学の内科から三島病院へ派遣された臨時勤務の医師であります。これらの医師が三島病院で発病しました。一人は敗血症という病名で院長室に入院します。もちろん腸チフスであったのですが、そのことはひた隠しに隠されておりました。便所も汚物を洗濯する洗い場も、普通の患者と同じのを使うなど対策上は大変ずさんな状態で入院していました。もちろん周囲の大部分の人はこの患者が腸チフスだとは夢にも知りません。この人が約一カ月、三島病院にいたあと、千葉へ帰りました。そして千葉大学で検査を受けました。その結果は記録上は腸チフス菌が検出されなかったことになっていますが、実際には排菌状態であったようです。再び今度は千葉大病院へ入院をしたのです。その期間が約一カ月。この患者が検査を受け、入院した約一週間後に「千葉大バナナ事件」と呼ばれる流行が内科を中心に発生しているのであります。

私どもが流行調査をする際、流行に先立って発生した隠れた患者の存在を非常に重視いたします。それがどのような関係で流行に発展したか、どういう飲食物をどのような経緯で汚染したかを明らかにするのは大変困難なことです。しかし、今後二度と同じような機序で流行が発生しないようにするのに必要な調査です。流行が発生したとき、その一、二週間前に発病した隠れた患者が発見されれば、これが流行の原因ではなかったかと考えて調査するのは当然の理であります。それで流行の発生機序が解明できた例は幾つもあります。このような重要な事例を犯行説ではなぜか全く取りあげようとしないのです。

図2に今のことをさらに詳しくした千葉大における患者発生状況を示しました。無届けのまま三島病院に入院していた患者K医師が八月の末に千葉へ帰り、その後内科で患者が発生した様子がよく分かります。

犯行説で原因とみなされているバナナを患者らが食べたとされている日を矢印で示しました。九月五日に食べた人と九月六日に食べた人とがいます。患者は翌九月七日から発生し始めたことになりま

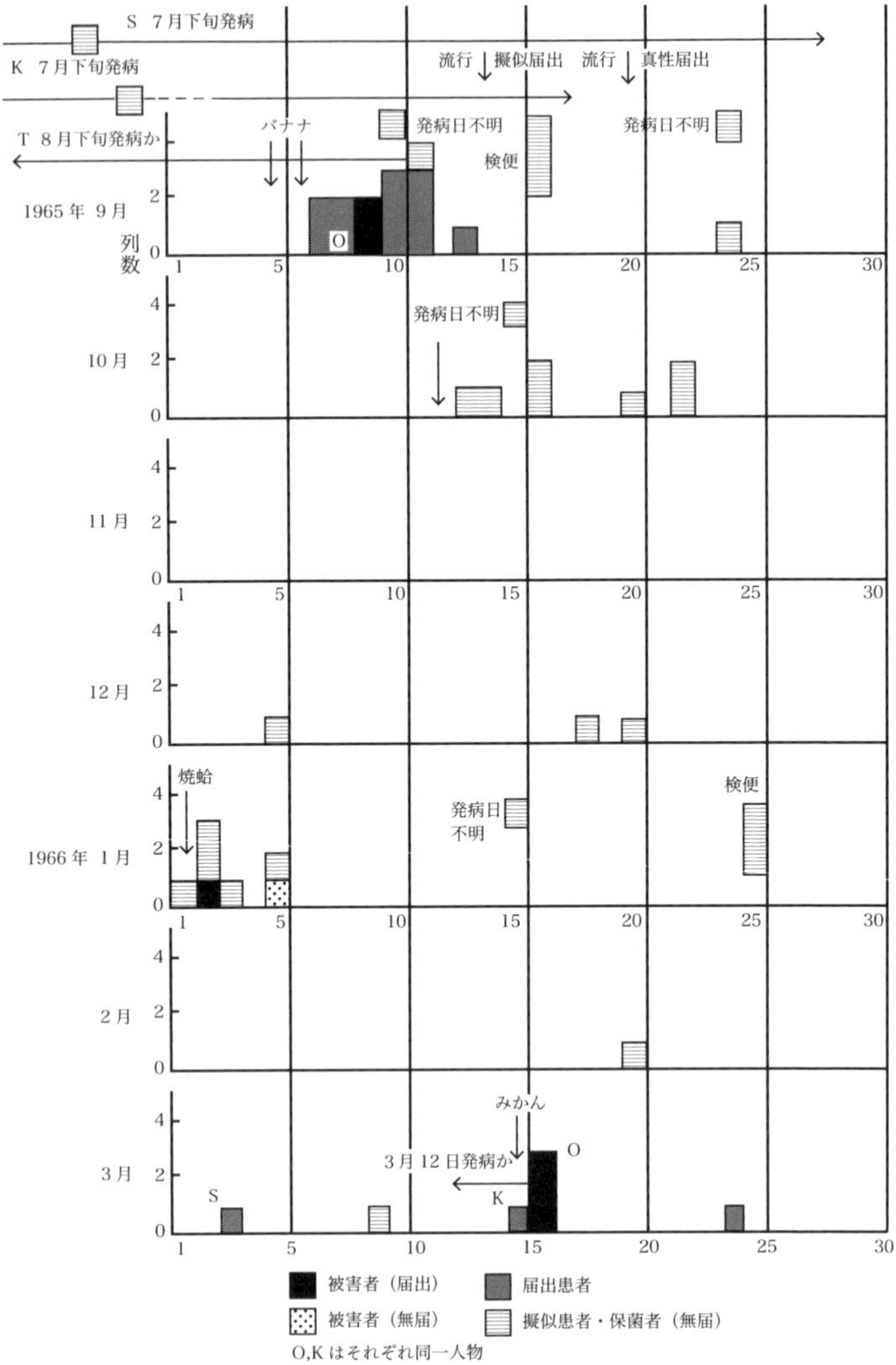

図2　千葉大における腸チフス患者日別発生状況（発病日）

す。異常に短い潜伏期と犯行説が主張するところであります。私たちが短すぎると主張するのもこの事実であります。

「焼蛤事件」では、患者は原因とされている焼蛤を食べた当日、一九六六年一月一日に発病したとされています。そのときの他の一人の患者は翌日発病しております。「みかん事件」ではみかんを食べた三月十四日の翌日に発病したことになっています。その内の一例、この人は看護婦さんですが、みかんを食べる前、三月十二日にすでに発病している事実が裁判の経過中明らかにされました。

図3は三島病院における腸チフス患者発生状況を示したものです。先ほど述べたK医師は、七月二十九日から八月二十三日までの期間、三島病院に入院しており、その後千葉へ帰ります。K医師の入院期間中に一人の検査技師が腸チフスの発病をしていることは先に述べたとおりです。この検査技師と相前後して、この図でYと書きました内科の看護婦さんが八月下旬に熱性の疾患に罹患した事実があります。もちろんこの人のカルテには明確に腸チフスという診断名は書かれていませんが、かなり高い発熱があったようです。ヴィダール反応をしたりクロマイの投与を受けたり、腸チフスであったと考えさせる検査や治療を受けております。この看護婦さんは後に、チフス菌による肺膿瘍を併発し、喀痰の中からチフス菌が検出されたという非常に特異な例でありますが、この人の本当の発病日は一九六五年の八月であったとするのが順当と思います。感染源となり得る危険な存在でありました。

その後、いわゆる「集団風邪」と称する流行が一九六五年の暮から一九六六年の一月にかけて、三島病院の内科を中心に発生しました。これに先立って四名の患者が十二月中旬に発生していますが、これは赤痢として処理されております。この内のあるものからは、後日、検便の結果腸チフス菌が検出

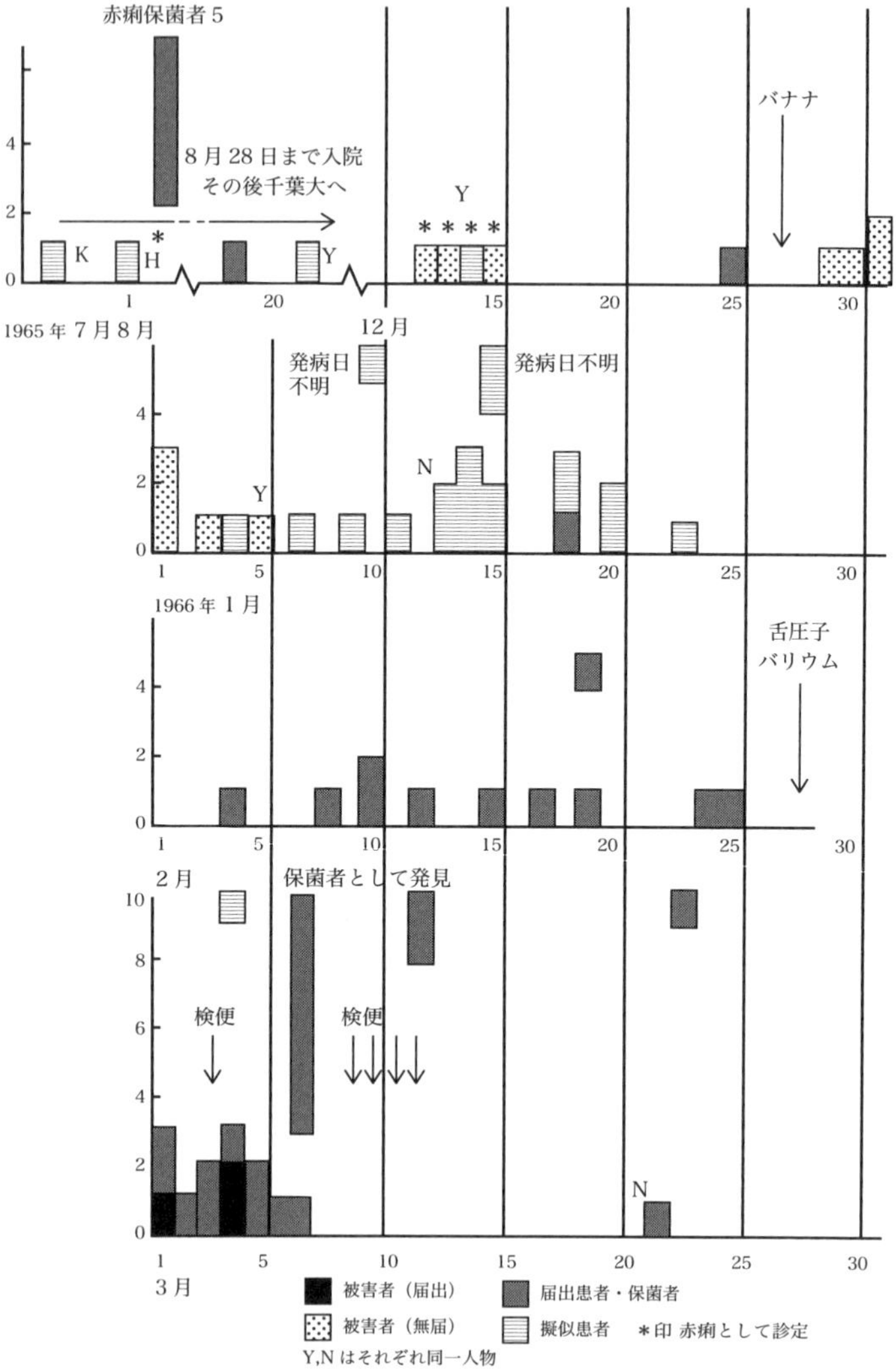

図３　三島病院における腸チフス患者日別発生状況（発病日）

されています。これもまた腸チフスの小流行であった可能性が強いのであります。いわゆる「バナナ事件」と称されるものは、看護婦さんたちが十二月二十七日に鈴木医師からもらったバナナを喫食し、同月二十九日から患者が出はじめたとされています。被害者とされる患者はいずれも届出されておりません。このころ内科外来患者の中から一名の腸チフス患者が発生しました。この例は届出されていません。その後、連綿として患者の発生が続くのですが、いわゆる「集団風邪」として処理されてしまったことは前にも述べたとおりです。この間、罹患した看護婦さんたちは、内科一般病棟に入院させられ、ちょっと症状が軽快すると昼間は働かされ、夜はまたその病棟で他の患者さん達と一緒に寝るという生活を送っていたのです。そのような状況ですからもちろん防疫対策など全くとられていませんでした。ただ、このころインフルエンザの予防接種と偽って職員に腸チフス・ワクチンの接種をした事実があります。しかし、そのような防疫対策は姑息的に過ぎず、感染の機会があった直後にワクチンを接種しても予防効果は期待できません。このような状況では、外来や入院患者に累がおよぶことは避けられません。事実、患者の発生が連綿と続きました。二月に発病したこれらの患者が実際に届出されたのは三月に入ってからであります。世間がこの流行を問題視するようになってやっと検便が実施され、その結果菌が発見されて初めて届出された例もあります。

いわゆる「バリウム事件」および「舌圧子《ぜつあつし》事件」と称される事件の犯行があったとされるのが二月二十八日、それらの被害者がそれぞれ翌日の三月一日と、四日に発病したといわれております。ここでもまた、鈴木医師となんらかの形で接触したことのある患者だけが取り上げられ、そうでないものは無視されているのです。その様子がこの図からよく読みとれることと思います。

三島病院で発生した患者数をここでまとめてみますと表2に示すように、職員及びその家族からは十名の届出患者があり、無届例でしかも腸チフスと考えてよいものがその約三倍の三十二名にものぼります。入院患者九名が届出られておりますが、その他に我々がはっきり指摘し得たものだけでも、二名の腸チフス疑似患者があります。外来患者からの届出例は十六名、その他に一名、私どもの調査で疑似患者が浮かび上がってきています。その他六名の無届出患者がありますが、これは三島病院のすぐ傍にある千葉大からの派遣医師が利用する常宿の従業員からの発病者です。一部の者は、腸チフスが疑える症状でありましたが、すべて赤痢として処理されております。合計すると、判明しただけで四十一例の疑似患者が見つかっていることになります。

以上、述べましたうち大切なことは、潜在患者の拾い出しの努力が十分でなかったこと、またその際、鈴木医師との接触のあるもののみを拾いあげるバイアスがかかっていた、言い換えるならば、自らの説に都合の悪い例を世間の目から隠してしまったという点であります。また、感染源として普通は最も重視されなくてはいけない隠れた患者を犯行説ではことごとく無視していることであります。

次に、潜伏期が短かったかどうかの問題に移ります。まず犯行説では潜伏期を割り出すための考え方に論理的な欠陥があります。潜伏期というのは原

表2　三島病院における患者発生数

	届出例数		無届出例数（内赤痢届出）	
職員及び家族	10	35	32（3）	41（9）
入院患者	9		2（−）	
外来患者	16		1（−）	
その他	—		6（6）	

因が作用した日から発病した日までのことを言います。流行の原因究明の命題はどのような飲食物がチフス菌で汚染されていたかを探ることであります。原因が何であるかがわからないと、潜伏期は計算できないのであります。それなのに、犯行説によりますと、原因食の指摘が潜伏期が短いであろうという推定によって支えられているのです。潜伏期が短いという推定は、バナナやみかんを鈴木医師から貰ったとか、診察を受けたなどを前提としなければ出てこないのであります。きわめて恣意的な推定といわねばなりません。二つの仮説をもたれ掛け合せているだけでありまして、何ら立証されたとはいえません。

潜伏期が短いという事についてもう一つ非常に大きな問題点を指摘することができます。腸チフスの潜伏期というものは、先ほど申し上げましたように、平均十日から二週間とされております。それと照合してみると犯行説のいうようにバナナなどを原因と考えると潜伏期は異常に短すぎることになります。後で二、三例示しますが、結果の方が原因が作用するより先に起こっている例さえあるのです。そうでないものでも原因視されている食品を食べた当日あるいは次の日から腸チフスが発症しているという例がたくさん出てまいります。腸チフスという病気は、小腸のリンパ組織から菌が侵入して、それが全身に回る、そして、細網内皮系組織で増殖して再び血液中に出てくる、その時が発病であります。これだけの病理的な経過を踏むためには、原因食を食べた当日発病するなどとは到底考えられません。どうしても、ある程度の潜伏期を必要とするのであります。犯行説が主張する被害者の潜伏期は、このような病理学の既知の知識に全く合致しないほど、短すぎるのです。犯行説の包含するこの大きな欠陥を、彼らは感染菌量がきわめて大量であったとして繕おうとします。しかし、人体への投与菌量をより大量にすれば何時間で腸チフスを発病させ得るかについては立証されたデータがないのです。腸チフス感染の人体実験は春日メモにも引用されました米国のホルニック博士の実験が唯一のものであります。後で詳細にご紹介しますが、その実験によっても、菌量を増せば当日や翌日発病するような結果はえられておりません。また、それほど大量の菌が検察官の主張する態様で投与できるかどうか新しい設問が浮かび上がったことになります。「潜伏期が短い」という点に焦点を合せ、本件流行事例について二、三検討してみます。

いわゆる「カルピス事件」といわれる川鉄の医務課で起こった流行があります。図4〈略〉に示すようにカルピスを飲用したとされているのは八月六日であります。この日の午後三時ころにカルピスを飲んでおります。検察官の主張では同日午後八時、すなわち五時間後第一号患者が発生したことになります。この流行ではカルピスを飲まなかった者も発病している事実があります。その事件の患者は実は腸チフスであったのに、発生当時は赤痢患者として扱われていました。

いわゆる「ゾンデ事件」といわれているものがあります。赤痢菌を十二指腸ゾンデで注入して発病させたとされる事件でありますが、この場合十二指腸液の検査をしたのが九月十二日午前十時、この患者が下痢、腹痛で倒れる。倒れたといっても、腹痛と便意のためにしゃがみ込んだというのが事実なのですが、それが同十二日の六時ごろでありました。その間わずかに八時間です。ところが不思議なことに、証拠として提出されたこの患者のカルテには九月十日に発病と記載されているのです。このゾンデの検査を受けた時、この人はすでに赤痢に罹患していたとするのが最も素直な解釈といえないでしょうか。この患者は同じ十二日に葛城病院へ転院しておりますが、そこのカルテでも、入院「第三病日」と記載されています。患者から赤痢菌が検出されていることに信を置けば、この事件は赤痢に罹患していた人に不用意にも十二指腸液の検査を実施し、注入した硫苦水のために病状が悪化したと考えるのが妥当ではないでしょうか。

次に「カステラ事件」といわれるものをみてみます。赤痢と診断された患者が、鈴木医師が人体実験の意図で汚染したとするカステラを食べて六時間後に発症しております。腸チフスと比較すると赤痢の潜伏期は短く、大抵の場合は数日以内に発病します。それにしても短すぎる発病がここでも見られたことになります。サルの実験や実際の流行例などから想定される潜伏期を著しく逸脱するほど短いのであります。

鈴木医師の親戚関係で発生した腸チフス事例の一つ、いわゆる「富川家事件」における患者の発病日をみると、図5〈略〉のとおりです。厚生省防疫課の調査、あるいは検察官の主張では、原因食とみなされているバナナを患者が喫食したのが一月十三日で、その五日後、一月十八日に発病したことになっています。

ところが、私たちが調査し、いろいろな角度から明らかにし得た喫食日は十七日でありました。子どもの誕生祝の日が十五日であったこととの前後関係で家族はこの喫食日を正確に記憶していたのです。しかし、実際に患者が通院していた医院のカルテでは、発病は十五日あるいは十六日でありました。これでは原因と結果が時間的に逆転しているといわざるを得ないのであります。

図6〈略〉に示したのは、一九六六年の九月に、親戚関係では一番早く発生した、いわゆる「堀内家事件」の患者発生状況です。この場合にも、検察側の主張が正しいとしますと、九月九日にバナナ

を喫食して、その三日後に一斉に発病したことになります。私たちの調査結果では、八月中旬から胆嚢炎の診断名で通院しており腸チフスとしての発病日が明確でないもの、九月七日に受診しているもの、九月十日が発病日と考えることができるものなどがあり、九日を喫食日とすると、説明がつかないことになります。原因が作用した当日とか、三日後などというきわめて短い潜伏期で腸チフスが典型的な発病をするかどうか、このことが犯行説と私たちの主張との大きな論点であったのですが、以上述べましたように原因と発病とが時間的に逆転している例が見つかるようでは、菌量が多ければ潜伏期は短縮されるなどという説明がされるに至る経緯が客観的な観察からではないことを意味しているに違いありません。

それでは、本事件で問題になった腸チフス患者の潜伏期をホルニックの人体実験の結果と照合してみましょう。表3に示すように、ホルニックの実験結果は九〇%以上の罹患率を得るのには十の九乗個の菌が必要で、しかも、そのときの最も短い潜伏期は三日でありました。

人体実験で発病に必要な菌数がわかれば、必然的に、本件で検

表3　ホルニックの人体実験における攻撃菌数と発病率、潜伏期との関係

攻撃菌数	被験者数	発病例数（率）	潜伏期	
			中央値	範囲
109	42	40（95%）	5	3～32
108	9	8（89%）		
107	32	16（50%）	7.5	4～56
105	116	32（28%）	9	6～33
103	14	0（ — ）		

New Engl. J. Med., 283: 739-746, 1970 より引用

察官から提出された自白調書に見られる態様でバナナ、あるいはミカンなどを汚染した場合、どれほどの菌数が存在したであろうかが問題になります。このことについては、東京都立衛生研究所の微生物部長善養寺浩博士と国立公衆衛生院微生物学部長中谷林太郎博士が鑑定しておられます。その結果は、自白調書に記載されているような方法では十の九乗個などという大量の菌は入り得ないという事実が分かってきたのです。このことは、自白調書の内容が科学的に信頼のおけるものではないと推察させるに十分です。これは自白調書の信憑性に係わる重要な問題であります。

犯行説の論拠となった幾つかの事象の中で、最も科学的に説得力があるかに見えたのは前述の潜伏期が短かったことと、一連の腸チフス流行の患者が食中毒様の異常な発症形態をとり、重症であったという主張でありました。それらのことは自然発生の流行では決して起こらないほどの大量の菌で汚染された飲食物が原因であったからである。だから、犯罪行為による人為的な汚染であったに違いない。この三段論法が厚生省防疫課すなわち検察側の主張であったはずです。しかし、私たちが調査した限り食中毒様発症形態をとったような症例など一例もありませんでした。調査は主として証拠書類である患者カルテを閲覧して行ないました。また患者に面接して聞き取ることもありました。医師の手で改ざんや隠蔽がなされた病院のカルテはそのまま信用できません。看護日誌と照合したり、あるいはその病院に収容される前に開業医を訪れているような例ではそのカルテと照合したりしました。患者本人の供述書と照らし合わせたのはもちろんであります。検討いたしました結果、これらの患者さんたちは特に食中毒様の発症形態をとっていないのであります。また、全部が重症例であったわけでもありません。ごく普通の腸チフスの発症形態と経過をとっています。典型的に発症した腸チフスはもともと重篤な症状を呈します。ただ、特に家族関係の患者の発病日が比較的揃っていることは、春日メモが指摘するとおりであります。

次に、犯行説はD２型の菌が、千葉、三島、御殿場と異なった三つの場所で相次いで流行したのは非常にまれな現象として注目すべきだとしています。これについて検討してみましょう。検察側は現在D２型チフス菌の検出頻度が全国平均二〇パーセントであるから、三つの場所で流行する確立は〇・二の三乗すなわち〇・八パーセントとなり、非常に希有な出来事だという理論を展開しました。これは、数字のもてあそびともいうべき理論であります。腸チフスの流行とは「腸チフス菌で汚染された飲食物を食べた」という共通因子を持った人々から患者が多発することを指しているのです。以前は患者から周囲の人へ糞便や尿を介して直接感染することがかなりあったのですが、最近は衛生環境が良くなり、このような接触感染事例はあまり見られません。私どももこの一連の千葉、三島、御殿場の腸チフス流行が全く関係なくそれぞれ独立に発生したなどとは決して言っておりません。なんらかの関係があるかもしれないという仮説を当初から立てていました。しかし、お互いに関連がありそうだからといってどうして犯行が立証されたことになるのでしょうか。鈴木医師の他にもこれらの地域を関係付けうる存在はたくさんあります。先ほど説明したK医師のことを思い出してみてください。千葉大と三島病院を結ぶ重要な感染源となりうる潜在患者です。御殿場保健所管内からは三島病院を受診する人が少なくありません。患者が病院で感染し御殿場の流行の原因になったかもしれませんし、あるいは全く独立して御殿場でD２型菌による流行があったのかもしれません。同じ菌型の流行が多数の地域で発生したから非常に希有な出来事だ、だから犯罪によるという説明はあまりにも短絡的すぎます。これは一般の医学知識の無い人を欺瞞するには非常に便利でしょう。ちなみに、この流行のあった年、D2型チフス菌はこの事件に関係のない全国多数の地域で比較的高頻度に分離されているのです。一つの型の菌が流行し、それが波及し拡大していくことは伝染病の常であり、犯罪の有無とはなんら関係ないのであります。ここに犯行説の大きなトリックが隠されているのであります。

次に、犯行説で強調されている特殊例についての反論に入ります。被告鈴木医師の弟のお姑さんが特殊例であるというのです。すなわち、弟夫婦の家庭でも腸チフス患者が出、お姑さんも腸チフスに罹患した。その原因となりえた唯一の共通食は、たまたま十二月二十六日、お姑さんが弟宅を訪れているとき来合わせた被告が土産として持参したバナナだとするものです。しかし、実は共通の飲食物はこのバナナだけではなかったのです。このお姑さんの供述によれば、鈴木医師の父親は弟夫婦の結婚には反対であった。そのような事情で、鈴木家とお嫁さんの実家とは必ずしもうまくいっておらず、お姑さんが弟夫婦の家へ繁々と出入りするのを鈴木医師の実家に知られたくないという考えが働いて、警察官に対しても「娘の家を訪問したのはその日だけです」と答えてしまったというのです。実際に私たちも確かめたのですが、お姑さんの家から鈴木医師の弟の家へ行くのに二、三十分しかかかりません。しかも、その年には初孫が生れて可愛い盛りでもあったのです。平素出入りしておらず、この日だけしか訪問していなかったとは考えにくいのではないでしょうか。最初、警察官に対して「その日にしか行ってない」と言ってしまったために、その後もその嘘を通さざるをえない心境に追い込まれていたと供述してくれました。このバナナを食べた日だけが、彼らが同時に共通のものを摂食した日ではなかったのであります。

検察側は、一連の流行は被告を葛城病院に収容することで終熄した、これこそ被告が原因であった証拠だと主張しましたが、ここにもまた大きなトリックがあります。一九六六年の三月の時点で、あれだけ大きくマスコミに取り上げられ「病院が腸チフスの巣」と非難を浴びました。国会でも取り上げられました。そこで、県の衛生研究所や保健所も協力して、防疫対策に本腰が入りました。その現れの一つが先ほど来ご紹介した潜在患者の発見であります。非常に多くの患者、経過者が保菌者として見つけ出され、その人達が適正な治療を受けるに至ったのです。この対策の成果を無視し、彼を葛城病院に入院させたことだけが原因の除去であったとするわけには参りません。トリックと言わざるを得ないのであります。

以上のような私たちの反論に対して、検察側は「それでは犯行説にかわる原因と流行拡大の経緯を指摘してみろ」と反証を求めます。弱い立場の被告にそれを求めるのは理不尽なことです。法的にもその必要はありません。それでも弁護側は、すでに述べたように、関係者によるカルテの改ざんや焼却など証拠隠滅、嘘の証言の横行する中で、流行と流行とを繋ぐ隠された患者の存在や真の発病日の指摘など、事件の真実を究明する努力を重ねてきました。前にも述べたように、一般に腸チフスの場合、原因究明は困難であります。まして、本事件のように流行の舞台となった川鉄、千葉大、三島病院すべてが流行を隠蔽しようとし、監督・指導すべき厚生省までがそれに加担し、患者たちはマスコミによって犯行説を信じ込まされているような状況下では、原因究明は、いや真の流行像の把握すら不可能であるといっても過言ではないでしょう。すでにたくさんの例を示したように、医療関係者間に潜在する患者や隠蔽された患者が存在しました。しかも、周囲の人にはそれらが腸チフスの患者であることが知られておりません。担当医だけが知っていても、患者自身が、あるいは看護に当たるものがそれを知らなくては、伝播を予防することは無理であります。周囲に二次、三次の感染例が出る事態は避け得べくもありません。腸チフスのような伝染病では、流行を繰り返したり連鎖的に拡大したりしますので、すべてを一元的に説明できるとは限りません。本件の場合、鈴木被告の犯行の繰り返しという一元説は、説明に便利なだけであって、必ずしも原因の正鵠な指摘とはなり得ないのであります。あえて結論付けるなら、本件一連の流行の原因は防疫対策の不備、換言すれば関係者の腸チフス対策についての識見の低さでありました。

本件について医学上指摘すべきことがもう一つあります。一九六五年の九月に千葉大で発生したいわゆる「バナナ事件」の患者の治療状況を見ると、平均二十日ほどで退院させています。大変言いにくいことながら、このことから想像すると、当時の当大学内科のスタッフは腸チフスの治療について十分な知識をお持ちでなかったと思わざるを得ません。これは全国の伝染病病院での統計と較べてのことです。このような中途半端な治療では、その中から再発例・再排菌例が出て、次の流行の原因となる危険は当然避けられません。事実一九六五年の九月の患者のうちの二名からは一九六六年の春にもチフス菌が検出されております。

以上、説明しましたように、犯行説には非常に多くの、また大きな誤りがあります。これらのことは第一審の公判審理の過程で客観的に立証されたところであります。判決文の中でも、犯行説が唱える疫学調査の結論が信頼するに足るものでないことが具体的に明記されております。犯行説には論理の矛盾が明らかであったのです。

犯行説の背景にあるもの

本日の会を報道するビラの中で、「本件については二つの異なった疫学的結論が対立している」という表現がありましたが、私に言わせるならば厚生省防疫課が打ち出した、そして、それを受けて検察官が主張してきた犯行説は疫学的な結論などと呼べるものではありません。すなわち、二つの疫学的結論が対立しているのではなくて、私どもは、彼らが疫学調査と呼んでいるものが、到底その名に価しないと主張してきたのであります。自らの推論を説明するに不都合な事実をすべて無視するような姿勢から生れた推論などは、どうしても科学などと呼べるものではありません。もちろん、疫学でもあり得ないのであります。

それでは、何がこのような間違った推論へ彼らを追いやったのでしょうか。この事実について少し考察してみたいと思います。現代社会の中では、政治の貧困があるいは行政の怠慢が問われそうな事件や事故が発生すると、その原因についての公的な徹底的な調査は意識的に避けられる傾向があります。あるいは原因についての正鵠を射た指摘が故意に排除されることがしばしば起きます。疫学的手法が調査に利用されるようなこの種の事件を数え上げるのにさしたる困難はありません。水俣病然りであります。サリドマイド禍、スモン、イタイイタイ病、カネミ油事件、すべてそうであります。水俣病においては、有機水銀が原因であると学者から指摘された時点で、どうして全国的に同じような工程を持つ工場の総点検が行なわれなかったのでしょうか。あるいは、どうしてその工場の周りの住民に広く健康診断が実施され得なかったのでしょうか。その結果が新潟の第二の水俣病、また山口で問題となっている第三の水俣病を生むことになったのは明らかであります。疫学調査が事件の原因の追及に用いられ、その結論が的を射て行政の手落ちが指摘されそうになると、疫学的な推論には自ら限界があるとしてこれを避け、逆に自ら保身のために役立ちそうであれば、疫学的な推論が物語っているではないかといって錦の御旗とする。これが現在の行政の姿勢であります。

そこには「国民の健康で幸せな生活」には背を向けた姿勢が浮き彫りにされております。そして、弱い者が容赦なく切り捨てられていきます。犯行説をもってこの腸チフス事件を処理しようとした人たちに、私は同じ類型を見る思いがするのであります。鈴木医師が犯人であると国民に信じ込ませることによって、約半年もの間公的な施設において腸チフスが流行し、その累が外来あるいは入院患者にまで及んだ、その責任はどこかへ消え去ってしまっております。罹患した被害者たちの人権は完全に無視されてしまいました。しかも、その間に千葉大や三島病院の医師たちによって行なわれた数々の伝染病予防法あるいは医師法の違反、すなわち伝染病の発生を隠蔽したり、病名を偽ったり、あるいはカルテを改ざん・焼却する、このような行為に対する公的な反省は何ら求められないままに打ち過ぎてしまっているのです。犯行説の提唱はこのような効果を狙ったものだとの誹りも、あながち的を外れたものでないと思うのであります。

疫学がこんな目的に利用されてはたまりません。私が冒頭「この忌まわしい事件」と呼びましたのは正にこの意味であります。偏見に満ちた、あるいは予断をもってなされた、もっと端的に言うならば、「流行の隠蔽」という邪《よこしま》な目的を持った疫学調査がこの冤罪事件を構成してしまったと言うべきでありましょう。この恐ろしさを謙虚に受け止めなければならないと思います。私どもが、この刑事事件の提唱とこれをあおり立てたマスコミのキャンペーンを科学の名をかりた魔女裁判と評してきたゆえんであります。

科学者が、その科学的能力の貧困さから、あるいは科学者としての社会的責任についての考えの甘さから、知らず知らずにこのような間違った科学の利用に加担してしまう愚かさに思いを馳せてみなくてはならないと思います。疫学も科学の一分野であります。これを利用しようとする者は学者であっても行政官であっても、方法論的な厳密さについて常に自ら精進する心掛けが大切でありましょう。そうでなければ、疫学というものは科学としての存在の意義を失ってしまうと考えます。それにも増して、科学は「人類の健康で幸せな生活」および「人権」に背を向けては存在し得ないことを決して忘れてはならないと思うのであります。これこそ私が本事件を通じて得ることができた最大の教訓であります。そして、今日の話の中で最も強調したい点でもあります。

ご静聴ありがとうございました。

（1973年10月28日、千葉大学医学部での講演／『広い窓』所収）

再び検察の虚構を論破する
——結審の千葉大チフス菌事件

国立予防衛生研究所細菌第一部ファージ型別室室長　大橋　誠

巷間あれほどまでに騒がれた千葉大チフス菌事件も、事件発生以来一〇年の歳月を経た今日では、すでに解決ずみの出来事として忘れ去られようとしている。しかし、まだこの事件は真の終幕を迎えてはいない。

一九七三（昭和四八）年四月二〇日、千葉地裁（荻原太郎裁判長）で無罪判決。検察官は事実誤認があるとして控訴し、舞台は東京高裁刑事一一部へ移った。同年六月一七日の控訴審第一回公判以来、三二回の公判、一六回の出張、証人五四人、鑑定証人五人の審理を重ね、本年一二月一七日弁護人弁論をもって審理終結。ようやく来春判決が下される運びになった。

事件発生当時、鈴木充医師の犯行説を書きまくって、同医師の逮捕は当然との空気をつくり、逮捕されるや起訴を、起訴されるや有罪を、無罪判決後は検察官控訴を、と煽った一部のマスコミも今は寡黙である。一審判決文の中で「起訴前に社会的に有罪をあてはめてしまうかのような報道ぶり」と戒められたその論調もやや冷静さをとりもどしたかに見える。しかし、当初の魔女狩りにも似た狂信的なムードと、それに辻褄を合わせようとした一審判決後の〝灰色無罪〟報道の印象は、世間に拭い難い先入観を残したままである。本年一一月一〇日の検察側最終弁論を「新証拠で有罪主張」と報じた一部新聞を見て、友人が「だいぶ旗色が悪いようだね」と私に言ったものだ。

取材に当たるマスコミ関係者の顔ぶれも変わった。彼らも先入観にとらわれ、あるいは自らの報道に縛られている。控訴審公判を傍聴することも少なかった。審理終結まぎわに、検察官からの一方的資料だけで客観的記事など書けるはずがない。読者がその記事から有罪ムードを感ずるのも当たり前である。この意味で本件控訴審はベールに覆われたまま登場し進行したと言える。

それでは果たして検察官が主張するように、控訴審判決で逆転劇が起こりうるような新証拠が提示されたのであろうか。

答えは否である。控訴審の三年近くの審理は、鈴木医師を被告の座に据えたまま、彼がすでに失ったものをさらに大きくし、訴訟関係者に多大の精神的、肉体的、経済的負担を強いただけで、本件の虚構性をより明確に浮き彫りにしたものでさえあった。検察側の論旨には相変わらず合理性も科学性も見いだしえない。

しかし、私は公衆衛生の一端を担う研究者として、また国立予防衛生研究所（以下予研と略称）細菌第一部にあって業務上腸チフスの疫学的研究を行なう者として、この事件を検察の虚構と評して冷笑しているわけにはいかない。私がかかわり合いを持った疫学、細菌学、伝染病学に関する部分からだけでも、いかに検察官の主張が非合理的、非科学的なものであるかがうかがい知れる。このことを世間に知らせたいと思う。

そして魔女狩りの演出者は誰か、無力な一市民を魔女に仕立て火刑台上に送ることによって守られたものは何かを問いたい。それは、このような悲劇が二度と繰り返されないようにと切願するからである。

一審での争点

一審検察官の主張は次の通りであった。

①三九（一九六四）年から四一（一九六六）年にかけて千葉大学内科、川崎製鉄千葉工場医務課、社会保険三島病院と御殿場保健所管内などの被告人親族間で発生した腸チフスや赤痢の流行では、それにかかった患者がすべて鈴木医師からもらったバナナやみかんを食べ、あるいは彼から診療行為を受けた後、数日を経ずに発病しており、彼の犯行以外に原因がないことは厚生省防疫課の疫学調査から決定的である。

②自然流行ではなく人為的な犯行であったから、汚染菌量が多く、患者は通常の場合より短い潜伏期ののち発病し、食中毒様症状を示し、激症であった。

③被告自身も捜査官に自白している。

④動機は研究のための人体実験である。

これに対して弁護側は次のように反論した。

①当時これらの地域では被告人の贈った果物を食べず、あるいは全く接触を持たない腸チフス患者が多数存在していた。また逆に被害者とされている患者の中にも腸チフスや赤痢罹患の事実が実証さ

れていないものがあり、犯行が原因であるとは特定できない。厚生省防疫課の疫学調査の結果、発病は被告の犯行を原因とするかに見えるのは、彼と関係を持つ発病者のみを故意に自然流行の中から抽出したためである。

②検察官が主張する潜伏期の問題は、現代の医学常識から考えてあまりにも短すぎる。汚染した果物などを食べた日よりもやや前に自然感染の機会がそれぞれの人にあり、それを基点とすれば特に短い潜伏期を考える必要はない。果物などを食べる前に、すでに発病した関係者すらある。また患者たちは食中毒様の症状を示していないし、特に激症でもなかった（本誌一九七三年五月二五、六月一日、同八日号の鈴木元子主任弁護人の論文参照〈略〉）。

③「自白調書」の内容は、非合理的、非科学的で、取り調べ側の強制誘導によるものである（鈴木被告も、法廷でその旨陳述した）。

④検察側が犯行の動機として主張する人体実験説を裏付ける証拠はなにもない（検察側も一審の後半では、人体実験説を放棄した）。

くずれた検察側主張

一審の審理の過程で本件腸チフス、赤痢の自然流行の実態が次第にその輪郭を現しただけでなく、本件の虚構性、虚構を支えるための不正が次々と明るみに出されていった。

千葉大、三島病院、川鉄での腸チフス、赤痢の目を覆いたくなるような大流行。しかも世間体を恐れてなすべき届け出をしないばかりか、当然の防疫対策もとらず、原因究明もしなかった。患者を隠蔽するためカルテや検査成績の焼却、改竄もあった。監督すべき立場の厚生省防疫課がこれらを弁護する不可解な態度。自然流行の存在を否定するための病名変更の急造。捜査官が精神薄弱者に語らせた〝模範的〟調書。それに意義を持たせるための「突発した精神分裂症」という贋の診断。健康診断という名目の伝染病病院への鈴木医師の長期不法監禁。その間の千葉大関係者による精神病患者に仕立てる工夫など。

こうした真実発見の前に、検察側の主張は砂上の楼閣のように次々にくずれていった。

なかでも虚構の顕著な例は、本件一三訴因のうちの〝カステラ事件〟といわれるものである。これは千葉大医学部第一内科第六研究室での〝赤痢〟発病の原因とされるカステラの屑から被告の同僚が赤痢菌を検出したとするもので、一見殺人事件での凶器発見を連想させるものであった。検察官もこれを重視、最初に起訴した。

しかし一審での鑑定結果は、カステラ上では菌は急速に死滅し、二、三日を経た小片などからは検出不能であることを教えた。これを食べて赤痢に罹患したという患者の症状も決して赤痢のそれではなかった。同僚の赤痢菌検出手技もでたらめであった。

カステラやバナナなど果物の汚染方法と、その場合にどのくらいの菌が存在したであろうかという問題は、検察側の主張する短い潜伏期、食中毒様の発症を検証するうえで重要なことであった。この問題は自白調書の内容が信頼するに足るものであったかどうかとも関係する。一審では、これを明らかにするために、中谷、善養寺、桑原各博士によって検事の主張する方法による場合の推定菌量について、鑑定が行なわれたのである。

どのくらいの菌量で感染すると、どれくらいの潜伏期で発病するかという点については、米国のホルニック博士の人体実験のデータがあり、これが参照された。そして両者をつき合わせた結果、特に短い潜伏期で発病させるほど大量の菌数ではなかったことがわかった。

そのために検察側は、一審の終盤になって、果物の汚染態様を「菌浮遊液に白金線をひたし、その白金線で果物を穿刺した」とする主張から「白金線で直接培養菌をとり、これで果物を穿刺した」と大幅に転換、それを訴因として追加した。

浮遊液を用いたと主張していた根底には、人体実験を目的とするものだから、菌を定量的に取り扱ったであろうとする推定があった。浮遊液なら白金線に付着する菌の数が比較的一定であるからである。白金線で培養菌をとるというのは、より多くの菌を付着させ得るからで、このような方法論の転換にともなって、自ら主張してきた人体実験説を放棄せざるを得なくなった。

これに伴って検察側は、犯行動機を、鈴木被告の千葉大における無給医局員としての不平不満へと変質させた。だが審理の経過で特に不平不満がないことがわかると、遂には根拠のない異常性格論にまで百八十度転換してしまったのである。

一審での弁護側の主張には、私と予研の山田千昌博士とが、事件発生以来続けてきた調査が生かされていた。山田博士は一審で特別弁護人となり、私は弁護側が申請したが許可にならなかった。私たちが特別弁護人として法廷で事件の真相を明らかにしようと考えたのは、①厚生省防疫課は事実的な告発をもって事件の調査を終わりにしてしまった、②厚生省の見解は科学的に見て正しくない、という私たちの主張が検察側に生かされていない、③刑事事件として訴訟の形をとった以上、科学的に見て後世の批判に十分たえうるような結果にしたい――という動機からであった。
一審判決では、こうした私たちの努力が裁判官によって、正当に評価され、無罪判決になったと信じている。

一審判決文の背後に

思えば一審無罪判決は、客観的審理の当然の帰着であった。たしかに判決文には「本件には被告人に対し一抹の疑念は残っている」「刑事裁判には『疑わしきは被告人の利益に』とのきびしい原則がある。これにしたがい……」との記載はある。しかし全文を通じて読みとれるものは、裁判官の「完全白」の心証である。捜査上、訴訟遂行上の問題点として「自白の確かめ方の不足、特に科学者との提携の不足」「(実在した自然流行など)関連事実の軽視」「犯行動機の軽視」を戒め、また捜査の結果「犯罪でないと思料されるときは捜査は速やかに結了され、犯人たる疑いをかけられた者の人権を侵害しない配慮が必要」と説く「結言」の中にそれが凝結されている。

この判決文の紙背に、厚生省防疫課、千葉大、三島病院、川鉄医務課などの医師ら本件演出者に対する一審裁判官の痛烈な批判を読みとったのは、独り私のみではないと思う。

弁護人が指摘するように、一審判決が弁護側疫学理論をほとんど全面的に採用し、ホルニック実験と菌量鑑定との照合を重視したことと、かろうじてとはいえ自白調書に任意性を認めた事とはたしかに矛盾する。しかし、これとても病理学、細菌学、疫学などの専門的知識の勉強を強いられ、難しい調べを遂行した捜査官や検察官の努力に対する裁判官の同情と、事実の前に厳正であらねばならぬ立場との両立を具象する必然的結果であると私は理解する。全文をつぶさに読めばわかるように、一部の新聞や、厚生省関係者、評論家に〝灰色無罪〟の報道を余儀なくさせる内容のものでは決してなかったのである。

重ねて言うが、本件には検察官控訴の余地はなかった。それでも検察官は控訴に踏み切った。では、その新しい装いとはどんなものであろうか。彼らの主張の特徴は、一審終盤以来の性格異常論を強化して全面的に打ち出したことに集約される。一審判決をして「性格異常論はたしかに本件のすべてを、さらにいえばあらゆる犯罪を共通に説明することができる。しかし、すべてに通ずる説明というのは説明が無いのにひとしいのではあるまいか。……検察官が本件の犯行動機に関してなしうる合理的説明を失ったとき、本件公訴事実の内容がかなり貧弱になったことは争えない」と痛烈に批判させた性格異常論である。精神病理学者による鑑定でも存在するなら傾聴にも値しようが、それもない。それのみか、検察官が異常性格立証の目的で提起した被告人の奇行なるものは控訴審でも何一つ証明されなかった。

犯行の予備工作として、チフス菌が検出されてもいないのに検出したとして、被告が幾人かの患者を不法監禁したとする検察側主張も立証されず、それらの人が事実腸チフス患者であったことを確認し、被告との接触が原因ではない例の数を増す結果に終わった。

一審裁判官の記述を模倣すれば、控訴審の審理を終わって、今や「犯行動機に関してなしうる合理的説明を失ったとき、本件公訴事実の内容は無に帰した」のである。

それにもまして、検察官の異常性格論が、科学らしさを見せかけるために、二本の松葉杖に支えられて控訴審に再び登場して来た姿は、疫学や細菌学を専攻する私にとっては滑稽でさえあった。杖の一本は、法廷に証拠として提出された春日斉氏とホルニック博士の往復書簡の意識的としか思えない曲解に象徴される短期潜伏期論のむし返しであり、もう一本は大井清鑑定に見るエセ確率論である。

検察官はホルニック博士から春日氏にあてた返信によって、三日以内の潜伏期をもつ腸チフス患者が存在し得ることを立証できたと主張したが、実際には博士の手紙の内容は決してそんなものではなかった。手紙には「私はこの病気の性質とその時間的経過からして（三日以内の発病は）きわめてありそうもないことと思います」とすら述べられているのである。

奇怪な春日書簡

春日氏は事件発生当時、厚生省防疫課長であり、本件を事実上告発した責任者でもある。途中静岡県衛生部長となり、一審判決当時は厚生省審議官、控訴審で証人として出廷した時は環境庁大気保全局長で、最近東海大学教授に転身している。

氏がホルニック博士に自発的に質問状を出したのか、検察官の依頼によるのかは不明である。しかし、驚くべきことに、春日書簡は裁判官依頼によるかのように詐称されていたのである。

検察官が提出した英文の春日書簡の翻訳文は「関係者は、私（注＝春日）が貴兄（注＝ホルニック博士）に再び連絡し貴兄から署名入りのご返事をいただいてくれますよう依頼しております」とあるが、その原文は「The Judges were most interested in your opinion. They asked me to contact you again ……」（傍点は引用者）となっているのである。だが、裁判官が春日氏にそのような依頼をするはずもなく、事実もない。これは春日氏の本件虚構の構築者としての体質と、検察官との醜い野合とを自ら暴露して余りあるところである。さらに春日氏は証言でもホルニック書簡の内容を誤って伝えているのである。

検察官が「有罪に新証拠」としてまことしやかにマスコミに宣伝したものの実体がこれであった。結局、春日氏の虚言癖と、海外にまで白を黒とする工作を働きかけ、失敗した醜さが浮かんできただけであった。

国内の学者からも、実は検察官の意に添う証言は得られていない。検察官が主張する数十時間という短い潜伏期での腸チフス発病例などは回答皆無であった。また比較的短い潜伏期の例としてあげられたものでも感染の時期が特定できず、参考になる事例とは言いがたいものであった。少数の特殊例を集めて「短い潜伏期で発病し得る」と主張してはみたが、それが犯行を直接立証するものでないことは当然である。

検事は犯行説を説明するために、多量のチフス菌で感染した場合は、普通の症状ではなく食中毒様の発症をするとの理論を展開していた。そして一部の学者は「そのような現象が起こらないとは言えない」と証言した。しかしこのような不可知論をいくら揃えても、本件の患者らの発病が食中毒様でなければ、無意味である。事実、控訴審の審理の結果でも、そのような発病形態の患者は一人としていないことがわかった。この事が意味するものは唯一つしかない。春日氏らが犯行説の大黒柱として強調したものが、マスコミ、捜査官、検察官を欺瞞するための空論であったということである。

確率論でウソをつく

控訴審における検察側主張を支えるもう一本の杖、大井清氏の鑑定書にみられる確率論はさらにひどいものである。氏は事件発生当時、厚生省技官として調査を担当、母校である千葉大へ赴き、内科の福永和男講師から千葉大バナナ事件犯行説を吹き込まれ、自ら調査することもなく鵜呑みにし、それが厚生省の見解となり、検察側に影響した、その人である。控訴審での鑑定当時は千葉県公害研究所長であった。

その鑑定の内容は「ファージ型D_2で、しかも同じ薬剤感受性値を示すチフス菌によって、千葉大、三島、御殿場、小山、小田原など五つの違った場所で同時に流行が起こる確率は一〇万分の一で千年に一回も起こらない」というもので、検察官は「したがって各所でのチフスの流行は、自然流行ではなく犯行によるものである」と利用した。

チフス菌のファージ型とは菌の一つの遺伝学的性質で、同一感染源から罹患した患者から出る菌の型は同じである、というものである。この型別法は腸チフスの流行の分析手段に利用される。

一方、菌の薬剤感受性とは、クロマイ、ストマイ、テトラサイクリンなどの抗生物質に菌がどの程度の抵抗を示すかという性質である。本件の場合、関係各地における流行から採取されたチフス菌のファージ型と薬剤感受性の値が全く同じであることから、すべて鈴木被告の犯行であるという説明に利用された。

ファージ型別は、日本では予研だけで実施されているもので、私の日常業務に属するものである。薬剤感受性についても、本件については私が検査したものである。大井氏も鑑定の中で、私の検査結果を利用したと述べている。

大井氏のいう一〇万分の一という数字は、事件当時の二年間に日本全国でD_2型菌が出現した頻度と、特定の薬剤感受性値を示す菌の出た頻度とを掛け合わせ、五カ所で起こったからこれを機械的に五乗した数字に過ぎない。私はこの暴論に啞然とした。

なぜなら、腸チフスは人から人へ次々に伝播する病気である。だから、一人の患者が出た時にその周辺では次の患者が出る危険性は大きい。周囲の人と、そうでない人とでは罹患する確率は大幅に違うはずである。だから一律に全国的な期待頻度をあてはめて計算しても意味がないのだ。

事実、本件流行発生当時の四〇年から四一年の間にD_2型で同じ感受性値を持つ菌が事件と関係のない北は岩手県から南は宮崎県までの一六都府県で、三八件も発見されていることを私は知っていた。大井氏の鑑定を暴論と思うのは当然であった。そして、私はそのように鑑定書を書いた。

それにしても、理論疫学を専攻したこともない大井氏がなぜ臆面もなくこのような児戯に等しい鑑定書を作成しようとしたのであろうか。あるいは作成しなければならなかったのであろうか。ミステリーと言わざるをえない。

また、検察官にはこの大井鑑定書の価値を見きわめる能力すらないのであろうか。このような検察官に控訴という権力がゆだねられていてよいものであろうか。

いわれなき予研元凶説

しかし、検察に大井鑑定の価値を洞察する能力がなかったわけではあるまい。

なぜならば、私が、私の鑑定書で行なった大井鑑定の批判などを期待して、弁護側が私を鑑定証人に申請したところ、検察官はなりふりかまわずこれを阻止しようとしたからである。彼らは私の鑑定によって大井鑑定が馬脚をあらわすことを恐れたとしか思えないのである。

検察官が本年六月三日裁判所に提出した弁護人請求に関する意見書は次のように述べている。

「(不同意とする) 理由は、同人が本件について、公平な鑑定や意見を述べることが全く期待できないからである。すなわち、当審の証人春日斉が証言するとおり、大橋誠は国立予研の技官として本件捜査の当初には、その真相究明に積極的に努力していた。しかしその途中から態度を急変し、被告人に左袒するようになったのである。

そもそも本件で被告人がチフス菌を使用し得たのは被告人が約四ヶ月にわたり国立予研に菌培養等の手技を習得に通ううち、同予研からチフス菌を持ち出し、千葉大一内、六研において保存していたためである。もしも、予研から菌を持ち出すことができなかったならば、本件チフス菌事件が発生しなかったと考えられるから、その意味では、予研が本件の元凶とも見られる。ところで大橋誠は山田千昌と共に、予研において被告人に手技を教え、チフス菌を貸していると認められる。これらの事実が新聞等で報道されたため、大橋らは自己に責任が及ぶことを恐れ、山田技官は原審で特別弁護人として活動し、大橋誠も原審で弁護側証人として証言している。そして当審においては同人らが開廷のたびに傍聴して被告人を支援している……」と。

この検事のように、特別弁護人制度や裁判公開の原則を非難する点はさておくとしても、国家機関を何ら調査することもなく、刑事事件の元凶であると公然と指摘することの責任は重い。それは単に私個人にいわれなき攻撃を加えたにとどまらない。しかも、検察官の意見は事実に立脚していない。たしかに私は被告にブドウ状球菌のファージ型別の手技と、腸内細菌分離同定の手法を教えた。一審で弁護側のみでなく検察側証人としても出廷したし、捜査段階では鑑定の手伝いもした。しかし外部からの圧力で態度を変えたこともなく、十分注意深く菌を管理していた。被告人がチフス菌を保存していたといっても、それは実習生として公然と渡したものである。また、山田博士と被告とは、博士が特別弁護人になるまで互いに一面識もなかった。そんな簡単な事実すら調べていないのである。これは、検察官が感情の赴くまま事実に立脚せずに平気で犯人を捏造しうる精神構造の持ち主であることを意味する。

弁護側はこれに対し、書面をもって裁判所に意見を具申した。予研の研究者で組織している国立予防衛生研究所学友会は幹事長名で善処を求める申し入れ書を東京高検検事長と、東京高裁所長に送付した。八月一一日、検察官は裁判所に訂正申立書を提出したが、訂正は単に前記引用文の傍点部分を、適正を欠いた文章のため誤解をまねいたものと考え取り消す旨のものであった。もちろん予研学友会あてには何の反応もない。

だが私や山田博士個人に対するいやがらせや中傷、威嚇は、ここで始まったものではない。事件発生のころ、厚生省防疫課の「犯行説」批判を提唱しはじめたときから、数えきれないほどあったのである（本誌一九七三年六月一五日号の山田千昌博士の論文参照〈略〉）。

控訴審で鈴木被告の尋問は二、三日であったと思うが、鑑定証人としての私の出廷は七回に及び、それも検察側からのいやがらせとしか思えない反対尋問に費やされた時間が多かった。

しかし、このような迫害の中で、よく自らをささえ、本件の真相を明らかにしえたのは、山田博士はもちろん、同僚や上司の支援のたまものであった。中でも一審経過中、細菌学や病理学の権威者が集まって組織してくださった「予研腸チフス事件を考える会」の佐藤直行、中村明子両博士をはじめ皆様の厚情は忘れえない。単に援助するだけではなく、ともに問題点を討論し合って、洞察を深めていただいた。この意味では私の提唱する理論は、これらの多くの学究のそれでもある。

マスコミによる大病院での伝染病流行の責任追及という形で幕があげられたこの事件は、衆議院社会労働委員会で事態の説明を求められた厚生省公衆衛生局が犯罪行為をにおわせ、以後同委員会が秘密会に切り換えられたあたりから、全く個人的な刑事事件に変貌していった。その結果、問題は医師の倫理とか、人体実験の批判とか、医師によるこの種の犯行を許さないための体制とかにすりかえられてしまった。いきおい、千葉大学病院、三島病院でのずさんな防疫対策、それについての監督官庁である厚生省防疫課の責任、通院中や入院中に罹患した人たちの補償問題などはどこかへ霧散してしまった。彼らの体面の保持と責任の回避は一人の善良な市民を犯罪者に仕立て上げることによってその目的を果たした。私は控訴審の無罪判決を信ずる。しかし、科学らしさを装って一見合理的に遂行されたこのような権力者の横暴の責任が追及されない限り、被告が控訴審を勝ちえても、本件の真の終幕とはならないのである。

（『朝日ジャーナル』１９７５年12月26日号）

大橋誠へのインタビュー

腸チフス流行を隠す歪んだ努力の数々

［聞き手］元朝日新聞記者　大熊一夫

大熊　この事件は一三の訴因があるのですが、一審の過程で、検察側の主張する発病のからくりが科学的常識から大きく外れていることが明らかになりました。私のみるところ、結局、二審と最高裁では、シロをクロと言いくるめるような没論理、没科学の理屈が通って鈴木充さんは監獄へ送られてしまいました。裁判でそのような没論理が通ったのは残念ですが、それは二審と最高裁で、不幸にして科学的に物を考えることがひどく苦手な裁判官たちに裁かれた結果だと思っています。あの法廷での議論が、仮に細菌学の学会のような場で行なわれたのであれば、絶対に高裁や最高裁の判決のようにはならなかったでしょう。でも、敢えて充さんに一番不利な現場はどこかといえば、腸チフス流行・発病のからくりがもっとも不明確な御殿場の鈴木さんの家庭周辺の一件でした。腸チフスの専門家として御殿場周辺の流行をどうご覧になっているのか、改めてお聞かせください。

大橋　まあ、仮にあれ（鈴木充さん）がやったとしても、検察側はそれを確実に証明できてない、証明してないね。疑わしきは罰せずという点からいっても、ああいう結論（有罪）には反論できる。あの一連の腸チフス流行の感染源や感染経路の調査は誰もきちんとやっていない。ただ、あのころまだ世間に腸チフスがたくさんあったわけだから、二元説を主張することだってできるでしょうね。分からない事は多いんですよ。腸チフスの流行の原因といっても。

大熊　二元説とは何と何のですか？

大橋　一連の川崎製鉄から始まって千葉大、三島病院でのものがひとつの流行であってね。その他に、御殿場地方特に鈴木一族の中での流行があったという意味です。それがたまたま、どちらも原因菌がファージ型Ｄ２だった。だから一見関係があるように見えたけども、あれはオリジンは二つであったのかもしれない。そこんとこで、検察や春日氏（事件当時は厚生省防疫課長）達は確率論みたいなものの持ち出したけど、ああいうのはナンセンスだね。あんな事で証明はできない。当時は、全国いろんな所でＤ２型はあったのだから。今でも一番多いですしね。あの計算はナンセンスだ。とにかくスッキリした証明は敵側もできてないね。それに、御殿場の親戚の発病では、検察が主張するように鈴木の持ってきたバナナで腸チフスが移ったとかいうのには、一部の人では明らかに不合理がある。あれは、あまりにも潜伏期が短過ぎる。

大熊　堀内十助さんの家のね。

大橋　中には食べる前にすでに発病の様子がうかがえる人がいるでしょ。あの辺が彼はシロと判断できる有力な資料なんだけどね。

大熊　あの親類のお宅の知恵遅れのお嬢さんの発言とかの証言の採り方は無茶苦茶ですね。

大橋　とにかくあの御殿場の流行はほとんど解明されていない。その中で鈴木充ひとりに原因をかぶせるなんて、まったくの無理ですよ。他の場所の流行は発病が時間的に追ってさほど不思議のない形で大きな流れをつくってるのがわかりますけどね。川鉄、千葉大学、三島病院っていうのはね。それからそれぞれの施設の中で増幅されたということも、よくある普通のパターンですね。

大熊　大橋先生でも、御殿場はわからない、というしかない？

大橋　分からないとしかいいようがないね。

大熊　それなのに、検察と警察はひとりの人間の仕業で説明付けようとした。

大橋　だから無理があった。はっきり今でもそう思ってます。ただ僕があの時一番憤りを感じたのは、大勢の医療関係者が腸チフス流行を隠そうとしたことね。その感染原因が何であれ、病院内で隠ぺいして、そのためにカルテまで書き直した。病院側が隠そうとした、あの歪んだ努力がまわりに大いに迷惑をかけた。他の病気で入院してる人まで感染してしまった。看護婦もいっぱいかかってしまった。そういう伝染病対策に対する見識のなさに一番怒り狂ったね（笑）。とにかく、ちゃんとした調査すらしないのだから。

大熊　鈴木さんを犯人に仕立てたい側が証拠を隠ぺいした事実は裁判でかなりはっきり出ました。これは言いのがれができないほどに。ああいうところを、もっと世の中の人びとに知ってもらいたいですね。ぼくが、この裁判はおかしいぞ、という心証をもった一番の根拠も、あの、有罪を立証しようとする側の証拠湮滅《いんめつ》でした。普通、証拠湮滅は被告がやるものですけどね。

大橋　厚生省も加担して流行を隠ぺいしようとした。そして次に流行を個人の仕業に持って行く時のやり方にも強引さがあった。鈴木充を隔離しておいて、精神病に仕立てようとしたり、脅しまがいの事までやった。マスコミもそれに乗った。あれを異常といわなければ、なにをかいわんやです。

大熊　普通はもっと地道な調査が行なわれるものなのでしょう。

大橋　もちろんです。だけどやはり腸チフスは調査がやりにくいですね。潜伏期が長い病気でしょ。

大熊　そりゃあ、赤痢なんかとちがいますね。

大橋　潜伏期が二週間から一〇日ほどと長いから「二週間前に何を食べましたか」なんて聞いても忘れてる。原因が究明できてる方が少ないんですよ、あの事件だけじゃなしに過去二〇年ぐらいの調査の結果みてもね。これは日本感染症学会でも発表してるんですよ。

大熊　どなたが？

大橋　ぼくが。あの事件の後で腸チフス中央調査委員会というのが組織されてね。ちょうど二〇年になったのを記念してまとめたんですよ。

大熊　二〇年てことは、ちょうど事件の直後ですね。

大橋　その集計結果によると、感染経路が分かった率は四七パーセントね。感染源、つまり誰が保菌者で、あるいは隠れた患者で、その人から流行が始まったというのが分かっているのがわずか二七パーセント。そんな程度しか分からないんですよ。

大熊　現在でも流行はありますか？

大橋　現在はずっと減ってきた。

大熊　昔よりどんどん減ってるってのは何が原因ですか。

大橋　腸チフスというのは保菌者中心にその人の糞便や汚れた水や食物を介して流行りますからね。

大熊　戦後の不潔な時期の保菌者が、だんだん死んでいくとか。

大橋　そうそう。それに、上水道や下水道が普及したとか、治療効果のある抗生物質ができたとか。この病気の流行はなぜか昔の軍隊の連隊のあったところに多いんですよ。岩手でしょ、それから東京、静岡、愛知、それから京都、姫路、あと広島、それから松山。

大熊　人間の体の中の胆のうに菌が住み着くんですね。胆石の中にもぐり込むと薬も届かなくて、菌が生きのびるんですってね。

大橋　そうです。それでその中央調査委員会ってのは、あの事件をきっかけに作られたのですよ。あの事件だけがきっかけじゃないけども、保菌者を丹念に見つけて治療しておけば、ずんずん減ってくに違いない、言い換えれば腸チフスは理論的に撲滅できる病気なんだという思想で専門家を集めたんですね。それで流行が起きるたびにその原因調査を丹念にやってきたわけです。その後、厚生省の公衆衛生審議会の下の感染症対策部会っていったかな、そんなような名前の部会の小委員会に位置付けられました。それが腸チフス対策小委員会。

大熊　で、今もつづいてはいるんですか。

大橋　それがもう任期切れでおしまいになっちゃった。でも、この事件のひとつの隠れたメリットはね、全国的な腸チフスのサーベランス事業が組織的に定着した事です。これには大変なメリットがあった。その後これで原因究明できたものがいくつもありますからね。

大熊　そもそも鈴木充さんとはどこで出会ったのですか。

大橋　柏木病院という名前聞いた事ありますでしょ、あの事件の中で出てくる。あそこの柏木院長さんというのは千葉大学の内科にいた。その人がかつて国立予防衛生研究所にブドウ球菌のファージ型別を教わるために内地留学で来たことがあって、その人から、後輩に習いたい人がいるのでよろしく、といってきた。それでいいですよって受けたのがあの人（鈴木充氏）だった。学位論文の仕事に利用するために習いにきたんじゃないかと思うんですけどね。ブドウ球菌のファージ型別を習って行ってたわけね。当時は、千葉大には中央検査室がなくて、内科の先生が感染症関係の検査もやってたみたいです。それで、彼がブドウ球菌のファージ型別だけじゃなしに、引き続き腸管関係の病原菌の分離同定の技術も習いたいといい出した。大変前向きだった。

大熊　本人がやりたいと。

大橋　そう。それで予研の最新の、多分彼らの大学よりは進んだ技術を習って帰った。それが彼が足引っ張られる一因になったかもしれない。彼が予研風吹かせて、予研ではこうやるんだと言えば、若僧が何言うかってね。

大熊　それなりの技術は習得して帰った訳ですか。

大橋　腸内細菌関係の分離同定技術はね。でもそれだけですよ、チフス菌のファージ型別は教えてません。その技術習ってたって、千葉大では役に立つわけないんだから。

大熊　つまり充さんのやれる事といったら、チフス菌のこまかい種類をつきとめるのではなくて、これはチフス菌か赤痢菌か、といった大まかな分類ですか？

大橋　そう。そして、たまたまそのころに千葉大学の内科の中で腸チフスの流行が起きた。今から思えば、千葉大で流行が起きた時にね、腸チフスの診断をできる医者は、あの内科のグループの中で、あんまり大勢いなかったんじゃないか。それで彼が細菌学的に診断できた事に対して同僚や先輩が快く思わなかったんじゃないかね。彼が「あの流行は腸チフスですよ」なんていい出して。

大熊　あの事件の中で、赤痢かチフスか分かんないような話が随分ありましたね。川鉄関係なんか。菌を同定する技術がそんなにお粗末なら、当然ですね。

大橋　彼が「これは腸チフスだ」って言うわけだから、「そんな暴きたてるような事するな」ってね、恨まれたんじゃないかな、最初の時点で。当時、川喜田さんという千葉大の微生物の教授。あそこで検査をしてもらったら、チフス菌のことをサルモネラD群菌だという検査の結果なんか出したりしてる。D群サルモネラ菌というのはチフス菌のほかは種類が少ない。ほぼチフス菌だと思っていいくらいだ。それをそういう表現で、食中毒のようにみせた。

大熊　ごまかしですか、間違いですか。

大橋　ごまかしだと思う。チフス菌の同定検査はね、年とってる細菌屋にはそんなには難しい事じゃないの。大学としてやっぱり腸チフスの流行が起きたなんてことははずかしいし、D群サルモネラ菌の食中毒で片づけようと思ったのではないかな。そこへもってきて、鈴木が「これはチフス菌だ」とか言ったんで睨まれた。D群サルモネラ食中毒ということで胃腸炎症状を強調した。それが、事件として問題となったので、胃腸炎症状が強かったのは摂取菌量が多かったためだ、だから人為的な汚染だ、という図式になった気配がある。

大熊　それは事件のかなり前の事ですか。

大橋　直前です。千葉大病院は、中央検査室の整備が全国で一番遅れたグループのひとつだった。そんな時代だから、まだ腸チフスも臨床症状による診断が随分あったころです。細菌学的に診断するんじゃなしにね。その時代に鈴木が予研で習ってきて、ちょっとテングみたいになって、口はばったい事いったりしてね。これが事件に発展するひとつのきっかけのように思いますけどね。

大熊　充さんが「これは腸チフスだ」と本当のことを言ったのが裏目に出た。

大橋　さっき言ったサーベランスね、分離チフス菌をファージ型別にして全国的に発生状況を監視して原因を分析するというシステムを作る準備段階だったころなんですよ。僕は、流行が起きるたびにあっちこっち調査に行かしてもらって、全国的なシステムをつくろうとする一番初期の努力中だった。千葉大にもせっかく鈴木っていうチャンネルを持ったわけですから、僕は、こういう方法で流行の調査するんだよ、分離菌を持ってくれば検査してやるよ、と指示をした事は覚えていますね。千葉大でも腸チフスの流行がありますよ、っていう事を彼が予研に言いに来た時に、僕もそういう事を言った。そしたら彼は菌を届けてきた。D2型だった。そしたら大学では「お前そんなものをなぜ届けた」って叱られたっていう事実もある。とにかく彼は菌を予研に持ってきたことがもとで叱られた事は確かなんですよ。

大熊　大学の恥を外に出したというわけですね。

大橋　当時はそんな時代だった。いろんな地方で腸チフスの流行が起こった時に、予研の部長の名前でその菌の型を調べたい、これはこういう風に役に立つんですよ、ってお願いしても、県によっては、予研の命令なんか聞くことない、法律的にそんな事決まってるのかね、っていう冷たい反応にはしょっちゅう遭遇してましたから。

大熊　チフス菌にはいくつくらいのファージ型があるんですか。
大橋　ファージ型というのは人間でいうと指紋みたいなものなのでね。当時六〇いくつかな？　七〇ぐらいあったんじゃないかな。だからそれはね、流行の系統を分析するのに大変有効に使えるんですよ。たまにしか出ない型が短期間中に日本のあちこちに出た時、これは相互に関係があるんじゃないかって疑うことができる。それで感染経路を推定し、さらには感染源になった保菌者をみつけることができる。その人を徹底的に治療すれば二度とその地域で流行は起きない。
大熊　千葉大のはD２型だというのは充さんが持って来て初めて分かったんですか？
大橋　そうですよ。当時、D２型っていうのは日本の二〇パーセントぐらいをシェアしてましたからね。だからそういう比較的まれでない型は利用価値は、ちょっと低いけど。
大熊　彼は千葉大の菌を予研に持って行くに当たって、一応上司の許可は貰って？
大橋　得てないと僕は思うね。
大熊　腸チフスだと分かるのはそんなに不名誉なんですか？
大橋　名誉ではないね。ああいう法定伝染病の流行が自分の所属する施設内で起こるとなれば、みんなが不名誉だと思うムードはあるんじゃないですか。
大熊　実際あの時代の千葉大病院はうす汚い病院でしたね。
大橋　そう、僕も見に行った事ありますけどね。建物は立派だし、歴史のある大学だけど、内科なんかはあんまり近代的なムードのところじゃなかった。
大熊　この事件に本格的に関わろうと意を決したのは。

大橋　僕はね、最初は上司の部長に「こういう流行がありますから、厚生省にも連絡して調査した方がいいのでは」というようなこと話してたんです。部長も、それはちゃんと調べた方がいい、とか言ってるうちにバババッと事件になってしまった。そしていろんなところから雑音が聞こえてきて、私が事件の黒幕だっていうニュースまでね。だれがわざと流したのか知らないけど。大橋の管理が悪いから鈴木にチフス菌を持ち出されて、とかいうような事が言われたりして。私は大変心外だった。

大熊　持ち出すって、充さんが大橋さんの部屋から菌を？

大橋　僕の部屋はチフス菌のファージ型別検査をやってんだから、当然机の上にはチフス菌があるわけですよ。しかも、僕が黒幕で鈴木を使って人為的に流行を起こさせたという説もあるなどという、変なニュースが間接的に僕のとこに入ってくる。新聞にもそういうニュアンスの事が書いてあった。それで、鈴木がかわいそうだからってんじゃなしに、冗談じゃない、これはごく普通の流行よ、って事主張したかった。

大熊　で調査団は？

大橋　出来なかった。「犯罪的な臭いがあるから」っていうような事を厚生省が言って。そのころ僕は、三月の終わりか四月の初めころだったと思うけど、学会があって九州へ行く必要があったんですね。厚生省からは何日にどこに泊まってるか、というような事まで明らかにして行けなんて変な指令がきた。大変不愉快だった。

大熊　疑いの輪の中に大橋さんも入ってたということですか？

大橋　勘ぐりが深すぎるのかもしれないけどそう感じさせたね、厚生省の態度からは。それで、警察が動き出してから千葉の警察の寮のなぎさ荘とかいったかな、警察が押収したいろんな証拠資料を専門家としてながめてみてくれんかというようなね、そういう会議がありました。会議とまで名前がつくようなものじゃないけど、警察が専門家を数人召集した。僕も呼ばれた。押収してきたヤツ（鈴木充さん）のノートブックなんかを見せられて、この中に人体実験をにおわせるようなデータが残ってるかどうかという事を検討させられた。

大熊　その時はもう充さんは葛城病院の伝染病の病棟に監禁されてるころですか。

大橋　おそらく逮捕されてからでしょうね、そういう押収ができたのだからね。それで見たけれど、そんな事まあ実際にやったんなら書くバカもいないだろうし、事実そんな事を思わせるようなものはなかった。何にもなかった。みんなが口々にないといったにもかかわらず、翌日の『毎日新聞』は「専門家が人体実験と断定」という記事を書いた。何となく人体実験のような匂いが読み取れるよ、と会議の席で発言してた人は厚生省の土屋技官ですよ。だからあのとき厚生省としては人体実験に結びつけたがってんのかなというような感じを僕は受けていましたけども。

大熊　で今考えてもやっぱりそんな人体実験はなかった？

大橋　なかったと思います。

大熊　裁判でもその説は消えましたからね。有力な証拠があれば当然通るはずなのに。

大橋　だから無理にそっちへ持ってこうという勢いがあるなという事は感じました。だけど明くる日にそんな「断定」なんて言葉使って記事が出るとは夢にも思わなかったね。

大熊　それは警察か厚生省か……。

大橋　誰かから示唆を与えられてる。あるいは記者が憶測で勇み足やったかね。それで明くる日に、僕は『朝日新聞』しかとってないから、うちを出る時そんな事知らなかった。予研へ行ったら、山田さんがお前昨日会議に行ってこんな事言ってきたのかって僕のところへ来た。え？　どんな記事？って見たわけね。「断定」と書いてある。その辺からですよ、僕が本腰入れかけたのは。これはおかしい、とね。それで毎日新聞社に抗議文を出した。

大熊　「専門家が断定」とだけ書いてあって、その専門家のひとりだった。

大橋　それで僕は抗議文を出した。昨日のなぎさ荘の会議では、そんな事なかった。それをこういう記事に書くとはけしからんと。釈明する文章のせろ、って。なしのつぶてですよ。

大熊　それは確かに『毎日新聞』だったんですか。

大橋　『毎日』ですそれは。それで僕は山田さんともこの件で深く接触することになった。

大熊　それまでそんなに付き合いは？

大橋　まあ同じ内部の人間ですから、交流はありましたよ。でも、この事件についての最初の会話というか接触というのは、この「断定」がきっかけだった。僕は憤まんやる方なかった。そのころになって大学で世話になった先生から、君、言動には注意しなさいっていうような忠告をいただいた事もある。それで引っ込まなかったのが私の悪いところなんでしょう。本気で調べてやろうっていう気になった。もちろん僕は本来がそういう事をやる立場であった。全国のどこでも流行があったら、ファージ型別を行ない、それをたよりに流行調査する立場だったから、僕自身としては特異に感ずる仕事ではなかった。最初は多くの流行の中のひとつとして見てただけですね。それでまあ山田さんも手伝ってくれというから、流行像を解析する資料を僕は僕なりに集めていった、厚生省とは別に独自にね。
大熊　厚生省からそういう事をやれとは？
大橋　やれとは言われてない。
大熊　それで充さんとの接触はどうやってとったのですか最初に。
大橋　事件となってからは、彼とは接触はとってません。弁護士から電話がかかってきました、会いたいって。弁護士の鈴木元子さんが弁護を引き受けるに当たって、関係者のとこに聞きに回ってね。それで予研にも来て、僕の知っていることを話してあげたら、「これは大変だ」ということになったのだと思う。
大熊　はじめ手紙を出しませんでしたか？
大橋　僕は出さないが、山田さんが出したんだ。僕と山田さんは内部ではこの件に関して話し合っていましたから。そしたらある日の新聞に鈴木元子さんという人が弁護を引き受けるという記事が出た。その時に山田さんが「この事件はそう簡単なものじゃないよ」と言ったのを覚えています。それで、弁護士に「いつでも説明してあげるからいらっしゃい」というような手紙出したんだな。それで元子さんが来た。それで、僕の知識を話したんじゃないかな。それがきっかけとなって、元子さんと私と山田さんで、一種のチームができた。会ってみたら、いい加減な弁護士には見えなくて、それなら協力してあげましょ、って事になったわけ。厚生省は、警察に委ねるからもう知らないよ、という態度をとるようになった時期だった。しかし僕も調べたかったしね、真相を。その時、菅野さんという元子さんの大先輩の弁護士さんも後楯として加わったのだが、この人は鈴木充さんをかなり疑ってたな、犯人として。
大熊　そうらしいですね。
大橋　こんな事件は「私がやりました」と謝まってしまえば、そう長い間刑務所に入らないでも済むというような調子だった、あの人は。だけど元子さんの方は自分の足で調べてきてるもんだから、充さんが怪しいというよりは、新聞社も厚生省も警察も簡単に充さんを犯人に仕立ててしまおうという雰囲気が強すぎるという事に疑問を持ったんですね。僕らはまた素人なりにさ、元子さんに向かって「あなた自身で納得するまで調べもせずに弁護活動をやるのかね」と言うもんだから、元子さんにもやっぱりプライドがあるし、疑問も沢山あるしで、のめり込んでしまった。そして、裁判が始まった。すると、弁護側としては専門的な言葉すら分からないこともあって、僕等は特別弁護人になってくれって頼まれた。僕と山田さんと、両方が申請したんだけれども、山田さんだけしか許可にならなかった。僕はあまりにも事件に深く関係している立場だから、というのが不許可の理由だったと聞いておりますけどね。僕があの人を研修生として面倒みた時期があったからという事が理由だったんじゃないですか。しかし専門家として真相を究明したいという気持ちから深入りしてった。そういう順序ですよ。
大熊　じゃ御殿場なんかは皆さん一緒に調査に行かれたんですか。
大橋　日曜日利用して山田さんとね。山田さんは運転できるから車に乗せてもらって、行きました。流行地の地形や患者の住居間の距離の認識を持つとか、時には患者さんに会うとか現地での調査は大事なのです。僕の一番の関心は、やっぱりバナナだった。充さんが配ったバナナが発病の原因だ、と当時の新聞にはもう出てましたでしょ。だから、それを食べてから、何日経ってから発病したかっていう基本的な事を押さえたかった。食べてからかなり時間もたっていましたから、そんな状況でどのくらい確実に調査ができてるものか、も知りたかった。自分の耳で確かめたかった。親戚などいろいろなところを歩きました。

大熊　そしたら、専門的に見て、潜伏期が明らかに短い。

大橋　そう、短い。だんだんそれが分かってきた。それから、病院なんかには隠れた患者がいっぱいいるって事も分かってきた。三島病院では、看護婦や入院患者が病院内で腸チフスに感染したと思われる例がいっぱいある、なんて事も分かってきた。それには、元子さんの功績もあるし、僕らが足でかせいだ部分もある。千葉へも何度か行きましたよ。

大熊　その隠された患者がいる、ということを認めるかどうかも、この裁判のひとつのポイントでしたね。

大橋　結局は認められてない。なぜかというと、届け出されてないのだ。ある程度押収したカルテやなんかに腸チフス罹患の証拠らしいものはあるけど、腸チフスと診断した、と書いてなきゃ、オフィシャルには、むしろ起訴の対象とされた被害者以外には患者はいなかったという逆の証拠に使われてしまうものね。

大熊　それは、腸チフスを腸チフスとして同定する技術が未熟だったから？

大橋　いや、本気でやる気なら、わかるはずです。僕は、だから隠した形跡の方が強いと思う。それほど技術が発達してない時代とはいえないですもの。

大熊　そんな分かりにくい病気ではなかった、腸チフスは。

大橋　分かります。だからむしろ隠そうとしたモーメントの方が強かったね、腕がなかったというよりはね。

大熊　隠す、というのはなにか別の病気に変えるということですか？　風邪とか赤痢とか、普通の食中毒とか。

大橋　ええ、そのようにつくろったに違いない証拠はいっぱいありますよ。たとえば、三島病院なんかで看護婦達ね、病室で療養しながら働かされてた時期があるのですよ。そんな時に職員に腸チフスのワクチンまで打ってるんですからね。何でそんなワクチンを集団接種するのか。病気がなんであるか分かってなきゃ、おかしいんですよ。そういう眼で見ると、あれが腸チフスだったっていう状況証拠はいっぱい残ってる。

大熊　それを認めないのですからね。あれが有罪無罪の分かれ道でしたね。

大橋　大きな分かれ目ですよ。都合の悪いのは伏せて鈴木充と関係のある患者だけピックアップして腸チフスの流行を構成してるんだから。とにかく、疫学調査のルールに則って調査してれば……。

大熊　鈴木充さんと関係のないものがいっぱい出てしまう。

大橋　するとバナナなど鈴木からの贈り物じゃ説明できないね。それを、バナナ食った人なら、当時腸チフスとして届け出してない人までも、裁判の経過では腸チフスだったとして被害者とする一方で、鈴木充にもらったものを食べてない腸チフスらしい患者は切り捨ててる。こんな調査からは他の結論は出てこない。流行調査としては先入観にとらわれた、一番まずいやり方してるね。その事を僕が責めた。もうちょっと前にも患者いるではないですか、同じ時期にも鈴木に接点のない患者いるじゃないですか、とね。それに潜伏期の問題をつきつめていったら、二日前に発病したり、食べる前に発病している人が二、三人出ちゃった訳ですから。この腸チフスという病気はね、そんなに早く発病しないんですよ、病理学的に考えれば。すると検察側は、菌が大量だったから潜伏期が短かかったという。これはおかしい。仮説同士のもたれ合わせですからね。バナナが原因であったんではなかろうか。それにしては発病時期がどうも説明できない。そうするとチフス菌を大量に与えれば潜伏期が極端に短くなるのではなかろうか、という仮説をたてる。そういう二つの仮説をもたれ合わせるだけで証明はできたとする。もちろん大量の菌による汚染イコール人為的な汚染ともいえませんがね。これは証明にはなってない。論理的におかしい。当時腸チフスのワクチン関係の仕事をしていて、腸チフスの人体実験をやってる有名な人がアメリカにいた。

大熊　囚人にいろいろな濃度のチフス菌を飲ませる人体実験をしたホルニックという学者ですね。

大橋　検察側、これはとりもなおさず当時の厚生省ですが、彼らは、その人に聞いてみた。大量の菌投与で潜伏期が極端に短くならないだろうかと考えて、それを、どうしても言わせたいもんだから、春日氏（事件当時は防疫課長）が裁判官の名を使って手紙を出してるんです。その事を僕は『朝日ジャーナル』に書いておきました。裁判でそれが問題になったら彼は「私は英語が下手だから検察官と裁判官の英語を間違えた」とか言って説明した。いかにも裁判官が聞いてるような手紙出してるんですよ。でもホルニックからは彼らが飛びつくような返事は来てないんですよ。

大熊　犯人説がふりまかれた後での調査は、随分難しかったでしょうね。

大橋　うん、全部、先入観が入っちゃってるから。僕等が聞き回った相手の人びとに。だから聞きにくかった。あいつが犯人だって事をマスコミや警察から吹き込まれており、そこを私たちが訪ねるんだから。これじゃ誰もフランクにしゃべれない。それに、親戚から伝染病出したら恥ずかしい、そういう意味での構えもあるし。

大熊　病院は病院で病気を出したくない、親戚は親戚で出したくない。

大橋　もうそのころでは患者の家族の記憶も確かでなくなっている。それで、孫の誕生祝いだとか特別な出来事を手掛かりにバナナを食べた日を確かめていくと、発病はバナナ食べた後じゃなしに、前じゃないの？　なんて事も出てきてしまった。しかし、みんなもう充さんのバナナが原因だ、という先入観持っちゃってるから。これには、ほんとうに参った。

大熊　先入観との戦い。その上、人間社会ってほんとに複雑ですからね。

大橋　鈴木充の弟の嫁のお袋さんも印象深いね。そのお袋さんは、しばしば娘の家に出入りしてるのだが、これを充さんの両親に知られるといやだったからというんで、私たちに「(バナナ食べた日以前には) 一ぺんも行った事ありません」といって頑張るわけ。だけど話していてだんだん分かってきた。娘の家にかなり頻繁に行ってるんだよね。しょっ中出入りしてる。近いんだもの。そうなると、弟やその家族と共通のものを食べる機会ってのはバナナだけじゃなくて、いっぱいあるという事も分かってしまった。

大熊　腸チフス流行を客観的に調査するのはただでも難しいのに、そこに「犯人の配ったバナナ」という先入観を振りまいたら、どうにもなりませんね。

大橋　厚生省の主張では、原因はバナナだけしかなくて、たまたまあそこに行ったのはあの日だけ、ということになる。だけど、よくよく聞いてみると、バナナの線だって怪しくなる。そういう例の積み重ねをしていくと親族関係も犯行によって云々というほどはっきりしたものじゃないなという風になってきた。そのころ御殿場で、親戚とはまったく関係ない人が二人、腸チフス患者として届け出されていた。私たちが、その人たちが入院した所へ調査の手をのばそうとしたら、あれはチフスでございませんでしたって、病名変更の届けまで出されてしまった。こんな調子だから、僕らの調査も完璧でなかった。だから、この地区に鈴木とは関係ない流行があったという気配はあったが、はっきりとそう言い切れなかった。とにかく、資料不十分。

大熊　その二人の腸チフスが取り消されたとは、恐ろしいご都合主義を感じますね。背景はなんでしょう。皆さんが歩いた後で取り消されたんですよね。

大橋　われわれがそれに注目してる事が分かったから、どっかから指示がいったんじゃないですか。

大熊　保健所や厚生省に話がぬけたとか？　しかし病名変更ってのはそんなにある事なんですか？

大橋　まずやらないね。やるなら、退院の時でしょうね。あの時はもう退院してから一年もたってからの出来事だね。似たような時期に二人届け出があったんですよ。それで僕としてはもしも、そういう患者からチフス菌が取れていたら調べてみたいなって気があった。だけど僕らのは厚生省からオーソライズされた形での調査ではないから、力はないですね。だから「鈴木充を中心にした流行」という推測を覆すに足るような資料は僕らもつかめなかった。あのころ僕が個人として山田さんと歩いてるぐらいの力では、どうにもならなかった。千葉では、腸チフスが疑われる病気で死んだ人の家まで行った。だけども正確に覚えてないし、過去の不幸な出来事に触れられたくない様子でほとんどなにも聞き取れなかった。

大熊　しかし厚生省管轄の研究所で、厚生省に逆らって、よくそんな調査ができましたね。

大橋　日曜日使ったりして。裁判が始まると、傍聴にも行きたいでしょ。業務だとは言いにくいしね。弱みはつくりたくないし。だから、ちゃんと昼間の仕事は昼間の仕事でやってたし、時には千葉へ傍聴に行って帰ってきてから夜に仕事したりして。きつい生活ではあった。でも、当時ありがたいと思ったのは部長も所長もそれをやらせてくれてたことですね。君達が信じてる事は納得できるまで調査しなさいと言ってくれましたからね、当時の小宮所長が。せっかくそういう事言ってくださる人を裏切ってはいけないから、私はちゃんと業務もやってましたね。

大熊　事件を整とんすると、とにかく、腸チフスの一連の流行が確かにあって、それをひとりの犯人ですべてを説明するか、ひとりの人間ではどうにも説明がつかないとするか、この二つの立場の争いともいえますね、この事件は。

大橋　いま冷静に考えても、あの流行調査の手続きっていうのは、疫学調査のルールから外れてますね。あれは、厚生省のやり方イコール警察のやり方といってもいいのですが。ある時期以降の厚生省は表立って関与してないような姿勢でやってきたけれども、おそらく出発の時期に、相当吹き込んでる。厚生省の考え方、千葉大の考え方をね。僕らは、鈴木充個人を助けようと思って始めたわけじゃない。白に転んでも黒に転んでもどうっていう事ないが、とにかくフェアーな疫学的調査とその結果を踏まえた適切な防疫対策に関心があったんですよね。そしたら鈴木充が、だんだん白っぽくなってきちゃった。でも彼の性格は、スケープゴートにされるには実に打って付けだね。

大熊　とにかく、これまでに出された資料と論理では彼の有罪は成り立たない、と今でも思っておられますか？

大橋　それは僕も裁判でもはっきり証言しました。一審の裁判長から「あなたが理解する流行像はどうですか」って聞かれた時にね。川鉄、千葉大、三島と広がった流行は、医療関係者間での伝播が中心の流行であるし、それに施設の飲料水がからんだかもしれない。だけどその三つは一連のものだと思う。けれど御殿場の親戚関係のはね、調査不足で結論を出しにくい。二つの別の系統の流行がたまたま鈴木充という人を中心に重なった部分があったという事かもしれません。あるいは三島病院から御殿場地域へ波及したのかもしれません。そこのところは分かりません。そう言いました。だから僕の口から全部まっ白けだとは言ってません。逃げるわけじゃない。当時、あれだけの資料ではそれだけしか言えない。それを言ったら、向こう側と同じ誤りを犯すことになるものね。だけど白っぽい印象を与える事実がいくつかあったのは確かだ。白っぽいけどすべての事実がつかめてないから説明できないところがある。ただね、あんなに逆らわずに穏便に済ましておけば、鈴木本人もも少し軽い罪で、ダメージも少なくて済んだかもしれないね。

大熊　さっさと罪を認めた形を取るということですか？

大橋　うん、裁判で負けるくらいなら、認めたほうがダメージは少なかったんじゃないかと、いう気持ちも僕には少しはある。

大熊　でも充さんの立場からしてどうかしら。

大橋　だから彼の煮え切らない態度は、僕は大変気持ちが悪いわけですよ。

大熊　ここは、やっぱり彼の自己決定があって、彼が強く主張して、それで共感した人びとが協力する、というのが筋道ですからね。

大橋　しかし、性格の弱い人に向かってあんまりきつい事ばっかり言うとね。逆にこちらの責任で彼を引きずり込むことになりかねないでしょ。それでかえってウソつかせる事になる事だってない訳じゃないでしょ。裁判で逆らわずに穏便に進めればよかったのか……と僕がそういう心境に至ってるのは、やっぱり病気の世界と対比して考えるからですけどね。軽い病気まであれこれいじりまわして診断つけなくっても治ればいいわけでしょ、開業医の立場ってのはそうでしょ。だけどこの腸チフス事件という社会の病気は、病院内で起きた流行を医療関係者が隠し、そのために多くの人に伝播し、それが明らかになると原因を個人の犯罪行為に押しつけようとする。これは、そんな軽い下痢や風邪じゃないからね、医師として徹底的に診断つけたかった。こういう気持ちも僕には一方であるわけですよ。でも、原因究明がすべてなんじゃなくて、そんな事して病気を長引かせて患者を余計悪くするよりはね、診断つかないままでも治るケースだっていいんじゃないの、という意味において、彼はかわいそうだったなと思うんですよ。

大熊　でも、無実の罪を呑むかどうかは、ご本人の決める問題ですからね。ぼくは、弁護陣は本当によくやったと思いますよ、巨大な相手と四つに組んで。さっきのホルニックの人体実験ですけど、なんでアメリカはあんなことをやったのでしょうか。

大橋　ワクチンの開発のためですよ。ワクチンの開発は人で効くかどうかを調べるでしょ。アメリカではそういう人体実験の施設がちゃんとありますからね。

大熊　実験を受ければお金になるとか刑期が短くなるとかするのでしょうね。

大橋　そうです。そして結果も公表される。インフルエンザのワクチン、コレラのワクチンみんな人体実験で正々堂々と論文が出てきて、そういう特別なシステムで承諾を得てやっておるって事、ちゃんと書いてありますよ。バルチモアのジョンズホプキンス大学の中にそういう施設があるんです。僕も見ましたけどね、囚人ばっかりではない。学生も募集するらしい、ものによってはね。中に娯楽施設まであってきれいないい環境だったね。

大熊　そのホルニックの潜伏期の実験ですが、チフス菌というのは、そんなに濃縮して取り扱えるのでしょうか。たとえば、細菌のお団子を作ってドンと口に放り込んで……なんて。

大橋　そりゃ物理的には不可能ではないでしょうね。だけどあの裁判で検事が主張したような方法で口の中に入る量ってのはね、大量大量とおっしゃるけど大した量にはなりえない。

大熊　誰だってバナナの皮は剝いて捨てますね。皮ごと食べる人なんかまずいないですもの。

大橋　その皮を通して菌を入れようとするには、針のようなもので刺すのでしょうが、かなりの量は皮でしごかれて表面に残ってしまうので、そんなに入らないですよ。皆さんマスコミ関係の人、当時、菌量について聞きに来て、それをまた倍にしたら、あるいは一〇倍、一〇〇倍にしたらどうですかなどと聞くのだけども、一cc当たり一億個程度でかすかに濁りが見える。それを一〇倍濃くすると明らかに白濁。そのさらに一〇倍っていうともうペースト状ですよ。さらにその上っていったら固まりになってしまうからね。そんな物、舌圧子《ぜつあつし》の上に乗せて口の中に置くなんて出来ません。あれはおかしいですよ。実際、菌を取り扱った事のない人が頭の中だけで考える事ばかりだった、あの調書は。

大熊　再審やるとしたら何をやれますか。
大橋　もう書類審査で十分なような気がしますけどね。
大熊　検察官や裁判官のご都合主義で捨てたものを……。
大橋　もう一回見直すだけでもね、おかしい事いっぱい出てくると思う。ただ弁護する側からの反省があるとすれば……、一審でほぼ出尽くしちゃって、それ以上もうこちらから積極的に提出する証拠はなかった訳でしょ。それで、二審からは向こうの反論に対してどうするかっていう受け身の姿勢だったからね。まさか、あんなカステラ事件が決め手になるような事、科学的には考えられなかったしね。匂いがどうだったとか、味がどうだったとかね。カステラは爽やかな味だったから砂糖でなくチクロ入りだった。だから赤痢菌がカステラの上で長く生きていたなどと。あれに対する防御はちょっと手薄だったね。あれをもうちょっと真剣にやらなきゃいけなかったのかなと。そんなアホらしい事が世の中に通じるはずがないと、何か楽観視してたところに反省の余地はありますけどね。カステラについてはその後、貴方も関与してくれて、実際にチクロの味つけのものを作ってみたりしたんだけども、あれは裁判の証拠提出のためにやったものではないしね。あの結果を弁護団の証拠にするという手続きはやっていないでしょ。あれがちょっとぬかりと言えばぬかりだったね。
大熊　二審で何が出てきたかっていうとあのカステラのチクロですよね。本当に僕もつくってみて驚いたけど、あのチクロのカステラのカステラらしからぬこと。あれは、一目瞭然、絶対に商品になり得ない。砂糖の効かないさっぱりした味のカステラなんて、お目にかかりたいですね。そんなカステラ作れるものなら作ってもらいたいですね。

大橋　食物に糖がたくさん入っている時には、水が糖と結合して、大部分の水はフリーの水として利用できない。その結合した水とフリーの水とを別々に計ることが、今ではできるようになっている。水分活性が幾つ、という表現をする。保存食で昔から砂糖漬けにすると長持ちする、塩漬けにするといいと言ってるのは、この細菌が利用できるフリーの水を少なくして増殖を抑えるから腐らないということですね。カステラの水分活性いくつぐらいと。そうするとカステラっていうのでは、バクテリアが繁殖するには不都合な環境なんだっていう説明が、より理論的にできるようになった。でも、この理論づけは、裁判のころはまだわかってなかった。そこんとこが当時と今では少し変ったところですね。水分活性っていうのはね、日本で発達した理論じゃないから、日本で知れるのが遅かった。

大熊　しかし再審といっても気の遠くなるような大変な事ですね。

大橋　でも、本人がやる気ならどうにかなるでしょ。僕らには情熱はなくなったけれど。本人があぁいう風だから。こっちから再審をもちかけるほどの情熱はそう長い間維持できない。まして刑務所から出てきて、あいさつも受けてないし、住所も知らさないいんだから。いっくら僕がおっかない相手だといってもさ。

大熊　おっかないって、殴った事ないでしょ？（笑）

大橋　ないよそんなこと。殴った事も怒鳴りつけた事もないが、医者であることにしがみつくなよ、と僕がいうから。

（大熊一夫著『冤罪・千葉大学腸チフス事件――この国に生れたるの不幸②』晩聲社・1991年7月15日刊）

II

感染症予防研究者として、人として

（『広い窓』大橋誠著／１９９１年10月21日刊より）

はじめに

還暦を迎え、とみに体力が衰えたと思っていたら、実は密かに病気が進行していた。医者の不養生、紺屋の白袴の例えどおり、多分平素の不摂生のせいであろう。病名は「慢性膵臓炎」。しかも、「膵臓癌疑」という余分なただし書き付きである。一九九〇（平成二）年の十一月下旬、激しい上腹部痛を訴えて入院、ただちに診断がついて、内科的な治療は始められたものの、症状は改善されないばかりか、徐々に悪化の一途をたどり、入院生活が百日を過ぎるころには、体重は二十キログラム近くも減り、憔悴し切った。癌の疑いという診断に、精神的にも参ってしまった。最初はやり残したあれこれに未練が絡んで、いたたまれなかったが、そのうちに一つ諦め、二つ諦めして、急速に気力が喪失してゆく様子が自分にもよく分かった。

そんなある日のこと、ふと、留守の公務を代行していただいた職場の皆さんをはじめ、過去にいろいろとお世話になった方々、貴重な時間と手間を割いてお見舞いをいただいた方々のご好意に対して、なにかお礼のメッセージを残したい、あるいは、それくらいならまだできる余力があるのではないかと思った。誰にも忘れ難い時や場所、人との出会いがある。袖を触れ合わせたこれらの方達との思い出を記録し、お礼を述べたり、語り足りなかったことを言い残したいとも思った。所詮は綺麗ごとか言い訳に過ぎないだろうが、やはり「多生の縁」を意識しながらおつき合いさせていただいたという気持ちを伝えたかった。興奮のあまり、持ち前の直言が出るかもしれない。しかし、できるかぎりそんな失礼のないように気を配りながら、思い付くまま、それらのことを書き綴ってみたい。もしまとまりが付いて印刷物にすることが叶えられるならば、お世話になった皆様に謹呈したいと考えて作業を開始することとした。一九九一年の一月中ごろのことである。

このような意味で、これは私から皆様に贈る心の報告書であり、現在から過去に向けて回想を並べた履歴書であるとも言えよう。こんないきさつで書くものであるから、いきおい固有名詞を出さざるを得ない。お許しを願いたい。

題名「広い窓」は入院してお世話になった東京電力病院五〇五号室の窓からの風景を眺めながら思い付いた。ここからは東京都心部の東の方角がすべて見渡せて、すばらしい眺めである。遅れ馳せながら、心の窓もできるだけ広く持ちたいものという願いを込めた。

ワードプロセッサーという文明の利器のお陰でこんなことが比較的安易にできる。ありがたい世の中である。寛大にもこれを病室へ持ち込むことをお許しくださったことについて、まずは主治医である外科部長藤城保男博士並びに五階病棟中野伴子婦長に深謝の意を表する。

痛みについて

まえがきに述べたような主旨で書き綴ろうというのだから、当然発病の状況から始めねばなるまい。心窩部痛《しんかぶ》を自覚し始めたのは一九九〇年の十月の初旬であったと思う。いや、九月の下旬かもしれない。最初はそれほど激しくもなく、痛まない日もあって、外食による食あたりほどのことと考えていた。十月の中ごろには下田へ釣りに出かけ、五キロ近いワラサを四本も上げたり、事務部経理課の慰安旅行に黒部ダムまで付き合ったりしているのだから、普通の社会生活に支障はなかった。

だが、その後痛みは断続しながら、次第にひどくなった。そして、十月下旬には何となく重篤な病気が進行しているように思われ、検査を受ける気になった。都立駒込病院の外来を最初に訪れたのが十一月九日である。その直前、徳島市で地方衛生研究所全国協議会総会があり、その当日六日には夜半に痛みが激化して辛かった。それでも、帰れば検査を受けることになっているのだと思って我慢もできたし、翌日には痛みも大幅に緩和し、帰京して駒込病院外来を受診した日にはほとんど痛まないほどに治まっていた。

次に激しい痛みに襲われたのが十九日、この日は一晩中痛み続け、仰臥することができず姿勢を海老のようにして耐えた。翌二十日、痛みをおして出勤したものの椅子に掛けているのも辛く、駒込病院に緊急入院した。

膵臓炎を経験された方からはご同情がえられることと思うが、その痛みは灼熱感というか、腹腔内に巣くう悪魔の手が爪を立てて患部を鷲摑みにしているとでもいうか、なんとも形容し難く重苦しい。胸灼けの十倍、二十倍も激しい状態といった方が理解され易いかもしれない。そして痛みは背部に放散する。入院後、心窩部痛は毎日持続するようになり、鎮痛剤のお世話になる時宜が適切でなかった場合から判断すると、より激しくなった。腹腔神経節の刺激症状であろう、背痛は入院後三週目に入り顕著となり、定着してしまった。この鈍痛はどんな臥位をとっても楽にならない。ただ、心窩部痛にも背痛にも鎮痛消炎剤ケトプロフェンの坐薬が有効であることはありがたかった。

そのうち、痛みに時間的なリズムがあり、深夜の零時、朝六時、正午、夕方の六時の四回、山がくることに気づいた。ただし、前後一時間、時には二時間ほどの誤差がある。そのため、坐薬の使い方にちょっとした油断があると、効果が現われるまでに時間がかかり、余計な苦しみを嘗める羽目に陥ってしまう。そんな失敗を繰り返しながら、坐薬の使用頻度は一日二回から三回、三回から四回、あるいはそれ以上へと増えていった。また、自律神経の反射による小腸の蠕動亢進《ぜんどうこうしん》と大腸の攣縮《れんしゅく》による痛みが加わるようになった。これにはブスコパンが効いた。

「もう来るかなと思えば待たせ、まだ大丈夫と高を括っていれば早めにやってくる。気ままな女ごころに似ているね。痛みという言葉はドイツ語では女性名詞に違いない」などと空元気を出して看護婦さんに冗談を言いながら、痛みは着実にエスカレートするまま年を越した。そして、時にはベンズアゾシン系の鎮痛剤の注射に頼らざるをえないまでになった。膵臓の鉤部《こうぶ》にできた腫瘤は、年末年始にかけてむしろ少しずつ大きくなりつつあったようである。

悪性腫瘍の疑い

内科診断学は著しく進歩した。内視鏡的逆行性胆道膵管造影法（ＥＲＣＰ）、造影コンピュータ断層撮影法（ＣＴ）、超音波診断法（ＵＳ）など、難しい名前の付いた画像診断法が開発され、普及して、内臓疾患の診断は著しく正確になり、また容易になったようである。膵臓の疾患についても例外ではない。一九五五年に医学部を卒業し、インターン時代と、その後数カ月間の内科臨床経験を持つのみで、公衆衛生、特に感染症の病原学・疫学の世界に入ってしまった私には、それらの診断法のどれにも全くなじみがない。しかし、この度は大いにそれらの検査のお世話になった。お陰さまで「慢性膵炎」という診断がたちどころについた。理化学的所見や腹部単純Ｘ線撮影のみに頼らざるをえない時代なら、ことはこのように簡単には運ばなかったであろう。

膵臓に確実な石灰化像があり、主膵管に狭窄が認められ、膵酵素の逸脱を伴う上腹部痛が持続するという所見から慢性膵炎と診断されたわけであるが、慢性膵炎の場合、膵癌がその基礎病変である場合もあり、常にこれを念頭に置くべきだとされているらしい。前に述べたＥＲＣＰという検査の所見で、膵臓の鉤部に腫瘤があって、これが主膵管を下から圧迫して狭窄の原因となっていることが推定されていた。その腫瘤が悪性腫瘍であるかもしれぬ疑いが残ることは主治医から告げられていた。垣間見たＥＲＣＰの写真で造影剤の行きわたらない部分、あるいはＣＴスキャンの写真にそれらしい映像が見られる枚数から判断すると、腫瘤がかなりの大きさであることが私にもよく分かった。

ちょっと横道にそれるが、ＥＲＣＰと略称される検査に耐えるのは大変辛かった。この検査は、内視鏡を挿入して、Ｘ線透視モニター下で十二指腸乳頭から主膵管経由で造影剤を注入、樹の枝状に分枝する膵管の状態を撮影して病理を推察しようとするものである。検査の前日、レントゲン科の先生から説明を受けた。「造影剤を注入すると身体が熱くなりますよ」とはうかがっていたが、痛みについては聞いていなかった。内視鏡検査を受けるのはこれが最初であったが、これを飲み込むことは、覚悟のうえでもあり、それほど辛くはなかった。しかし、十二指腸乳頭がなかなか見つからず、内視鏡の管を左右に捩《ね》じられるのには参った。反射的に嘔吐運動が起こり胃液がこみあげる。術者からは「もうすぐ終わるから我慢して」と声がかかる。「まだ造影剤も入れていないのに、何がもうすぐだ。胃の筋肉は随意筋じゃないのに嘔吐が我慢できるはずがないじゃないか。このヘタクソめ」と心の中で毒づく。串刺しにされた焼き鳥の雀の姿が思い起こされて哀れであった。いよいよ造影剤が注入される。途端に、心窩部をピストルででも撃ち抜かれたかのような衝撃痛が炸裂した。それに続いて、同じ場所に重い金属棒をおっ立てて押さえつけるような痛み。これが約三十分ほども持続した。「こんなこと昨日の説明になかったじゃないか。騙すなよ。覚悟のほどというものがあるじゃないか」と大いに不満であった。造影剤が注入されたあと、確かに引き続いてアイロンで熨《の》されたような暖かさが上腹部を右から左へよぎった。だが、こんなものに驚きはしないし、耐えられないほどのものではない。後で先生にその痛みについて話したが、「そのような訴えは他の患者さんからあまり聞きませんね」といなされてしまった。

かなり日がたってからのことであるが、大学の後輩で労働省に勤める平良専純君（現在、福岡県衛生部長）が、同じく順天堂大学医学部生理学教室の西江弘君と誘い合わせて、見舞いに来てくれたとき、この検査の痛さに話題が及んだ。平良君も数年前に消化器の病気で入院されたことがあるが、やはりこのＥＲＣＰには耐えられない痛みがあり、退院前の経過観察のための再度の検査を拒否したと経験を話してくれた。大いに同情を分かち合ったものである。あの痛さは、多分十二指腸乳頭から造影剤を注入する際、一瞬その圧力でオッジイ筋を無理やりに押し広げるためのものではないかと思う。あるいは、炎症の起きている患部への刺激によるものであろうか。いずれにせよ、施術者はあらかじめ患者にあの痛みについても話しておくべきである。患者の痛みなど検査の目的のため無視するというのなら、それは人権にかかわる問題である。それほどに痛い。この検査を私は二回受けた。

話を悪性腫瘍の疑いに戻そう。前に述べたＥＲＣＰが行なわれた際、十二指腸乳頭部をブラッシングして上皮細胞が採取された。細胞診の結果は、悪性腫瘍細胞は認められないということであった。膵癌をはじめ各種消化器癌の診断に有用とされる数種類の腫瘍マーカーの血清中の濃度も測定していただいたが、いずれも正常値の範囲内にあると聞かされた。腫瘤の状況を更に詳細に知るために上腸管膜動脈領域の血管造影も受けた。その結果も、悪性腫瘍による侵蝕像らしきものはないと説明された。主治医である駒込病院の消化器内科部長石渡博士は考えられるかぎりの検査をオーダーしてくださったに違いない。ただ、悪性腫瘍を否定するのにあまりにも慎重であったようである。私が医学関係者であり、東京都の幹部職員であるために、必要以上に気を使ってくださったのだと思う。一通りの検査を終えたころ、「残る手段は膵組織そのものを生検して組織を調べる方法だが、もし癌であった場合、腹腔内に癌細胞をばらまく恐れもあるし、いや、実施するまでもなく慢性炎症と考えて間違いないと思いますよ」とのご説明であった。

しかし、私にしてみると、この慎重な検査ぶりがかえって心配の種となった。生半可に専門知識の切れっ端を持ち合わせているがための疑惑であろう。石渡先生はあまり病室に顔を出してくださらなかったが、これも邪推の種であった。本当は単にお忙しいためだったに違いない。あるいは、私がいろいろ説明を求めるのが煩わしかったのかもしれない。しかし、私の精神状態は正常でなかった。なにか悪性腫瘍を推測させるに十分な所見があり、私に知らされていないだけではないかと疑った。絶食と経静脈的栄養管理、膵臓外分泌阻害剤、胃酸分泌阻害剤の投与など内科的治療の効果が痛みの改善に繋がらず、食欲は全くなく、体重は減少の一途をたどる事実がこの疑心暗鬼に輪をかけた。そして、眠られぬ夜が続いた。

悶々としながら、こうして一九九〇年が暮れようとしていた。

迷　い

「いのち短し恋せよ乙女、あかき唇褪せぬまに……」というゴンドラの唄を主題歌とし、名優志村喬氏が演じた映画の主人公は、自分が癌に蝕まれつつあることを知り、地方公務員として担当する児童公園造りの実現化に、残り少ない人生の全力を注ぐことに意義を悟る。これに限らず、癌告知をめぐる患者本人や家族の心の葛藤とそれからの脱却の話はよく宗教説話やテレビ・ドラマの題材となる。これをテーマとする著書も多い。しかし、自分の問題としてこれに遭遇してみて、明確にそうだと宣告されてもいないのに、正直なところ私はうろたえた。毎日の生活に追われて右往左往しているだけで、死に直面する準備が何もできていなかったためであろう。ある意味では、その日暮らしの繰り返しであったからに違いない。本来なら、この年の七月末に定年退職の予定であったが、一年間単位で三年延期するという内報を受けていたことも手伝って、自分で最後の仕事と思って手がけながら中途半端になっている課題が幾つか残っていた。それらをどのように終結へ導いたらよいのか、途方に暮れた。長寿社会といわれる現代に、自分だけが除け者にされたように思えて運命を恨んだ。あさましい話だが、年金も退職金も自分で使うことなく人生を終えるのはたまらないと思った。年金制度の上にあぐらをかいた「遊ばにゃ損、損」という生活を求めてではない。老後の静謐な晴耕雨読の日々に憧れてのことである。仕事一途に生きてきたのは、何事にものめり込んでしまう性格に加えて、能力の低さから仕事の効率が悪かったためだからやむを得ぬが、いきおい家庭生活を犠牲にしてしまった。その償いに、定年後は家内にも楽をさせ、一緒に旅行でも楽しみたい。好きな魚釣りには、休日だけでなく週日にも行けると思っていたのに……。もう二十年余りにもなろうか、例年、御用納めの翌日から大晦日まで、納竿の儀と称して仲間たちと釣りにでかけるのが慣例であったが、自分の体調に今年は行けそうもないことを悟らされた。そして、多分この暮れにも釣行するであろう友人たちの楽しそうな様子を想像しながら、もう一度釣りを楽しみたい衝動にかられた。

しかし、そんな想いとは裏腹に、「もう十分に人並みのことはやった」と、以前苦労したあれこれを思い起こして、自らをいたわる気持ちになることが多くなった。そして、病状が進み、体力が衰えるにつれて、やり残したことに対する未練は、「私のやれることなんか大したことでない」とか、「自分でやらなくても、必要なら誰かがまた新しい構想でやり直すに違いない」と思えてきて、次々と吹っ切れてゆく。「長女は一昨年結婚したし、次女は明けて二月の初旬嫁ごうとしている。これが無事済みさえすれば、世間並みの親として最低限の責任が果たせたといえるかもしれぬ」とも思った。気力が萎えて行くのが手に取るように分かった。

そのくせ、手がけた仕事の中でも大事なものだけは仕上げをして、有終の美を飾りたいという意地が再び頭をもたげる。いや、留守居役の幹部職員にすべてを任せるのは余りにも無責任というもの、病院にいても何らかの役割は果さねばなるまいと思う。電話で様子を聞いて、「安心してください平穏無事です」などと答えが返ってくると、「俺がいない方が良いと言っているように聞こえるよ」などと憎まれ口を叩く。とにかく、何らかの決着を付ける手続きのためにも、もう一度社会復帰したかった。

悶々として、そんなことに考え淀む日が続いた。入院当初は病院生活がそんなに長くなるなどとは考えてもみなかっただけに、痛みが激しくなり、食欲は全くなくなり、体重は減少の一途をたどるにつれて、気分は急速に「鬱」に傾いていった。

入院して一月も経ったころであろうか、何が契機であったのか、自分でも分からない。ふと、生死は運命に任せるより仕方がない、社会復帰できれば幸いで、小康が得られるだけでもよい、その分だけを余生と考えようと思うようになった。要するに淡々と残された日々を生きればよい、病気の悪性度などは関係のないことだと思った。不思議と死が恐ろしいとは思われなかった。ヒトの寿命にはおのずから限界があるし、現代医療技術の恩恵に浴せるにも限度がある。肉体が次第に衰弱すれば、気力がなくなり意外と心静かになれそうなことも今度の入院生活で分かった。延命医療のお世話になってまで肉体だけを生かせ続けるようなことはされたくない。焦りは、人生の美学と思い込む見栄や、責任感という名で着飾った意地などによって生まれる。そのような精神状態から脱却すればよい。そのためには、思い悩む時間をなくせばよい。療養しながら、中途半端になっている仕事を少しでも手がけよう。仕事にプライオリティーを決めて、それらを一つ一つ片づけていこうと決心した。

仕事を手がけるためには、まず勤務先に近い病院へ移るに越したことはない。関係職員との連絡をできるだけ便利にしたいからである。そして、慶應義塾大学病院消化器内科の土屋雅春教授と東京電力（東電）病院外科の藤城保男部長に相談した。お二人とも、私が国立予防衛生研究所に勤務していたころ、微小循環の研究で兄事させていただいた方である。両先生とも快くお引き受けくださった。東電の方は職域病院で、社員以外の誰もが自由に入院できるものでないと知っていたが、関連病院紹介患者制度があり、受け入れ可能であると聞き及んで、こちらでお世話になることとした。私は自分の病気を勝手に外科的手術の適応症と思い込んでいて、以前から尊敬している藤城先生に執刀していただくことが頭にあったからでもある。

藤城、土屋両先生は互いに同級生で、平素何かと親しい仲であるから、内科的治療面は土屋先生のご支援が期待できるとも思った。後になってからであるが、土屋先生も部下の三浦先生を私の主治医と決め、慶應病院に病室を確保すべく準備を始めていてくださったと聞いて恐縮してしまった。三浦先生は、二、三年前から私どもの研究所の細菌第一研究科のグループと出血性大腸菌について共同研究をお願いしている方でよく存じ上げている。余計なご迷惑を掛けてしまって申し訳なかった。両天秤にかける気など全くないのに、なんとなくそんな結果になってしまったのだが、土屋先生は一向に意に介されず、ありがたいことに入院中幾度も足を運んでくださったし、何かとご支援を頂戴した。

慶應病院にはもう一人有力な助っ人があった。X線科の橋本省三教授である。橋本先生の奥様と私の家内とが大学の同級生で、ひそかに電話でご助力をお願いしていた様子で、親しくお見舞いをいただいて恐縮してしまった。橋本先生もまた藤城、土屋両先生と同級生で、お三人とも同じころのフランス留学組で親しい仲だと承った。その後、私の病気の診断面で、いろいろお世話になった。

駒込病院の石渡先生には、やり残した仕事が気になって落ち着かないことを正直に申し上げ、慶應病院からの支持が得られることも言い添えて、東電病院に移りたいとお願いした。先生は快くご了解くださって、各種画像診断の撮影フイルムのコピーを準備し、検査所見、治療内容を添えてくださった。これらを携えて駒込病院を退院し、東電病院へ転医させていただいたのが一九九一年の一月七日であった。駒込病院では主治医の石渡先生はもちろん、六階病棟の看護婦の皆さん、いずれも親切であった。特に看護婦さんたちの献身的な勤務ぶりには頭の下がる思いがした。

広い窓

東電病院では五階病棟の五〇五号室へ入れていただいた。

この病室は病院の正面側、外苑東通りに面し、朝日が入って気持ちがよい。もともと、この病院の所在する信濃町界隈は東京の中では比較的高台にあるので、この五階からの眺望はすばらしい。

まず、真正面に新しくできたばかりの紀尾井町ビルが見える。右の方へ目を転ずると、ホテルニューオオタニの旧館、同じく新館がある。その新館の後ろに重なって、背の高い二つのビルが横顔をのぞかせている。左側はごく最近できたものだが、名を知らない。右側は赤坂プリンスホテルの新館である。さらにその右に、背は低いが国会議事堂の特徴ある姿がある。すると、その手前に低く見える銅葺きの屋根と木々の緑は元赤坂の迎賓館に違いない。議事堂の後ろには幾つかの中央官庁の庁舎やホテルが見えるはずだが、どれがどれだか定かでない。その右は確か霞が関ビル。そして、視界の右端には東京タワーを中心に貿易センタービルなど浜松町界隈の高層建築がある。結婚した直後しばらく住んでいた麻布箪笥町(現在の六本木三丁目)は同じ方角のちょっと手前になろうか。今では、その近くに赤坂ツインタワー、全日空ホテル、アークヒルズなどが建ち、その先にはホテルオークラが見えるはずだが近景のマンションらしきものにさえぎられて見えない。その建物の屋上にタワーの先だけをのぞかせているのは東京放送(ＴＢＳ)であろうか。

紀尾井町ビルから左手、北東から北へかけての景色はやや無愛想である。直線距離にして二百メートルほどのところに聖教新聞社があり、遠景を妨げている。しかし、ＪＲの総武線が信濃町を過ぎてから、なだらかなＳ字状のカーブを描いて東北の方向、四ツ谷、市ケ谷、飯田橋へと進むことから推し量れば、聖教新聞社のすぐ左手は四ツ谷駅の方向と察しはつく。果たして上智大学の校舎とチャペルが見える。四ツ谷駅から市ケ谷駅までは、ここからの展望ではそれほど広い角度を作らないはず、すぐ左手はダイヤモンドホテルの屋根か。コスモ石油の大きな看板、そして日本テレビの塔も見える。

窓から見える左端は外苑東通りを挟んで筋向かいにある区民福祉会館で、四階建だが、一部にさらに三階くらいの高さの塔があって視界を妨げるため、遠望がきかない。屋上でときおり子どもたちが遊んでいるのは、区立信濃町保育園が同居しているためらしい。窓に近寄って左の方角をのぞけば、背の高いタワーが見える。市谷本村町の陸上自衛隊市ヶ谷駐屯地のものに違いない。その前景は四ツ谷駅から新宿へ向う国道二十号線の街並みのビル群である。

病室の窓が広いのはよい。この広い窓を通しての風景が朝夕気分を和ませてくれる。晴れた日の日の出、曇った日の朝焼け、それぞれに美しい。ホテルニューオオタニの曲線に夕日が映えるのは実にすばらしい。夜は東京タワーをはじめとし背の高いビルの屋上に赤い電灯が点滅して興を添える。お彼岸の中日には、太陽は紀尾井町ビルと聖教新聞社の間の谷間から顔を出して、すぐ紀尾井町ビルに隠れ、その屋上右手の角から天に抜けた。一月初旬の入院時には、日の出は霞が関ビルのやや左手からであったから、目測で約二十度もずれた。病床では時間のたつのが案外速いものである。

その間、病状は回復の兆を一向に見せることなく、悪性腫瘍の疑いもまた晴れなかった。

出会い

人と人との出会いの縁は不思議である。私が主治医藤城保男先生とめぐり合ったのは、もう二十数年も前、私がコレラの研究を手掛けだして間もないころで、慶應義塾大学病院内科講師の土屋雅春先生を介してであった。

土屋先生とは、当時、『モダンメディア』という臨床検査関係の雑誌の編集委員会でご一緒しており、毎月一回は顔を合わせていた。この雑誌の発行元である「栄研化学」の社長さんの粋な計らいで、一月と八月との二回は、編集会議が東京の俗塵を遠く離れた静かな所で開催される慣わしになっていた。いつ、どこでのことであったか今はもう定かでないが、一九六〇年の後半のそんな出張編集会議の、宿の湯に浸かりながらのことであった。土屋先生から微小循環の研究の興味深さを熱っぽく聞かされた。そのころ、当方のコレラ研究の分野では、脱水で患者を死に導くこの病気に特有な水様下痢がコレラ菌の産生する菌体外毒素によることが明らかにされ、多くの研究者の興味はその作用のメカニズムの究明に集中していた。土屋先生のお話を聞き、私はコレラ毒素の微小循環系への影響を調べてみたくなった。土屋先生は微小循環系における血液中の低分子物質と液体成分の漏出の機構を知るのに役立つと思われたらしい。即座に共同で実験を開始してみようという話がまとまった。

約束の日に土屋先生を訪ねた。つい最近取り壊されて、今はさら地になっているが、慶應病院の外苑東通りに面した場所に食養研究所という古ぼけた建物があって、当時先生は確か三階の小さな部屋を占有しておられた。所狭しと書物や文献の束が積まれており、実験などする余地がない。「実験室がなくてね」と言いながら案内してくださったのが、東京電力病院旧施設の地下にある、藤城先生の実験室であった。今の病院と比較すると当時の建物はかなりみすぼらしかった。藤城先生は電撃症や熱症におけるショックの面から微小循環にご興味をお持ちと承った記憶がある。

土屋先生の教室の若い先生も交えた実験にかなりの期間通わせていただいた。臨床家との共同実験には夜間を利用するほかはない。私は、実験予定日には国立予防衛生研究所の勤務時間が終了してから信濃町へ通った。そのころのこととて、道具立ても十分でなく、いろいろな苦労を伴ったが、先生方の実験医学に対する情熱は私の心を引き付けるに十分であったし、実験を終えてから聞く自律神経や消化器ホルモンを介しての臓器間相関などの話は実に新鮮で、勉強になった。幾つか残すことができた共同論文は、あのころの充実した日々のよい紙碑である。

その後何年かして、確か一九八三年だったと思うが、尿路結石で東電病院へ入院させていただき、藤城先生のお世話になったが、その時にはもう今の新しい病院に建て替えられていた。その前の年には土屋先生も大病をされ、ここで闘病生活を送られたが、奇しくも今私が使わせていただいている五〇五号室に入っておられたと聞く。土屋先生は今では完全に回復されて、押しも押されもせぬ慶應義塾大学病院の消化器内科教授である。レジョン・ド・ヌール勲章を受けられているし、一九八九年十月にはフランス医学アカデミーのメンバーに選出されておられる。

藤城先生はすばらしい臨床医である。そんなことは共同実験当時から分かっていたが、今度再び主治医としてお世話になって認識を新たにした。そして、ここ東電病院には、最新の医療機器が整備されているのはもちろんであるが、医師のサラリーマン化や、看護婦による患者入院制限、三時間待たされる三分診察、聴診・打診・触診に代わるコンピュータによる機器診断の予約、過剰検査、過剰投薬など、とかく批判の多いある種の病院と比較すると、本来のサービスとしての医療がある。受け持ちの先生や看護婦さんと患者との間には十分なコミュニケーションがある。それだけ余裕のある体制が組まれており、経営者の社員の処遇についての考え方がしっかりいるからであろう。藤城先生はその本来の医療の率先垂範者とお見受けした。通勤時の道路の混雑を避ける意味もおありのようだが、毎朝七時には出勤されていて、始業時刻である八時半までに外科病棟の患者すべてに顔を見せ、声を掛けてくださる。休日も大部分の日は出勤される。やや短軀ながらがっしりとした体型とはっきりとした言動は、決断力に優れた外科医として患者の信頼感を呼ぶ。

藤城、土屋両先生は、同じころフランス政府の奨学金でパリへ留学されているせいか、ことのほか親しい。また、それぞれ陸軍士官学校、海軍兵学校在学中に終戦を迎えられ、慶應義塾大学医学部に入学され直したと聞き及んでいる。私は陸軍幼年学校落第組で、二、三歳弟分に当たる。軍部に躍らされたとはいえ、少年のころの純真な愛国心を持った経験を共有する。そのようなわけか、医師としての尊敬に加え、このご両者に私は年のあまり離れていない兄に対するような心情的な傾倒がある。

藤城、土屋両先生の診断も同じく慢性膵炎、膵癌疑であった。この病院へ移ってから血管造影およびCTスキャンを再度実施し、MRI検査が追加された。藤城先生からは、「外科的な治療の対象ではない、手術は侵襲が強すぎて勧められない」と宣告されてしまった。これは膵癌の宣告を受けたに等しいと私には思えた。前記の検査結果も見せていただいた。「お前も医学的な教養を持つはずだから自分で事態を理解せよ」ということであろうと受け取った。これも癌告知の一つの方法かもしれぬ。私はただ「お任せしますからよろしくお願いします」と申し上げた。告知の件に関しても、私や私の家族の性格を観察した上での先生のご判断による方法があろう。命を預けた以上、そのお気使いに答えるのが礼儀と考えた。病気の悪性度や予後については、今後あからさまに質問しないように心がけようと決心した。いよいよ破局を迎えたとき「やはりそうでしたね」と眼で合図すればよい。もし、僥倖《ぎょうこう》にも慢性膵炎であることが明らかになったときは、「取り越し苦労な性格だから」と照れ笑いすればよい。「時に癒し、しばしば支え、常に慰む」という医師の座右の銘を思い出す。医療技術がどれほど進歩しても、どんな名医でも病は時にしか癒し得ないと思う。しかし、この両先生に頼るかぎり、しばしば支え、常に慰めてくださると信じた。いや、私自身がしばしば支えられ、常に慰められるばかりでなく、心が癒されるに違いないと思えた。

入院して約三カ月を経たころ、黄疸のあることを自覚した。総胆管の狭窄によるものと思われた。肝機能が徐々に低下し、全身倦怠感が日増しにひどくなった。さらに一カ月ほどして、右足関節の屈曲が不自由なことに気付いた。糖尿病性の末梢神経炎によるものであった。そのころ撮影されたＣＴスキャン像には明らかな膵臓尾部の萎縮像が認められた。膵臓の外分泌を抑制するため内服している薬（フォイパン）のために廃用萎縮が始まっていると理解された。閉塞性の黄疸に対処するために、四月四日、経皮胆管瘻造設手術を受けた。各地からの花の便りが聞かれるころであった。

しきりに故郷のことが想われてならなかった。こんな時、亡くなった畏友宮田昭吾君の奥さんがわざわざ岐阜から上京し、平良君の案内で見舞ってくださった。栗田孝子さんからのお見舞いも持参してくださった。栗田さんは秋に発足する岐阜大学付属衛生短大で教鞭をとれるようになったとのことで、大変喜ばしい。

於岩稲荷

駒込病院に入院していた時期も含め入院生活が四カ月に入ろうという三月中旬のある日、社会復帰に備え、いくらかでも足腰に力を取り戻すようにと先生に勧められ、病院外へ散歩に出かけた。行く先の目標はすでに決めてあった。於岩稲荷《おいわいなり》である。道順も看護婦さんから聞いてほぼ見当がついている。病院の前の外苑東通りを横切って、左手四谷三丁目の交差点の方向へ向かうと、ほどなく左門町のバス停留所がある。その角を右折し、初めての路地を左へ曲がって十数メートルも行けば、前方右側に赤い幟《のぼり》が数本立っていて、誰にでもすぐ見当がつく。近づけば幟には「於岩稲荷霊神」とある。数メートル先の左側にもそれらしい幟がある。こちらには白布に墨書した幟があって、「於岩稲荷田宮神社」と読める。有名なお稲荷さんの門前にあるような店などは一軒もない。

まず、手前のお稲荷さんの赤い鳥居の列をくぐった。境内は思ったより狭く、どこのお稲荷さんにも見られる石彫りのお使い狐一対をはじめとして、信者の奉納した碑などが所狭しと配置されている。お籤《みくじ》が小枝に結びつけられている木は花の終わった梅であろうか。お稲荷さんではよく見慣れた光景である。ここには『四谷怪談』の主人公が祀られており、この芝居の上演にあたって、役者さんや小道具さんは、あらかじめここに詣でないと於岩さまの祟りで怪我をするという言い伝えがあることを何かで読んだことがある。そんなことを思い出し、一度ここを訪れてみたかった。この謂れを思えば、昼下がりの境内に私以外に人っ気の全くない雰囲気もやや陰鬱で、お使い狐の目付きや肩の線が何となくおどろおどろしい。

賽銭を投げ、昔このあたりで起きたとされる旗本侍の煩悩がもたらした悲劇とそれにまつわる怨念話の主人公たちの霊に礼拝を済ませ、お籤を引いた。

札は第七十九、吉。四行に分けて記された説明には、残月未還光（有り明けの月は光薄らぐべきに、なほ光明らかなりとは人の老いてもなほ盛んなるにたとへたり）、樽前非語傷（樽前とは酒を飲むこと、酒を飲めば舌もつるるものなるに、もつれぬは心たしかなり）、戸中有人厄（家のうちに少し災いの起こることありとなり）、祈福保青陽（神仏を祈り福を求むれば、六塵去り、春の日の長閑なごとく心うち安かるべしとなり）とある。縁起を担ぐほうではないが、旅先の神社仏閣を訪ねると、よくお籤を引く。札が吉であれ凶であれ、記された内容は人生こころ安らかに過ごすための格言のようなもので、多少の薬になっても毒にはならない。続いて願望、方角、造作、祝い事、旅立ち、待ち人、失せ物、売り買い、訴訟勝負事と読み進む。病気療養中の身とすれば、この札なかなか結構な御神託である。次いで、「病人、治すべし」とあるのがよい。「出産、軽し」。一昨年嫁いだ長女の出産予定日が七月末か八月の始めだときいている。これも良い。最後に「漁業、豊漁なり」と書かれている。春の乗っ込みの時期までに私が退院でき、体力が回復していたら、釣友納谷正夫氏と山野延氏とが竹岡での鯛狙いにさそってくださる約束がある。吉田さん、青木さんもご一緒できるともっと楽しいなと思う。まだ手にせぬ獲物が目に浮かんで、何となく気分が明るくなる。

もとの路地に出て右筋向かいの於岩稲荷田宮神社の方はさらにひっそりとした印象である。道路に面して、なにがし縁起を記した立札がある。風雨にさらされてよく読み取れないが、最後に十代目宮司田宮保とあるのが辛うじて読める。この二つの稲荷神社、本家—元祖の争いなのであろうか。賽銭箱の横の柱にベルがあり、「御用の方は押してください」と書いてあるが、向い側のお稲荷さんとどんなご関係かと尋ねるほどの興味もない。境内には料亭や置き屋を思わせる名を刻んだ小さな奉納石柱の列がある。花柳界に信奉者が多い様子である。

四谷三丁目の交差点に出て、帰路を外苑東通りにとり、JR信濃町駅の方に向う。この日はどこかの女子大学で卒業式があったらしい。紺の袴姿のはなやいだ娘さんたちの幾組かとすれ違った。

含羞庵先生喜寿祝賀会

わが敬愛するお師匠さん福見秀雄先生が含羞庵と自称されるようになったのは、いつごろからであろうか。先生は、内規の定めに従って、一九八〇年、国立予防衛生研究所所長の職を去られ、少し間を置いて長崎大学の学長になられた。学長の椅子を後進に譲って退官されるとき、長崎でのご生活中に執筆された書き物を集めて記念出版物を作られた。その編集を栄研化学の川口正介さんと私とでお手伝いした。先生はその表題を「その任にあらざれど」とせよとおっしゃったが、書物の表題にあまり適切でないように思い、それほど固執しておられる様子でもなかったので、「含羞」と勝手に変えてしまった。長崎の地方紙に「含羞日記」あるいは「含羞日誌」であったか、そんな題でエッセイを連載しておられたのから採った。勝手に変えてしまったというのは私の記憶違いで、お行儀の良い川口さんのことだから、お伺いを立ててから変えたのかもしれない。とにかく「含羞」という言葉がお気に入りのようでほっとしている。「他人によく無礼だと誤解されるが俺はテレ屋なんだよ」とおっしゃりたいのか、もっと深い意味があるのか、浅学非才な私には何とも判断がつかぬ。しかし、腸チフスの流行調査や日米医学協力計画コレラ部会の会議に出席するため何度も旅行のお供をしたので、なんとなくお気持ちが分からぬでもない。

不肖の弟子どもが、いや失礼、不肖なのは私だけだが、先生の比較的近くにいてお世話になったものが申し合わせて、福見先生喜寿祝賀会なるものを開いた。会は、六月一日、飯田橋のエドモントホテルで、中谷林太郎先生（現在日本女子大学教授）を発起人代表とし、三瀬勝利君（現在国立衛生試験所微生物部長）を幹事として、華やかに開かれた。正確には、華やかで楽しい会であったそうな。予防衛生研究所細菌部の職員であった藤本進、小林貞男、中野愛子などの諸先生も顔をお出し願えたそうである。もちろん入院中の私は出席していない。残念ながら、贈り物をするだけで欠礼せざるを得なかった。

早々に届いた先生からのお礼状に含羞庵福見秀雄とあったのである。独りニヤリとほくそ笑んで早速エッセイの材料にさせていただいている。記念のため、以下に頂戴したお礼状を無断で引用させていただく。この辺りが不肖の弟子であるゆえんである。

私事

馬齢を重ね、遂に諸兄諸姉に喜寿の祝宴に招かれ、光栄これに過ぎません。

顧みて無芸無能、科学一筋に生き乍ら、無為に打ち過ぎ、何の業績もなく時を浪費したこと誠に慚愧に堪えません。にも拘わらず、かくも心温まる催しを頂き、感激の極みであります。しかも過分の贈り物として「図書券」などいただいたのは在職中の不勉強の故に、これからでも遅くない、勉励をはげめよとの思召しと推察し、年寄りの冷水のつもりで老後の駑馬に鞭打つ所存でおります。

皆様の御健勝と御成功を祈ります。

一九九一年六月

含羞庵　福見秀雄

諸兄諸姉各位

この記念会は三瀬君と私とで発案した。私が病んでいることを聞きつけ、彼が見舞いに来てくれたとき話が出た。私自身でお世話しなくてはと思っていたが、健康状態が許さず、三瀬君に幹事役を押しつけてしまった。三瀬君も先生と同じ伊予の国の産で、「三瀬という姓は、昔は瀬戸内水軍の大将格のものだったが、福見などという姓はせいぜい水夫《かこ》のものだ」などと酒の匂いに酔っ払って大口を叩いていたから、現代では逆転して世話役をするのもよろしかろう。彼はアルコール・デハイドロゲネース産生遺伝子の欠落ミュータントらしく、全く飲めない。先生のお誕生日は四月十日だと思い込んでいたのが四月二十日であったりして、私がもたついていたせいで開催が遅くなって申し訳なかった。

岡山で日本細菌学会総会があったのは一九八九年であったと思うが、そのとき近代出版の納谷正夫氏が藤野恒三郎先生と私とを夕食に招いてくださったことがある。その席で、「福見先生はお元気かな」と藤野先生に尋ねられ、話は進展して、「先生が入院なさったとき、予研関係の弟子共は何もしなかったそうだね」と叱られてしまった。それ以来、喜寿のお祝は決して忘れないようにと心に刻んでいたはずが、お粗末なことであった。

先生が病気で倒れられたのは一九八三年の一月末であった。その日は、先生のお供で東南アジア医療情報センターの主催でマニラで開催される、フィリピンの保健大臣アズリン博士の主宰されるワークショップ「プライマリー・ヘルス・ケアと疾病サーベイランス」に出席するため、成田空港で落ち合う手筈であった。その前日の夕刻であったか当日の朝であったか、同センターの事務所へ電話連絡があり、御病気で行かれないという。気掛かりながら独りでマニラへ向かった。先生は長崎大学病院に入院された。遠路長崎へ行く時間がとれず、確かに私はお見舞いに参上しなかった。不肖の弟子の誹りは免れえないところである。後日、奥様から悪性のものでなかったと承って胸を撫で下ろした。ただ、マニラへの旅行中に発病されていたらもっと不安なお気持ちであったに違いない。そうでなくてよかったと思っている。

祝賀会に出れなかったのは返す返すも残念であるが、その席で私の噂話が出たらしく、幾日か経って、腸チフス中央調査委員会でご一緒であった平石浩、今川八東、松原義雄の先生方、および中谷林太郎先生が私を見舞ってくださった。これも含羞庵先生のご仁徳の余録と感謝したものである。七月二日には先生自らが見舞ってくださった。突然で面食らってしまったが、心底嬉しかった。後日、三瀬君が祝賀会の折の写真を携えて病室を訪れてくれたとき、「皆、何やかやと言いながら先生のことが好きなんだよ」「そうだよ、そして先生も我々のことを駄目な奴らだと思いながら、気に掛けていてくださるんだよ」などと話し合ったものである。

先生のご健康・ご長寿を心からお祈りしている。

じろ飴

「じろ飴」は加賀の名産である。臨床衛生検査技師の年次集会があって金沢へ行っておられた近代出版の会長納谷正夫氏から二瓶の「じろ飴」が送られてきた。ありがたく頂戴して早速なめてみた。懐かしい味である。

昔は家庭でも大麦のもやしから水飴を作った。母が時々作ってくれ、煮詰めたものを箸の先にピンポン球くらいの大きさに絡めつかせてもらい、なめたのを思い出す。私の田舎は岐阜県であるが、母の生まれは滋賀県の虎姫に近いところであるから、加賀の国の影響が濃厚に及んでいて、製法が伝承されていたのだろうか。昔は何処でも自作したのだろうか。母が作った水飴をそのままなめさせてもらえるのはむしろまれで、末っ子の私に与えられた特典のようなものであった。普通は炒った糒《ほしい》に絡め、固めて「おこし」にするのに使ったり、川魚の甘露煮の味つけに利用されていたように記憶する。

浅草名物の「雷おこし」は粟が材料であるが、私の母はもっぱら糒で「おこし」を作ってくれた。これに炒った「あられ」や落花生が混ぜられることもあった。「おこし」に限らず、私の幼児期、おやつは母の手製のものが多かった。暮れには餅搗《つ》きの際に、一年分の「かきもち」や「あられ」が作られた。餅米に粳米《うるちまい》の粉を練ったのを混ぜて蒸し、搗いてなまこ型に固める。二、三日後に包丁で薄くへぎ、陰干しにして保存したのが「かきもち」で、家では「おかき」と呼んでいた。これを焼いたり油で揚げたりしていただく。関東で言う「おせんべい」である。それには砂糖で味が付けてあったり、塩味で大豆や落花生が入れてあったり、海苔や蓬《よもぎ》や胡麻で風味が付けられたりバラエティがあった。「おかき」の陰干しの要領は両面が万遍なく乾燥するように朝夕裏返すことで、これはもっぱら私たち子どもの役目であった。

よく乾燥させたものを、火鉢の五徳に載せた金網の上で裏返しながらこんがりと焼いて食べた冬の日が楽しく想いだされる。焼き上がれば冷ましてから食べる。冷めるまでが待ち遠しかった。味の淡いものは、砂糖醤油を塗っても美味しい。摺った山芋が加えてあるものは、焼いたり揚げたりすると、お化けのように膨れ上がる。これを出来るだけ大きく膨らませて焼くには、こまめに裏返すことが大切で、ちょっとした骨が要った。

同じようにして搗いた「おかき」用の餅を一センチメートル角ほどの賽ころ型に切れば、「あられ」の材料であるが、やはりよく乾燥させてから、焙烙《ほうろく》を使って炒って食べる。銀杏や豆を炒るのに使うのと同じ道具である。これには普通の「のし餅」も利用されることもあり、炒って「おこし」の材料に混ぜられるのはこれである。

母は、「おかき」、「あられ」、「おこし」などのほかにも、おやつを手製するのが上手で、今の時期、春には「桜餅」「蓬だんご」、三色の「花見だんご」「みたらしだんご」「かしわ餅」「粽《ちまき》」などを作ってくれた。名前は忘れたが近所の和泉屋という和菓子屋のおかみさんと仲良しで、材料や作り方の要領を教えていただいたり、肉桂の粉や食紅など少量は手に入り難い素材を分けていただいたりしていたらしい。いずれも本格的な味であった。

退院してからも食欲が全くなく、食べ物の味や匂いもよく区別出来ず、因果な病気に罹《かか》ったものと情けなく思っているときに、納谷さんのご好意でいただいた「じろ飴」に感じたかすかな香りから、遠い遠い幼時のおやつにまで連想が及んだ。

抱きしめてこそ

東京都の幹部職員の定年は六十歳と決められており、その誕生日を迎える年の夏、勧奨退職という形で辞めるのが普通である。六月の末日であったり、七月の末日であったりするが、これは議会との絡みである。私は、本来なら昨年（一九九〇年）の夏に職を去る予定であった。しかし、特例として三年間を限度とし一年ごとに更新する退職時期の延期が認められて、その最初の一年は一九九一年の四月から一九九二年の三月末までであった。この延期措置についての同意書を私は昨年の十二月に提出していた。その時はすでに病床にあったものの、これほど長い入院生活を余儀なくされるとは思っていなかった。

本年に入り、入院加療にもかかわらず症状は悪化の一途を辿り、悪性腫瘍の疑いは一向に晴れないまま、二月になり、三月を迎えて、ようやく事態の深刻さが身に沁みた。そして、延期措置に同意したことを後悔した。退職を延期されたのを幸いに、普通なら休職になるほどの長期間、病気欠席することは良識が許さないという心情が強く働いた。

一九九〇年の年度末をもって退職する決心をして行政側に打診したが、一度同意書を提出したこともあって、関係者を困惑させた模様である。早くよくなって職場に復帰するようにとの関係者の温情もあったに違いない。退職時期については預からせて欲しいという意向が返ってきた。職場復帰の期待が寄せられた以上、それに応えなくてはならないと思い、再出勤の機会を窺った。きっと働けるようになるに違いないと自分に言い聞かせた。これは不治の病に罹ったのを知ることによるショックに続いてやって来る「拒否」あるいは「否認」反応であったに違いない。臥せっているばかりでは歩けなくなるから、気分の良い日には散歩にでも出てはどうかと主治医に勧められて病院の付近を散策してみる気になったのは三月の中ごろであった。

しかし、三月二十二日にはCTスキャン検査を受けた。膵臓周囲の浮腫は消えたが、腫瘤は決して小さくなっていなかった。二十五日には血中の腫瘍マーカーの定量検査を受けている。これもボーダーラインだったようである。依然として心窩部と背中の疼痛は続き、黄疸も次第に著明となった。肝機能は低下し、全身倦怠感が日増しに激しくなった。客観的には依然として悪性腫瘍の疑いは払拭されていなかった。

外出の記録を振り返ってみると次のようである。

三月十五日（金）　於岩稲荷まで往復、約四十五分間散歩。心悸亢進、軽い呼吸困難あり。
三月十七日（日）　神宮外苑および信濃町駅前の書店まで約四十五分間散歩。
三月十九日（火）　近所の釣り道具店、および書店まで約三十分間散歩。

三月二十日（水）　移転して間もない新宿新庁舎へ大坪哲夫衛生局長と長崎護技監に近況報告の挨拶。

三月三十日（土）　退職職員の挨拶を受けるべく出勤。庶務係長の戎井宏さん、永年微生物部で研究助手として働いてくれた藤野照子さん、佐々木正子さん、河野和子さんをはじめとする退職者の皆さんには直接言葉をかけて勤勉ぶりをねぎらいたかったのである。

四月　一日（月）　退職一年延期に伴う辞令を受けに新庁舎へ赴く。知事から辞令をいただき、挨拶を聞いた。四十五分ほど立ちっぱなしであったが、これが限界であった。激しい背痛、胸痛と呼吸困難にかろうじて耐えた。脚が震え、冷や汗が流れた。この日のように病院を抜け出る時には、その直前に鎮痛剤ペンタジンの注射を受けたが、せいぜい二時間程度しか効果はなかった。

四月　三日（水）　退職者を送る会（市ヶ谷）に出席。宴席にはいつもながらＯＢの懐かしい顔も多かった。華やかな席に黄疸のやつれ顔が頑張っていても無粋と思い、挨拶をすませると早々に引き上げたが、正直なところは敗北感に苛《さいな》まれ、いたたまれなかったのである。健康な人たちに対する羨望であった。

四月　四日（木）　経皮胆管ドレナージ（ＰＴＣＤ）形成術を受ける。

四月　九日（火）　新任職員に辞令交付のため出勤。

四月十五日（月）　退院。駒込病院入院以来百四十七日目。ＰＴＣＤのお陰で、黄疸はなくなり、肝機能は改善された。

四月十八日（木）　外来受診。帰路、衛研に立ち寄る。

四月二十日（土）　家内の甥、永井卓の結婚式に出席。会場は品川パシフィック・ホテル。

四月二十二日（月）から二十六日（金）まで出勤。朝は家内に車で送らせた。ＰＴＣＤからの胆汁を蓄える袋をつけたままである。出発直前に鎮痛剤の坐薬を使っても、車のシートに座る姿勢には一時間しか我慢ができず、それを越えると激しい背痛に襲われる。そんな時はリクライニング・シートを倒して横になった。朝のラッシュ時の道路の混雑を避けるには、自宅を六時十五分には出なければならない。そうすれば約一時間で研究所に着くが、この機を逸すると、二時間あるいは二時間半を要した。帰りはタクシーを利用。意味もなく怒ったり、ちょっとしたことに感動して涙を流したり、感情の起伏が激しくなった。そして、次第に抑欝状態に陥っていった。

四月三十日（火）から五月二日（木）まで出勤。疲労感著しく、毎日、ほとんど決済の印鑑を押すだけに終わる。

五月　七日（火）　出勤。

五月　九日（木）　出勤。この週、月、水、金曜日はどうしても床を離れられなかった。

五月十二日（日）　東京電力病院再入院。この日、日本最初の看護の日。

飛び石連休を利用して休養をとりながら社会復帰ができれば幸いと、スケジュールをたてて出勤してみたが、到底無理であった。退院後、心窩部痛、背痛ともに改善の兆しをみせず、小腸の蠕動亢進、鼓腸、下痢が続いた。食欲は日に日に減退し、再入院の前々日および前日には全く食物を受けつけないまでになった。再入院時、体重は五十一キログラム。発病前の七十六キログラムと比較すると約三分の一に相当する二十五キログラムを失ったことになる。発病後、一週間平均一キログラムあての減少であった。

膵臓癌ではないかと思う気持ちと、そうではないと思う気持ちが激しく揺れ動いた。癌であると知っていようが、癌ではないと思いこんでいようが自分ではどうしようもない。癌と知った上でこれと戦うのは男らしいに違いないが、主治医の言葉のまま癌でないと信じるのも人間らしい素直さで悪くない。癌と知りながら家族の者のためにそしらぬ顔をするのも立派な態度であろう。死ぬことについて悟りを開いたなどという心境とはほど遠く、いつまでも私は死を恐れた。不安であった。死を受容できる心境にまでは到底いたらなかった。

ヒトは誰でも自分に都合の良い解釈をする性癖があり、自分に限ってはそんな惨めな状況にはなるまいと思い込みやすいが、脚が萎えて寝たきりになり、屎尿を垂れ流すようになったらどうしようかと思い悩む。癌であろうとなかろうと、この膵炎による痛みと下痢は何ともおぞましい。脂肪が分解されないので、下痢便は湾岸戦争でペルシャ湾に流出した石油よろしく便器の水面に拡がる。消化不良の何とも形容し難い嫌な臭いがする。衰弱した体力は便意に堪えることを許さず、ほんの数メートルを歩いて上廁《じょうし》するまでに漏れる。犬猫にしても所かまわず垂れ流しはしまい。大袈裟だが、これはヒトとしての尊厳にかかわる問題に思える。寝たきりで垂れ流す自分の姿を想像すると、目の前が暗くなり、ぽかりと口を開いたブラックボックスの奥深くへ吸い込まれてゆくような気がした。その心の苦痛に耐えられず、自ら命を絶つことに思いが至る。しかし、次の瞬間には筆舌に尽くし難い寂寞《せきばく》感と孤独感に襲われる。
ふと萩原朔太郎の詩「利根川のほとり」が思い出される。

きのふまた身を投げんと思ひて
利根川のほとりをさまよひしが
水の流れはやくして
わがなげきせきとむるすべもなければ
おめおめと生きながらへて
今日もまた河原に来り石投げてあそびくらしつ
きのふけふ
ある甲斐もなきわが身をばかくばかりいとしと思ふうれしさ
たれかは殺すとするものぞ
抱きしめて抱きしめてこそ泣くべかりけれ

この回想録を書くことによって、「死の受容」への道程として、自己史へ旅してみようと思ったが、心はゆらゆらと揺れ動き、筆は遅々として進まなかった。

友の訃報

大学生時代のホッケー部のチームメイト阿部菅夫君が亡くなった。一時退院して自宅にいた四月の末の早朝、同じくチームメイトであった小川亮恵君（関西医大整形外科教授、同付属病院長）からの電話でこのことを知った。本意は私を見舞うための電話だったが、病人には悪い知らせだがと断って伝えてくれた。私が病床にあることは、東京で開催された学会の折、やはりホッケー部のメンバーであった松永隆信君（岐阜大学医学部整形外科教授）から聞いたらしい。阿部君、小川君、松永君は互いに同期で、私より二年後輩であった。阿部君はゴールキーパー、小川君はハーフバック、松永君は確かフルバックだったと思う。私はセンターフォワードであった。

阿部君は大学へ入学してすぐのころ、私の生家から歩いて十五分ほど離れた農家に下宿していた。父君の遠縁に当たる家と聞いた覚えがある。私は近鉄養老線の美濃高田駅から大垣へ出て、そこで国鉄に乗り換え、大学のある岐阜市まで通学していたが、その電車で一緒になるのが、彼と親しむきっかけであった。学年は違ったが、高校卒業後浪人していたらしく、実際の年齢は私とさらに接近しており、先輩として私を立ててくれてはいたが、実際には同級生同様「俺・お前」の仲であった。

彼の体型は肥満体の範疇に入った。相撲か柔道でもやった方が似合いそうであったが、案外動きが機敏で、運動神経にも恵まれていた。えびす顔とでも言うべきか細い眼がいつも微笑んでいて、社交性にも富んでいた。大阪の産であっただけに、何となく都会育ちのスマートな匂いを漂わせてもいた。帰り道に私の住いへ立ち寄り、しばしば夕食を共にしてから下宿へ帰った。母や長姉も彼の明るさが気に入り、大歓迎であった。私の性格の暗さを中和するのに好都合な友人と考えていたようである。よい開業医さんになるに違いないと噂したりしていた。

臨床の実習が始まったころであろうか、彼は大学の近くに下宿を見つけて移っていった。電車通学の不便さと親戚の家という堅苦しさから逃れたのだと思う。それからも私との付き合いは続いた。勤勉型の小川、松永両君と違って、阿部君と私は一緒に小柳町あたりを徘徊することも多かった。「楽々」という名の小料理屋へも彼に連れて行かれたのをきっかけにして通った。そのころの岐阜の夜の世界はそれほど荒んでおらず、学生でもけっこう楽しく過ごさせてくれた。その店の女将も私共を大切にしてくれたが、詩季子という仲居がいつも傍らに侍ってくれて、こちらも二人共彼女を贔屓《ひいき》にした。看板の後、長良の河畔の夜桜を見に誘ったりすることもあった。

大学を終え、インターンをすませて私は東京へ出た。阿部君は大阪の済生会病院でインターン生活を送り、その後もそこに勤めた。数年後、多分生化学教室で学位を取得してからと思うが、東淀川区十三の駅の近くで開業されていた父君の後を継いだ。東西に別れ住むようになり、それぞれの進む道も異なって、互いにそれなりの苦労もあったせいであろう、付き合いは年と共に次第に疎遠になった。それでも彼が東京へ来たときに渋谷で酒を酌み交わした記憶は確かであるし、私が大阪へ行ったとき、何度か北でご馳走になったこともあった。

最後に会ったのは何年前であったろうか、記憶が定かでない。恋女房に先立たれ意気消沈していたためであろうか、生活に多少荒れがあるように伺えた。後妻に据えたい女がいるという話も出た。でも飲むほどに酔うほどにお互い学生時代にかえって、知らぬ間に時が過ぎた。岐阜時代によく唄った

「風の中の羽根のように、いつも変わる女心……」という歌劇リゴレットのアリアを、得意の喉で、久しぶりに披露してくれたことを思い出す。

小川君によれば、彼の死因は前立腺癌。すでに骨髄に転移していて、痛みが激しかったそうである。最後は小川君を頼ったらしい。やせこけた姿は見るに耐えられなかったに違いない。彼は整形外科の対象疾患と思い込んでいたかに見えたという。楽天的な性格がそうさせたのであろうか。小川君の冷静な判断力を疑う気はないが、私には、阿部君は他人から楽天的と思われている自分の性格を利用して、癌に気がつかないような振りをしていたように思えてならない。彼には妙に我慢強いところがあった。小川君に「いつのことだ」と尋ねると、数日前に四十九日を済ませたところだと答えた。それでは今年は花も見ずじまいだったのかと、そんなことがあわれに思えた。これでまた、私の青春時代は一段と遠ざかった。

小川君は慶應大学病院の整形外科教授を通して、私の容態を密かに尋ねていてくれたらしい。後日、再入院してからこのことを知って大変嬉しかった。

青き日々

一九五七年の六月、私は国立予防衛生研究所（予研と略）の職員となり、細菌第三室に配属された。研究生活に身を置いたものの、これに耐えてゆくのは大変きびしかった。当時の予研は感染症研究のメッカであり、幹部研究者は皆きら星のようにまぶしく見えた。田舎の大学を出たばかりの身で、研究の何であるかも知らず、ただ臨床医になることを避けて研究の分野へ足を踏み入れてはみたものの、右往左往させられるばかりであった。室長は几帳面で気難しい方で、言われるままに動くのが精一杯であった。その仕事の意義や長期計画を知らされることもなく、仕事の効率だけが問題である様子に思われた。前の日に書き物として渡された実験予定を見て、試験管などを並べて準備をしておき、当日の朝は、前日に使ったガラス器具を洗浄し、それが終わるとすぐ実験に取りかかる。その日に使ったガラス器具はその日のうちに洗剤に浸し、部屋の掃除をして一日の日課が終わる。昼休み時間に図書室へ行き、仕事と関連のありそうな文献を借り出して来るが、放課後に読むより仕方がない。他動的に追いまくられているのだが、そのくせ自主性がないといっては叱られた。研究生活とはこのように楽しくないものかと悲しくなった。もともと社交性のあるほうではなく、他室や他部に友達もできない。インフェリオリティー・コンプレックスに苛まれ、周りの人達がただただ怖かった。傍からみれば可愛いげのない若者であったに違いない。

予研での初任給は月額一万八百円、手取り額は九千円を切った。生活は苦しかった。部屋代も一帖約千円程度はした。目蒲線洗足駅から徒歩五分ほどのところに、四畳半の間、二千五百円という日の当たらない薄暗い部屋を借りた。窮乏生活を余儀なくさせられて気分はますます欝に傾いていった。食事代を削って深酒をするような日々の繰り返しであった。

それでも、A群レンサ球菌感染症関係で幾つかのまとまった仕事が残された。M抗原による型別システムの確立、それを利用しての猩紅熱原因菌の型別分布・消長、抗ストレプトリシンO価の測定法の開発、同国内標準血清の調整、これを用いてのA群レンサ球菌感染症の血清疫学などである。恩師栗本珍彦先生のご親切なお取り計らいで、一九六〇年、「抗ストレプトリシンO価を指標としたA群レンサ球菌症の血清疫学的研究」をテーマに母校岐阜県立医科大学で医学博士号を頂戴した。

その後、研究テーマは同じくA群レンサ球菌の殺菌試験による型特異抗体の測定法の確立、それを利用しての血清疫学、発赤毒素の分離精製へと進行していった。この間、室長が米国で教職につくために予研を留守にされる期間があり、その期間中、同室の先輩である小林貞男先生（現麻布大学教授）と私とで前記研究テーマを維持した。しかし、その留守中の仕事の成果は帰国した室長から認められず、学会発表も許されなかった。したがって、このころの数年間学会発表、紙上発表ともに業績が残っていない。ブルーの日々が続いた。

福見秀雄部長にご相談申し上げてファージ型別室へ配置転換していただいたのが、一九六四年五月であった。

一九八八年、奇しくも昔とった杵柄で抗ストレプトリシンO（ASO）国内標準品・標準化委員会に参加を要請された。名前はいかめしいが、要するに抗ストレプトリシンOの国内標準品を作ろうという委員会であった。その昔、私どもが調整して残してきた血清が底をついて、試薬メーカーからの要請があったためらしい。元予研細菌第二部長であった松橋直先生を座長とする厚生省診断用生物学的製剤等基準調査研究班の仕事として位置付けられていた。小林貞男先生を委員長として、事務局は予研の体液性免疫部の菅原孝雄部長がお引き受けくださった。幾つかの検査・研究機関、試薬メーカーが関与して、三年後の一九九一年五月、国内標準血清のLot２ができた。私どもの研究所では、細菌第二研究科の大石向江さんを中心としてこの仕事に協力させていただいた。

最近、予研ではこの種のレファレンス・サービス関係の仕事に取り組む研究者が少なくなったらしい。今昔の感が深い。

目黒の思い出

国立公衆衛生院の正規課程医学科で学んだ一年の間寮生活を共にしたせいか、宮田昭吾君についての私の思い出は東京の目黒駅周辺に凝縮され、ここから放散するようである。

岐阜駅から急行列車に乗って東京へ向かったのはインターンを終えてすぐの一九五六年夏であった。公衆衛生のメッカともいうべき衛生院での生活に、二人とも心が弾んではいたが、終戦後十年を経ていたとはいえ、当時は東京での生活にある種の不安もあり、やや大袈裟にいえば海外留学にでも出かけるような雰囲気があった。岐阜駅のプラットホームで宮田君の母堂のお見送りを受けた記憶がある。彼には喘息の持病があり、発作を起こしたときには力になってやってほしいなどと頼まれた。

しかし、そのような心配もなく、一年間の生活は健康的で充実したものであった。なんといっても、衛生院での講義や実習は田舎の大学を出たばかりの我々には実に新鮮であった。指導教官も異なり、彼は労働衛生に力を入れ、私は疫学に興味を持ったこともあって、出入りする研究室は違っていたが、斎藤潔院長をはじめとする講師陣はいずれも一流の先生方で、その御指導は、以後の我々の公衆衛生観に大きな影響を残している。特に宮田君の場合は、コース修了後岐阜の母校へ帰り、公衆衛生学教室に入ることが約束されていたので、勉強の腰も据わっていたように見受けられた。まだ人生の方針も定まらなかった私とは大きな違いで、寮の読書室で過ごす時間の長さにも格段の隔たりがあった。

大崎寮での生活もまた楽しかった。同期では岩手医大から来ていた田中領三（現在宮城県で診療所開業）、滋賀県厚生部の鎌田昭二郎（同部長を経て先年退職、現在レイカディア推進本部長）、久留米大学の江崎広次（現在福岡大学医学部衛生学教授）の諸兄がいわゆる同じ釜の飯を食べた仲であるが、白金の女子寮には小西恵美子氏（後日本電信電話公社兵庫健康管理所長）がいた。その他、自宅から通っていた同期生は、東京都杉並東保健所から派遣されていた森本忠良（後新宿区衛生部長）、群馬大学公衆衛生教室の箕輪真一（現在前橋市で開業）、東京大学医学部卒の前田和甫（現在同大学教授）、弘前大学卒の小和田昭三（故人）などの面々であった。大崎寮におけるほかのコースの隣人としては本堂真（現在広島検疫所検査室長）、金子光美（現在摂南大学教授）の諸氏の名も思い出す。寮の居室での飲食は禁じられていたが、皆で小銭を出し合って安酒を買い、クジラのベーコンと、賄さんに頼み込んで特別に提供してもらって添えるキャベツを肴にして、密かに宴会を開いたものである。そして公衆衛生を論じ、医学を語り、時には話題が講師陣や女性受講生の月旦評にまで及んで倦《う》むことを知らなかった。宮田君の酒量はさほど多いほうでなく、すぐ真っ赤な顔になり心悸が亢進する様子だったが、いつも笑顔を絶やさず、最後まで付き合ってくれた。

当時、大崎寮は目蒲線不動前駅の近くにあり、晴れた日には寮の前の坂道を下り、目黒川を渡って、杉野洋裁学院と雅叙園ホテルの間の細い道を経て目蒲線目黒駅の脇に出、都電の線路に沿って日吉坂上まで歩いて通った。途中右側に小さなパン屋さんがあり、寮の朝食費を浮かせるために、代わりに安いコッペパンを求めたものである。バターかジャムをはさんだのが、確か一個十円であった。いつも店番をしていた少女は、今ではもう子持ちのおばさんのはず。この店は今もある。衛生院の入口の際には寿司屋さんがあり、今も変わりないが、貧乏書生にとって当時は全く縁がなかった。

帰路も歩けば、右側に自然教育園があり、入場無料で、秋には武蔵野の面影を満喫しながら散策を楽しんだものである。今ではその隣に庭園美術館が整備されていて、その中へ足を運べば正面左側には立派な東京都の迎賓館が建てられている。目黒駅前始発の都電は、系統番号が確か五番で、永代橋まで走っていたと記憶する。日曜日に宮田君と二人わざわざこの都電を利用して長い道程の沿線風景を楽しんだのは上京して間もないころであったろうか。

当時、国電目黒駅の駅舎は一階建の木造で小さく、現在駅前ロータリーになっているあたりには路地があって、小さな飲食店やバーが犇《ひし》めいていた。日が暮れれば、そのあたりには米軍兵士の姿も見掛けられた。寮の外へ繰り出し、目黒駅近辺で飲むような時には、宮田君を含む悪童連中は、酒に強い私へのハンディキャップだと言って、酒屋の店頭でまず冷や酒や焼酎を呷ることを強要したものである。その酒屋は今では立派なビルに変貌している。あのあたりの当時の雰囲気は、今では山手線を越えた権之助坂の右側にかすかに残っているだけである。当時、その先の商店街は格段と短く、宵のうちから暗かった。

目黒の夜に飽きたらず、渋谷まで足を延ばすこともあったが、当時の渋谷は駅前に大したビルもなく、ハチ公の銅像の側へ都電が廻り込んでいた。そのうちに国電の駅近く山手線の内側に沿ってある

「呑ん兵衛横丁」に馴染みのおでん屋ができ、宮田、鎌田両君と私の三人でよく通った。屋台に毛の生えたような小さい店であったが、値段も手ごろであり、日劇ダンシング・チーム出の愛想のよい若い子が店にいて、よく飲み、よく歌ったものである。通い詰める首謀者は私であったに違いないが、宮田君も結構楽しんでいたように思う。女将の年は争えないものの、今も店は繁盛しており、彼女の記憶の中には宮田君の名も健在なはずである。

研修・見学旅行も衛生院時代の楽しい思い出の一つである。日立鉱山の従業員家族を対象とした家族計画指導の実習は殊の外寒い冬の日のことであった。バスを利用して三浦半島の三崎保健所を見学したこともある。築地の卸売り市場における検査の実態を見せていただいたのは上京した翌年の春のことであった。帰りに浜離宮の庭園で花見を楽しんだのを思い出す。熱海、修善寺の保健所活動を見聞したのは修学旅行を兼ねるような行事であったろうか。その折、修善寺の観光を楽しむうちに宮田君が行方不明になりちょっとした騒ぎになったことがある。一足先に宿へ帰っていただけのことであったが……。

保健所実習に宮田君は川崎市の高津保健所へ通ったはずである。私は東京都杉並西保健所へ行った。集団予防接種に駆り出されて、お互いに忙しかったことを思い出すと、公衆衛生活動の実践内容の変遷に今昔の感がある。当時は、戦後の混乱期が過ぎたとはいえ、まだまだ伝染病や結核対策は保健所業務の重要な柱であった。

私達正規課程医学科第十三回生のさよならパーティは大崎寮の食堂で盛大に行なわれた。その後宮田君は岐阜に帰り、私は国立予防衛生研究所に職を得て目黒での生活を続けることとなった。同じ公衆衛生の道を歩みながら、お互いに専門分野を異にし、コンピートすることがなかったせいもあろうが、私達の関係はこの一年間に基礎が形成されたように思う。それぞれ、多くを語らなくとも理解し合え、腹蔵なく私事にまでわたって相談できる仲が続いた。

人が死に臨むとき、過去の記憶が瞬時のうちに脳裏を去来するものだと聞く。宮田君が倒れたとき、私と共有する三十年前の目黒での思い出が、果たして彼の脳裏をよぎったであろうかどうか。そんなことがふと気になるこのごろである。

宮田昭吾教授の命日は一九八六年十月二十日、享年五十六歳。死因は心筋梗塞であった。

（岐阜大学医学部衛生学教室編集『宮田昭吾教授研究業績集』一九八七年に収録）

骨壺

岐阜県立大垣中学校での同級生川井二夫君は、栃木県馬頭町に上り窯を持つ陶芸家である。小砂焼《こいさごやき》の窯元を名のっている。いつのころから陶芸を志したのか尋ねたことはないが、もう三十年は経つと思う。不意に舞い込んだ個展の開催通知で知らされた渋谷のそのギャラリーを訪ねてみると、いた。いがぐり頭の彼がいた。中学生のころと少しも変わっていない。目頭がジーンとした。久闊二十数年に及ぶが、一目でお互いが分かる。ちょっと話を交わすと、ほんの少し前に別れただけのような気がする。だが、話が進むと、そこには永い年月の隔たりと、お互いの住む世界の間に遠い距離があることがじわじわと認識されてくる。

彼は大垣市立興文小学校から中学に入った。この学校は当時のエリート校で、私のように田舎町から来たものに比べると、ここを出た生徒はなにかしらきらきら光るように思えた。川井君は大垣市長の次男で、尊父は市長になられる前市民病院の院長先生であった。幼児期、虚弱体質であった私は先生のお世話になったことがある。中学一年生のとき彼と一緒に剣道部に入った。二年生の夏、銃剣道の特別訓練を受けたのも一緒であった。共に初段の腕前を持っている。戦局が逼迫して動員された工場も同じであった。三年生の夏、終戦。校舎は空襲で全焼し、復旧がなるまで商業学校や工業学校に仮住まいして講義を受けた。四年生になって、バスケット・ボール部を再建して夢中になって練習した。しかし、それほど強くはなかった。学業の成績の方は中の上か上の下か、二人ともそんなところを低迷していたように思う。

私たちの学年は、四年生あるいは五年生で旧制高等学校や旧制大学予科を受験できたが、ちょうど新旧学制の切替時期に当たり、もう一年新制高等学校の三年生へ編入することも許された。彼は後者を選び、立教大学へ入った。私は前者を選んで、岐阜県立医科大学の予科へ進んだ。なぜか彼は立教大学を退学し、大垣へ戻ってきて岐阜大学教育学部へ入学した。そして、卒業しないまま、飛騨の匠になるといって家を出、杳《よう》として行方が知れなくなった。

私に陶器のよしあしを鑑別する眼があるわけでなく、展示会に顔を出しても、批評の仕様もなかったが、作品には実直な彼の性格がにじみ出ているようで好感がもてた。展覧会には出品しない主義であるそうな。しかし、某出版社から出ている“Japanese Earthen Fier”と題する英語の書物に彼の作品が紹介されているところをみると、全くの無名でもないらしい。陳列された作品の中に気にいった壺があったが、値がつけてなかったので安すぎても高すぎても失礼になると思って買い求めなかった。その翌日、家内と長女に展示を見に行かせたところ、一目見ただけで「大橋君の娘さんでしょう」と声をかけられたといって、お土産に湯飲み茶わんをいただいて帰ってきた。

そんなことがあって、また何年か経った。電話があり、安く貸すギャラリーはないだろうかと尋ねられた。米国から来ているお弟子さんが国へ帰る航空運賃に困っているので、作ってやりたいと思うとのことであった。幸いなことに、麻布箪笥町にある家内の実家の小さいビルが空いていたので、そこを使ってもらった。首尾よく運賃が出る程度には作品が売れたらしい。

そのときだろうか、前の渋谷での展示会の折であろうか。冗談混じりで骨壺を焼いてくれと頼んだのを覚えていてくれた。また何年かたって、展示会の案内がきた。約束のものができているから取りにこいと書いてある。御茶の水の某ギャラリーはすぐに分かった。渋谷や麻布で開催されたときより一段と個展らしくアレンジされていた。私の骨壺が赤い売約済の紙を貼って展示されていた。一目見ただけで気にいった。耳が三つ付いていて、蓋をして紐でくれるようになっている。火表《ひおもて》には鉛筆の芯様の黒い金属光沢があって、どっしりとした重量感がある。川井君は、韓国の古陶器を参考にして焼いたので時間がかかってしまったと、言い訳のようなことを呟いた。

よほど嬉しかったにちがいない。帰路、渋谷の行きつけの小料理屋に立ち寄り、川井君との青春時代を肴に独り酒を酌んだ。

その次に会ったのは、昨年の夏、銀座のギャラリーで彼が個展を開いたときである。還暦祝をしてくれた友人達の御礼にと思って、「ぐい呑」を十個ほど求めた。同行した家内が、彼のことを「少年のままの純真さを持った人」と評する。私も同感ではあるが、青年時代何かに打ちひしがれた経験が、彼をして現代の世俗に背を向けさせているような気がしてならない。

健康が許すようになったら、一度彼の工房を訪ねてみたい。

母よ

とろとろとしたまどろみの中に今は亡い母が現れることがあった。何かを訴えたそうな気配だが、無言のままじっとこちらを見て瞬きもしない。目覚めたあとも残像が振り切れないで、やがて痩せこけて頬骨が張り、黄疸で黄ばんだ自分の顔と重なり合った。

私は母が四十歳のときの子で、幼いころは青鼻をたらし、頭や顔に瘡《くさ》が絶え間なくできる汚い子であったらしい。甘えん坊であった。いつも母の後をついて回っていたことは自分でもよく記憶している。

物心がついたころ、母は養鶏を内職にしていた。父は建築請負業で、大阪の八尾市を中心に仕事をしていて、時々しか養老の自宅へ戻らなかった。仕事がら収入も不定期であったに違いなく、それに対応する必要があったのであろう、内職といってもかなり本格的な養鶏業であった。白色レグホンが常時千羽ほどもいたろうか。朝夕二回餌をやる。その合間に巣箱に手を入れて卵を集める。飼料はとうもろこしやふすまなど穀物や貝殻の砕いたもの数種類に草を刻んだのを混ぜて、水で練って調整する。穀類は樽で購入されていた。

餌に混ぜる草は、町中を流れ集まって東のほうへ下る「よげ川」の川縁に群生する「川ぢしゃ」であった。川ぢしゃの正確な名は知らない。ウオーター・クレソンのことか。これを数日に一回の割で刈りに行く。乳母車を改造した箱車をゴロゴロ押して行く。これに濡れた川ぢしゃを満載するとかなりの重さになる。箱車に綱をつけて一人前の顔をして引くのを手伝ったりした。むしろ邪魔っ気なだけであったろう。持ち帰った川ぢしゃは井戸水に漬けておくが、その中にいろいろな水棲昆虫や小蝦、時には小魚がいて、それを洗面器やバケツに入れてもらって眺めるのが好きであった。

いつのころからか、母が草を刈る間を待つのに魚釣りを覚えた。この川の流域には、水底の砂を吹き上げて湧く清水が小さい池をなして田の中に点在していた。これは「がま」と呼ばれたが、この水が合流するので、町の中を流れてきた割りには水がきれいで、トゲウオやアブラハヤがたくさん棲んでいた。それぞれ「ハリッパ」、「アブラタ」と呼ばれた。川下の方では、ハヤ（ヤマベ）、ウグイ、ハス、コイ、フナ、ナマズ、ウナギ、ドジョウ、モズクガニなどもいた。釣りの方は一向に腕前が上がらなかったが、橋の上から川底を見ながら釣糸を垂れていると、餌に魚が寄ってくるのが見えて胸が躍った。時間のたつのを忘れて釣りに夢中になったものである。

いつ母がその内職をやめたか定かでない。私が小学校の四、五年のころと思う。それから時がたって、父が死に、母は細々とした家事をするだけになった。母が子宮癌の手術を受けたのは一九五六年、六十五歳のとき、私はインターン生であった。それを境にして母は急に老け込んだ。私が早く一人前の医師になって面倒を見てくれることを夢みていたに違いないと思うのだが、インターンを終えた私は臨床医になることを放棄していた。その意味では親不孝といわざるをえない。

　私が公衆衛生の道に進もうと思ったのは、インターン生時代に垣間見た臨床医の生活には耐えられそうにないと気づいたからである。国家試験に合格したとはいえ、自分の医学的な知識や技術を振り返ってみると、人の命に係わる仕事をするのを許されることの恐ろしさに身震いする思いがした。病人という弱い立場の人達から、先生、先生と呼ばれ、決して尊敬されているわけでもないのに、平身低頭され、靴下の一足、ネクタイの一本も貰う生活になれ親しむことによる自分自身の堕落が目に見えるようで怖かった。そのようなメフィストフェレスの囁きに克つ自信がさらさらなかった。一流の医師も最初は初心者であって、その後の精進によって腕を磨き、見識を備えられるに至ったに違いないことは理解できたが、私はひと一倍臆病であった。微生物学教授の栗本珍彦先生（岐阜県衛生部長および岐阜県衛生研究所長兼務、故人）と公衆衛生学教授館正知先生（後岐阜大学学長）のお勧めもあり、国立公衆衛生院の正規課程医学科へ進む決心をした。

　このことを母に話した。私の悩みをどれだけ理解してくれたかは知らない。だが、意外とあっさり「自分の思うとおりにすればよい」と許してくれた。ただ「他人の尻馬に乗るな」とだけ注意らしいことをつけ加えた。内心はよほど心配だったのだろう、衛生院の寮あてに鉛筆の芯をなめなめ書いた、みみずの這いずったような字の手紙が何度か届いた。

　公衆衛生院の正規課程医学科を終えても私は東京に住んだ。結婚式も東京で挙げた。初めて田舎へ連れて帰った家内に、母は「家で酒を飲ませないと、ただ酒にへらへらするようになるから、適当に飲ませてやってくれ」といったそうだ。母は無学ながら誇り高い女であった。心配した癌の再発もなく、田舎で穏やかな日々を過ごした。一九六一年に生まれた私の長女、一九六四年に生まれた次女の顔も見せることができた。たまの機会にしか実家に寄りつかない私に母は優しかったが、同居していた私の長姉と近所に住む末姉にはずいぶんとわがままを言ったらしい。そんな話を聞くと、次男とはいえ息子の私が母の面倒を見ず、姉に押し付けておくのが申し訳なくて胸がつぶれたものである。

　あれは母の亡くなる何カ月ほど前のことであったろうか。姉から電話があり、母がほとんど寝たきりになり、その面倒を見るのに疲れ果てたと訴えた。見舞いに帰ると、母はこんこんと眠っていた。身体が一回りも二回りも小さくなって、背骨の湾曲も著しく、六人もの子を産んだとはどうしても思えないくらいに哀れな姿であった。その夜は姉に代わって母の横に床を敷いてやすんだ。

　夜中に私の手をまさぐるものがある。母の痩せ衰えた手であった。この小さな身体のどこに潜むかと思われるほどの力で私の手を引いて、「もう帰ろうよ、もう帰ろうよ」と呟いた。裸電球に照らされた母の顔には、異様に輝く眼があった。そしてそれが瞬きもせずに私の顔を見つめていた。骨張った手を握り返し、「うん、もう帰ろう、もう帰ろう」と声を掛けながら、腕を撫でさすってやると、眼もとが優しくなり、「ほっ」と溜め息をついて目を閉じた。川ぢしゃを刈り終っても帰ろうとせずに、魚釣りに夢中になっている私の幼い姿が母の脳裏に浮かび、帰りを促したのであろうか。あるいは、晩年、心の帰るべき安住の地が見つからなかったのであろうか。

　母は一九七二年九月二十九日に身罷《みまか》った。享年八十二歳。穏やかな死顔であった。法名を信壽院釋尼妙知という。

庁舎改築計画と研究調整会議

誰もがそうなのであろうか、私が特に未練がましいのか、病気になって社会生活への復帰が危ぶまれると、幾つかの未整理の仕事を抱え込んでいることが気になって仕方なかった。

研究所庁舎の建て替えの仕事は東京都第二次長期計画の中で着々と進行中で、移転か現地建て替えかで多少の紆余曲折はあったが、後者に決定され、すでに基本構想は作成済みである。基本設計へ向けての作業にも遅れはない。計画には施設整備委員会を組織して所内の衆知を集めてあるので、今後も大丈夫と信じている。この委員会の活動の成果は、藪内清（一九九〇年退官）、寺山武両参事研究員並びに足立東一郎（一九九〇年転出）、渡辺勉両経理課長の献身的な努力に負うところが多いが、予算の獲得に当たっての財務局をはじめとする本庁との折衝では帆刈祥弘庶務課長の、また新宿区や都議会議員、地元住民代表への挨拶など渉外面では中山弘子事務部長の活躍によったことを特記すべきであろう。これらの方々のお陰で、最終的な整備計画は当初と比較すると格段と立派なものとなった。

もともと、私は建て替えが完了するまで在職できる訳ではなく、気にかかることは地元住民の納得がすんなりと得られるかどうかだけである。国立予防衛生研究所の場合のような反対運動が持ち上がらないかと気掛りではあるが、私どもの研究所の性格は国立予防衛生研究所と比較すればより市民の生活の安全性と密接な関係を持っており、建て替えについての理解は得られやすいはずである。計画では施設の安全性が最優先に考えられている。「病原体等並びに有害物質安全管理規定」および「医療廃棄物管理規定」も制定し施行済である。また、業務案内のパンフレットやビデオも準備できているし、説明用のQアンドA集も用意した。誠意をもってことにあたれば大丈夫と思う。

前記のように、施設というハード面では将来計画ができ上がり、その実現化に向けて動き出した。しかし、ソフト面での将来計画には難問が多かった。所長に就任して以来、所内の諸規約を整備したり、公衆衛生情報の収集・解析・提供を業務として定着させるために「情報処理プロジェクトチーム設置要領」を設け、プロジェクト・チームを稼働させたり、精度管理を含む研修業務のあり方についての検討を開始したりしたが、研究業務の活性化については特に腐心させられた。この問題には研究職員の人員構成が関係して複雑であるが、とりあえず研究課題選定と予算配分の適正化に手をつけてみることとした。

当所には、研究業務の効率的な遂行のために、以前から研究計画書の提出による稟議制度があったが、長い年月の間にこれが形骸化してしまっていた。これを改革して実効のあるものにしようとして、一九九〇年度から発足させたのが、研究調整会議なるものであった。その実施に当たっては、「研究調整会議設置要項」と「共同・受託・応募研究実施細則」を定めた。

研究には当然それを評価するシステムがあるべきであり、それを職員の自助努力で行ないたいと考えて設けたのがこの会議である。各部長および参事研究員で構成し、研究計画書の内容の検討と改善への助言、奨励課題の選択を主たる任務とした。このような制度は、成果の期待できる研究を奨励し、研究意欲の助長に役立つと信じていた。また、効果を急ぐ余り初期の目的からはずれることを恐れ、研究成果よりも計画内容の評価を重視し、実施に困難があれば衆知を集めて解決しようとすることを試みた。外部との共同研究を正々堂々と実施できる道を開いたつもりでもある。また、部長および参事―科長および副参事―主任の間、ならびに各部・各研究科相互の意思疎通のパイプを太くしたかった。

しかし、一部職員の間では、この意図を曲解し、研究の自由を抑圧する管理の強化だとする批判があった。また、部長会で検討しようにも専門が違えば評価する能力はないという声が聞こえてきたり、当研究所の設立の目的は公衆衛生検査の実施であり、研究が目的でないとする一群の職員もいた。後者は、私が国立予防衛生研究所からこの研究所へ移って来て以来、私のことを研究偏重・検査軽視思想の持ち主と勝手に烙印を押して排斥した一部の人々の考え方の名残である。私はもともとそんな考え方は持っていない。検査業務の向上に研究が役立ち、検査の結果から研究のテーマが生まれると主張し続けてきた。国家公務員であった時から、これが国公立試験研究機関の本来あるべき姿だと思っていた。また、微生物部長時代、勤務態度でこのことを示してきたつもりである。

この考え方は何も私独自のものではない。第二代所長の辺野喜正夫先生が常日ごろ私ども職員に説いてこられたところでもあった。そして、全国の地方衛生研究所にさきがけて経常研究費を獲得してくださったのも辺野喜先生であったと聞き及んでいる。ただ、そのころと比較すると、社会情勢が変わった。検査技術が向上、普及し、検査が保健所や病院、登録検査所など各種の機関で分散して実施されるようになった。そのために、国公立の機関では検査の実施部隊としての責任よりは、技術の標準化や標準試薬の制定・維持・配布、技術研修、公衆衛生情報の収集・解析・還元など関係検査機関に対するサービス役としての責務が以前よりさらに加重された。したがって、昨今では研究生活による自らの研鑽が一層要求される。このあたりの違いを分析して、私は都立衛生研究所の役割を「東京都における公衆衛生関係対物検査および疾病の体外診断検査に係わるレファレンス・サービス・センター」と規定し、地域保健・医療計画の中で正当に位置づけられるよう主張してきたのであった。この主張を幹部職員に伝え、書き物にして訴えもしてきた。それでもなお前記のような曲解、誤解に基づく反対ムードがあった中で実施に踏みきった研究調整会議である。

病床にあってこの会議の問題、すなわち初年度の成果と次年度へ向けての計画書の内容が気になって仕方なかった。入院中では、研究課題すべてについて責任者の報告を聞くことはできない。帆刈課長と相談して、順調に研究が進捗しているものを除外して対象を限定し、二月の中旬から五回に分けて会議を開催する予定を立てていただいた。前もって報告書には目を通しておいた。そして、病院から抜け出して二、三時間会議に出席しようとしたのである。主治医からも、「寝たきりでいるよりは、社会復帰を意識して動いてみる方が良かろう」とお許しを得てあった。しかし、三カ月の間入院生活を続けてきたものには無理な試みであった。二月十三日の午後、第一回の会議から病院に戻ったときは、マラソン選手のブレイク寸前のような状況で、第二回からの予定は放棄せざるをえなかった。

次回からは部長会の面々にお任せすることにして会議を終えたが、目的をどれほど果たしえたか心配が残った。だが、「先生が参加しなかった方がよかったようですよ」という含蓄のある感想も聞こえてきて、そのことが分からなくもなかった。何でも自ら実行しなければ気がすまぬ私の性格を諫《いさ》められたと理解している。それでもなお、この制度が定着するまでは、計画書の作成者、幹部の職員の皆さんに繰り返し語り掛けたいことが多かった。働きがいのある、そして居心地の良い研究所のあり方については、職員全員で考えてみる必要がある。そのために、改革だ、改善だと叫ぶ必要はない。だれかが何かに気づき、気づいた人が少しずつ直してゆくという心がけが大切だと思う。それが健全な組織というものであろう。

あの日、暦の上ではとうに春であったが、空調の効いた病室に長らく過ごした私には外気の冷たさが身に沁みた。

見果てぬ夢

国立予防衛生研究所（予研）血清情報管理室室長宮村紀久子先生から一本の桃の枝をいただいた。蕾が次第にふくらみ、やがて開いた。そして、添えられた数本の菜の花と相まって、病室に春の気配を漂わせ、大いに心を和ませてくれた。

宮村先生には幾度も病院へ足を運んでいただいた。ありがたく思っている。実は、私は厚生科学研究補助金による特別研究事業「病原体検出情報のコンピュータ・オンライン化に関する研究」の主任研究者として、最終報告書をまとめる宿題を背負っていた。この研究は、秋田、宮城、埼玉、千葉、東京、神奈川、愛知、大阪、広島、山口、大分の都府県立衛生研究所と予研との共同作業として、一九八九年度に開始された。期間は二年間の約束で、本年度はまとめの段階にあった。入院生活を余儀なくされて、これが重荷となった。宮村先生は現行の郵送による病原体検出情報活動の中で、実質的には情報収集・解析の総元締めの役を果たしておられるので、報告書を作成するにはどうしてもお目に掛って話し合う必要があった。

この研究は、愛知衛研の所長井上裕正先生が協議会の会長の時代から実施されてきた、地方衛生研究所（地研）全国協議会と予研との協力による一連の病原微生物情報関係の活動の延長線上にあった。その開始は一九七九年のことである。当初から厚生科学研究補助金（特別事業）に支えられてきた。その前年、一九七八年には準備会として「国立予防衛生研究所・地方衛生研究所の連係強化に関する懇談会」が結成され、四回にわたって活動方針の構想が練られた。この連係強化の提唱者は、当時の予研所長福見秀雄先生であった。懇談会での討議に当たっては、予研側では甲野礼作部長と多ケ谷勇部長が格別ご熱心であったが、お二方ともすでに彼岸の人となられた。地研側からは井上先生のほか、当時千葉衛研におられた芦原義守先生と私がこの討議に参加した。井上先生も芦原先生もすでに退官された。

懇談会での合意事項は、①伝染病予防法の対象以外の主要感染症患者発生情報網の整備、②病原微生物検出情報網の整備、③技術的・学術的な討論の場の設営、および④感染症診断技術の向上・普及・標準化のためのレファレンス・サービスのシステム化の四点であった。①は、一九八一年、厚生省の「感染症サーベイランス事業」の発足によって具体化された。③は、「衛生微生物技術協議会」が結成されて、一九七九年以降、毎年研究会が開催されるようになった。残る②と④については、前述のように、一九七九年以来厚生科学研究費を受けて、全国各地研と予研を結ぶ病原微生物検出情報のネットワークができ、多少の紆余曲折はあったが、一九八三年以降感染症サーベイランス事業の柱の一つに位置付けられるようになった。

病原微生物検出情報に関する活動は以上のような経緯で今日に至ったが、実は、もう少し長い歴史がある。新潟衛研の所長篠川至先生が地研全国協議会会長であった時代、地研で生産される病原微生物検出情報を集大成する試みがなされたが、足並みが揃わず、予算的な裏付けも得られず、流産に終わったと聞き及んでいる。ただし、詳細は知らない。私の知るかぎり、この種の情報の組織化が具体的な形で公式に提案されたのは、一九六八年九月に厚生大臣から伝染病予防調査会に対して出された「今後の伝染病予防対策のあり方」についての諮問の中間答申が最初であったと思う。この諮問に答えるための検討は伝染病予防法と予防接種法の改正を意識して二つのグループによってなされたが、前者は、予研細菌第一部長福見秀雄先生を委員長とする「急性伝染病対策の近代化に伴う関係施設の体系化に関する研究委員会」、「防疫組織の改善に関する研究委員会」「感染症対策における情報システムの整備運営に関する研究委員会」の手で検討された。私もこれらの委員会の末席を汚した。二年後の一九七〇年に中間答申が出されたまま、最終答申提出にまでは至らず、この伝染病予防法改正についての活動は中止された。その理由の詳細は知らないが、最終答申に盛り込むべき内容は、研究委員会の名による論文として、『日本公衆衛生雑誌』（第十九巻および第二十巻）に掲載されている。その中で、感染症予防対策の近代化について幾つかの提言がなされているが、その一つが検査室由来情報のリアルタイムでの活用であった。

その論文をいま手にしてみると、懐かしさがひとしおである。委員長をはじめとし、委員会メンバーの大部分はすでに引退されている。鬼籍に入られた先生もある。今も現役なのは石館敬三（現在東京都衛生局技監）、高橋修和（日本医科大学）両先生と私くらいのものであろう。

この研究の成果が前に述べた「国立予防衛生研究所・地方衛生研究所の連係強化に関する懇談会」

に引き継がれるまでには、十年近い歳月の空白がある。確か、一九七七年のことであった。そのころ、私はすでに予研から東京都立衛生研究所に移っていたが、ある日突然、当時の所長辺野喜正夫先生から所長室へ来るよう呼ばれた。所長室には福見先生がおいでになっていた。予研所長就任のご挨拶に来られたという。ついでに不肖の弟子がつつがなく勤めているかどうか見ておこうとお考えになったのであろう。その席で、予研と地研との連係の強化が話題になった。そして、全国の地研で得られる病原微生物検出情報のネットワークを構築しようという福見先生のご提案があった。辺野喜先生も賛成され、私にも全面的に協力するようにと要請された。この話が辺野喜先生から当時地研全国協議会の会長であった愛知県衛生研究所の井上裕正先生に伝えられ、地研全国協議会の討議を経て、前記の懇談会が発足したのである。

翌一九七九年以降、厚生省科学研究特別事業補助金を受け、懇談会での申し合わせ事項に添って、一連の研究が進められたことは前述のとおりである。一九七九年から開始された病原微生物情報活動は、情報収集基盤の均一性、情報の精度、病原細菌情報の地方レベルでの迅速・有効活用に多少問題を残すものの、一応形態を整え運用中である。世界に誇り得るシステムといえるであろう。この情報活動を支えるためのレファレンス活動についても、検討が進められた。残念ながら、まだトライアルの域を出ず、システム化までにはほど遠い。精度管理についてはまだ手付かずである。しかし、これらの研究がここまでに進展し得たのは井上地研全国協議会会長、および予研の金井興美先生（当時副所長）のご尽力に負うところが絶大であった。

予研の赤尾頼幸先生はこの一連の研究活動の事務局の仕事を長年お引き受けくださったが、残念ながら早世された。井上、金井両先生のご退官の後も、レファレンス・サービスのシステム化についての研究活動は続き、希少感染症診断技術向上事業として予算化されたものの、診断技術の新規開発研究の色彩が濃く、私にはなんとなく初心が忘れ去られているように思えた。しかし、消息筋の話では、一九八九年以降、この一連の研究活動には厚生科学研究費の補助を受けることは絶望的であるという。私には一九六八年以来の宿題が完成しないまま終わってしまいそうに思えて、残念でならなかった。厚生省感染症対策室の北島智子技官（現在、大臣官房国際課）および保健医療局企画課の上田茂技官（現在、栃木県衛生部長）に懸命に事情を訴えて実現したのが、この特別研究「病原微生物検出情報のコンピュータ・オンライン化に関する研究」であった。

世代は交代し、以上のような歴史を体験として知る人が、ほとんど皆無に近くなっていた。予研では、山崎修道、宮村紀久子両先生と事務局の山寺、山下、加藤、吉川の皆さんを残すのみであろうか。それだけにコンピュータ・オンライン化の必要性を世間に訴えるのにも苦労があった。それに加え、私にはオンライン化の実現についてもう一つの思惑があった。それは私が別途関係していた東南アジア医療情報センターの感染症データ交換事業とのドッキングである。これは秘かに胸に抱いていた夢とでもいうべきものであった。すなわち、東南アジア諸国連合（アセアン）の各国でデータを適切に組み込んだ検査室感染症サーベイランス・システムを確立し、それらの国々と日本との間で相互に病原体検出情報を交換し合って、感染症の国際的な伝播の予防に資することができればと考えていたのである。このような事情があって、私はこの研究班の仕事には、ことのほか入れ込んでいた。

入院生活を余儀なくされても、せいぜい一カ月ほどで退院できるだろうと高を括っていたので、病状が次第に重篤の度を増すにつれ、気は焦るばかりであった。一九九一年の正月を病院で迎えるころになり、ようやく病気の実態を納得でき、それなりの策を講ずる必要があると思うに至った。東京電力病院へ転院してすぐ、ワープロを病室に持ち込み、報告書案を作りにかかったが、資料は手もとになく、また、三十分もすると背痛が始まって、気が急くばかりで仕事にならない。自分で報告書案を作ることは諦めざるを得なかった。宮村先生のご賛同を得て結論を決め、報告書の構成とそれぞれに盛り込むべきキーワードを示すだけが病床でできる限界であった。これを核として、倉科周介環境保健部長および工藤泰雄細菌第一研究科長の両君に全面的に作文をお願いすることになってしまった。最初は、分担研究者各位に事前に案文をお送りし、検討をお願いしておいてから全体会議を開きたいと思っていたが、それもままならなくなった。三月八日にようやく会議を持つことができたが、私は病院から出る直前に強力な鎮痛剤の注射を受けて会議に臨んだものの、冒頭のご挨拶をすることがやっとであった。後は倉科部長に会のまとめ役をお願いした。

今から振り返ってみれば、自覚症状から推す限り、二月の下旬から三月中旬にかけてが病状の極期であったように思う。しかし、共同研究者の先生方からは、大変ありがたいご意見をたくさん頂戴することができ、それらを生かして立派な報告書を完成させることができた。そして、四月十八日、遅滞なく報告書を提出することができた。これで、やっと肩の荷が一つ降りた。ご迷惑をお掛けした研究協力者および研究所内の関係者に、心からお詫びとお礼を申し上げたい。

よく死を賭してまで仕事をやり抜こうとする人がいる。多分それは自分が生きてきた証を自ら確認したいためであろう。そして、そのとき確認したいのは余人では代え難い仕事をしている自分の姿を通してであるに違いない。私の場合、死を賭してというほど大袈裟なものではないし、また、それが世間でどれほどの価値を持って通用するのかもしれないが、国立と都立の二つの研究所の生活を通して、私は公衆衛生マンとしてのライフ・ワークの焦点をいつしか「検査室由来情報を適切に組み込んだ感染症のサーベイランス・システムの確立」に収束させようとしていた。

さて、この一連の仕事に一時期を画するであろう病原微生物検出情報のオンライン化が、願いどおりに、近い将来行政事業として取り上げられるであろうか、あるいは見果てぬ夢に終わるのであろうか。残念ながら、一九六八年に始まり、二十四年にもおよぶ長期にわたって係わりを持ち続けてきたこの仕事にも、今や終止符を打たざるをえないときが来たようである。

コレラの研究

私がコレラの研究に心を染めるようになったのは、日米医学協力計画コレラ部会の事務局を仰せつかったのがきっかけである。一九六六年のことであった。この年の春には「千葉大腸チフス事件」がマスコミを賑わせ、国立予防衛生研究所細菌第一部ファージ型別室にあって、否応なくこれに巻き込まれたといういきさつもあって、よく覚えている。当時、私は分離菌株のファージ型別法を組み込んだ腸チフスの全国的なサーベイランス・システムを構築しようとしていたのに加え、千葉大事件の原因究明にも意欲を燃やしていたので、それほど時間に余裕があったわけではない。コレラ部会の事務局の仕事は正直なところ重荷であった。しかし、私は千葉大事件の調査にかなり自由に時間を使わせていただいていたし、厚生省防疫課が提起する鈴木充犯行説と真っ向から対立して自然流行説を打ち出していたので、上司の福見秀雄部長を微妙な立場に追いやっているに違いないという事情があった。そんなわけで、部長からコレラ部会の世話役をせよとの話が出たとき断りにくかった。むしろ仕事を忙しくすることで事件から手を引かざるをえないように仕向けられたのかと疑って、意地になった。向こう見ずにも、これらを全部こなしてみせようと引き受けてしまった。若気の至りであった。

しかし、事務局の仕事は思ったより格段ときびしかった。国内年次研究報告会の準備、年次報告書の編集、隔年に日本と米国で実施される合同会議の抄録集め、日本での開催年には抄録集の編集、サーキュラーの作成、会場準備、同時通訳へのオリエンテーション、研究会議事録の編集など、これだけでも一人前以上の仕事量であった。幸いなことに予算的な仕事は、事務部の企画課に担当していただいた。発足当時の部会員は福見秀雄（委員長、国立予防衛生研究所細菌第一部長）、越後貫博（千葉血清所長）、北本治（東大医科研教授、後杏林大学教授）、桑原章吾（東邦大学教授）、および武谷健二（九州大学教授）の諸先生方であった。一九七一年には越後貫先生に代わって佐々木正五先生（東海大学教授）が加わられた。これらの先生方にはずいぶんとお世話になった。

当初の米国側のパネル・メンバーは、カーペンター（委員長、臨床家）、バーウエイ（細菌学者）、オシーゾン（疫学者）、ゴードン（生理学者）、フィーリー（細菌学者）の諸先生であった。

正確な呼び名は忘れたが、米国のＮＩＨ（National Institutes of Health）の極東連絡所のような事務所が米国大使館のアネックス・ビルの中にあり、最初はそこを通して米国側との連絡を取っていたので、この事務所へ足を運ぶことが多かった。そこの責任者ウッリッジ博士は大変気さくな方で、私の下手な英会話に辟易することもなく親切に応対してくださった。時には、お茶の時間にドーナツとコーヒーをご馳走になったりした。

持ち前の負けん気から、事務局の仕事のみに追われるのが悔しく、研究にも手を出した。まず、エルトール型コレラ菌の抗原分析を手がけた。

一九六六年の合同会議は研究会というよりは部会員の打ち合わせ会議のような性格の会で、箱根で開催された。両国のコレラ研究の現状を総括し、今後の運営方針が討論されただけであった。事務局のお世話をしている余録とでもいおうか、一九六七年には米国カリフォルニアのパロ・アルトで開催された年次合同会議に連れて行ってもらえた。これが私にとって初めての国際活動となった。英会話ができないのがとても恥ずかしかった。当時、米国ではフィンケルスタイン博士がコレラジェン（コレラエンテロトキシン）を下痢起因物質として初めて記載する直前であった。会議から帰って、コレラの仕事にひとしお力がこもったのは、このような世界の第一線の研究者の討議に身近に接することができ、研究心が鼓舞されたのであろう。そのような刺激が合同研究会ごとに何度も累積されて、腸管感染症全体を統括しての疫学的、病因論的、免疫学的な問題点がおぼろげながら見えてくるようになる。いい換えれば腸管から血中へ侵入し、細網内皮系の臓器内で増殖して菌血症を引き起こす全身的な感染である腸チフスを一方の極に据えるならば、他の極には大腸粘膜への侵入とそこでの増殖、それに伴う局所の炎症を特徴とする細菌性赤痢、腸管腔内で増殖するのみで組織内には侵入せず、その産生する外毒素が小腸上皮細胞の水と電解質の代謝に影響を及ぼして典型的な下痢・脱水を惹起するコレラなどが位置付けられるであろう腸管感染病理の図式が見えてきて興味は年ごとに深まっていった。

パロ・アルトの会議の次の年、一九六八年の合同会議は雲仙において開催された。この年から事務局の仕事は本格化した。以後、一九七四年まで世話役を担当し、年次合同研究会へは、ウイリアムスバーグ、山中湖および箱根、ウッヅホール、阿蘇および東京、グランド・キャニオン、京都と連続して七回参加した。この間、日本で開催された四回の会議とウッヅホール会議の議事録、合計五冊を作成した。討論の記録をテープから起こすのが大変であった。これについては会議で同時通訳をお願いした江尻恭仁子さん、中野（旧姓木村）和子さんにずいぶんお世話になった。

事務局の仕事をしていたため、前述のように日米の最新の研究成果の刺激を直接受ける恩恵に浴しながら研究生活を送ることができたのは幸いであった。最初に手がけたコレラ菌の血清型の研究においては、従来一つの血清型として認められていた彦島型が小川型から稲葉型への不可逆的な変異の途上にある抗原構造の不安定な状態に過ぎないこと、稲葉型は小川型から小川因子抗原が脱落したものであることを明らかにした。次いで、コレラエンテロトキシンの作用機序については、微小循環の透過性を亢進させていることを明らかにするとともに、小腸上皮細胞のターン・オーバーを促進することを走査型電子顕微鏡による観察で示すことができた。前者は慶應義塾大学の土屋雅春先生および東京電力病院の藤城保男先生との共同研究の成果である。また、コレラ菌とはO抗原のみを異にするいわゆるNAGビブリオのあるものが、コレラエンテロトキシントときわめて類似する外毒素を産生し、これが下痢の原因となることを明らかにした。また、一部のNAGビブリオは強力な出血因子を産生することも報告した。コレラの研究に多少の足跡は残しえたと思っている。目まぐるしい毎日であったが、この間、これらの研究が助手の坂口綾子さんのご助力によって支えられてきたことを特記しておきたい。コレラ部会の研究対象が関連下痢症にまで拡大され、腸炎ビブリオの感染による下痢がコレラのそれと病理を異にすることを動物実験で明らかにした。これは、神奈川県衛生研究所の小原寧、山井志朗氏らとの共同研究である。

一九七五年からは事務局の仕事を神中寛先生（東邦大学教授、故人）に変わっていただき、息を継いだ。したがって、この年に開催されたニューオリンズでの合同会議には出席していない。一九七六年の年次研究会は札幌で開催されたが、私はちょうど国立予防衛生研究所から東京都立衛生研究所へ移った直後で、この会議ではもっぱら傍聴させていただいた。

東京都へ移ってからもコレラの仕事は続けた。一九七七年のアトランタにおける合同会議には太田建爾君に出てもらった。この時の発表演題は腸炎ビブリオの耐熱性溶血毒の微量定量法に関するものであった。これまで、この毒素が本菌食中毒の起因物質と見られながら、非産生菌でも食中毒を起こす場合があるとの報告もあり、多少の議論が残されていたところである。この定量法によって、従来本溶血毒非産生性とされてきた菌株も実は微量ながら毒素を産生していることをが明らかになり、この議論に一応の終止符を打つことができた。

一九七七年から、私は部会員の一人として日米医学協力計画コレラ部会の活動にカムバックした。当時の部会員は武谷健二（委員長、九州大学教授、故人）、合田朗（北里研究所）、桑原章吾（東邦大学教授）、大友信也（化学及血清療法研究所）および私であったが、残念ながら武谷先生は一九七九年で部会長を辞められ、横田健（順天堂大学教授）先生に部会員の席を譲られた。武谷先生の訃報に接したのは一九八二年の一月であったことから推察すると、一九七九年の年度末にはすでにご病状がかなり悪かったのであろう。武谷先生の後には、桑原先生が部会長になられた。

合同研究会開催地はアトランタに次いで一九七八年唐津、翌年ベセスダ、さらに岐阜、バルチモア、倉敷、ベセスダ、奈良と続く。この間、通訳の仕事については原不二子、村田恵子、北山ユリの皆さんにご協力をお願いした。それぞれ個性豊かな美人で明晰な頭脳の持ち主であった。今でも皆さんとの交際は続いているが、北山さんには、講演原稿の英語を添削していただいたり、お世話になる機会がやや多かった。これらの方々ともいろいろな思い出がある。

一九七七年和歌山県有田市でコレラの流行があって以降、東京都衛生局では海外旅行者下痢症に焦点を合わせた検便事業を全国に先駆けて開始、衛生研究所が検査を担当した。毒素原性大腸菌の産生するエンテロトキシンがコレラ菌のそれと免疫学的にきわめて類似することを明らかにし、最初に発表したのは、一九七八年、唐津の合同研究会においてであった。同じ年には東京池之端の某結婚式場を中心としてコレラの集団事例が発生した。某コレラ常在国から輸入されたロブスターがコレラ菌で汚染されており、調理に際して加熱が不十分であったのが原因であることを的確に指摘することができた。立派な報告書も残しえた。大変忙しい毎日であったが今となってはよい思い出である。

唐津の会議以降、都立衛生研究所の微生物部細菌第一研究科の研究テーマは次第に拡大し、毒素原性大腸菌や腸管病原性血清型大腸菌、カンピロバクター、腸管出血性大腸菌、エロモナスなど、コレラ菌以外の腸管病原性細菌（下痢起因菌）を広くカバーするようになった。そしてこの間に、細菌第一研究科の工藤泰雄君を中心として、太田建爾、伊藤武、山田澄夫、松下秀、斉藤香彦、甲斐明美君らの研究グループが育成されていった。順天堂大学の横田健先生や伊藤輝代さんとの共同研究もある。これらの病原菌の研究に取り組んでいたお陰であろう、例えばNAGビブリオ、毒素原生大腸菌、カンピロバクター、腸管出血性大腸菌などによる感染の集団発生や、エンテロトキシン非産生性のコレラ菌による海洋・河川の汚染などについて行政的な取り扱いに問題が生じたとき、行政側に的確な資料や考え方を提供することができた。これらの問題については厚生省からも相談を受けた。

奈良の合同研究会を最後に、私は日米医学協力計画コレラおよび関連下痢症パネルの仕事から手を引き、委員の座を工藤君に譲った。所長としての仕事が多忙で、心を落ち着けた研究活動がきわめて困難となったためである。その後、合同研究会はベセスダ、富山、ウイリアムスバーグ、東京、グランド・キャニオン、京都で開催され今日に至っている。この間、あるいはその後も、私どもの研究所のグループは堂々とこの研究活動に参加していてくれる。喜ばしい限りである。協力者に恵まれ、充実した研究生活を送ることができたのを嬉しく思っている。ただ、従来はこのパネルの活動には細菌学者のみでなく疫学、生理学、病理学、免疫学、臨床家など広い範囲の専門家が参加していたのに、最近は、病原因子のDNAレベルでの解析を試みる研究者のみの集まりであるかのムードが支配的で、コレラあるいはそれに関連した下痢症を広い視野で捕らえようとする気風に欠けているように思える。工藤君を相手に、時々こんなことを愚痴話の種にする。老いの迫りくる足音が耳元で聞こえるようで、情けない。

腸チフスを追う

厚生技官として、私が国立予防衛生研究所（予研）に採用されたのは公衆衛生院正規課程医学科在籍中の一九五七年六月一日で、当初は細菌部細菌第三室に勤務を命じられた。ここでは専ら猩紅熱（A群レンサ球菌感染症）の研究に携わった。約七年後の一九六四年七月一日にファージ型別室へ配置替えになり、この日から腸チフスの流行を追う日々が始まった。

ファージ型別とは、ある種の細菌がどのバクテリオファージ（細菌を宿主とするウイルス）で溶菌されるかを観察し、そのパターンによって分離菌株を詳細に類別しようとする方法で、チフス菌のファージ型別法がもっとも歴史が古い。この方法でチフス菌は約百種類にも細分類できるが、このようにして識別されたファージ型は遺伝的に比較的安定で、菌がヒトからヒトへ感染を繰り返しても、試験管内で植え継ぎ長期間保存しても変わることが少ない。そのため、分離菌株のファージ型を指標にすれば、腸チフスの流行像を分析し、感染経路や感染源を推定するのが容易になる。一見散発例に見えるが実は共通原因による広域流行である場合でも、これを察知できる。

腸チフスはヒトを固有の宿主とし、患者や保菌者の糞便、時には尿で汚染された飲食物を介して感染・伝播する。したがって、推定原因飲食物の汚染経路を究明してそれを遮断し、あるいは汚染源となった患者や保菌者を発見して適切に治療する努力を積み重ねれば、理論的にはこの病気を絶滅することができる。世界保健機構（ＷＨＯ）もこの型別法を応用したサーベイランス・システム（監視体制）の確立を推奨しており、その肝いりで英国コリンデールの Central Public Health Laboratory 内には国際腸内細菌ファージ型別センターが設置されている。各国のセンターはここから配布される型別用ファージのセットを用いて検査し、四年に一回検査成績のまとめを報告するように決められている。

ファージ型別室へ配置転換され、福見秀雄部長から直々に検査手技を教えられた。腸チフス流行調査への応用例の幾つかも示されて、その有用なことに感心した。そして、私はこの型別法を組み込んだ腸チフス・パラチフスの全国的なサーベイランス・システムを構築することに仕事の目標を定めた。作業は、福見部長を中心として、厚生大臣の諮問機関である伝染病予防調査会（後に公衆衛生審議会伝染病予防部会）で腸チフス対策に関する問題を討議することから始められた。一九六五年のことである。その席で前述のサーベイランス・システムの構築案が建言された。また、従来から実施されてきた腸チフス・パラチフス混合ワクチンの定期接種を継続することの是非も討議された。これらの討議と平行して、私はこの監視体制の有用性を検証すべく、東京都の防疫課に協力する形で都内で発生した流行の原因調査に取り組んだ。このころ調査を手伝った流行の中では、数年間北区滝野川で流行を繰返し、一九六五年、遂には隣接する豊島池袋保健所管内にまで拡散した流行（39型）にはことのほか思い出が深い。同じく一九六五年には練馬区練馬北町に流行が発生し、豊島池袋地区からの飛び火だとマスコミで騒がれたが、原因菌のファージ型が異なるＤＶＳ（Degraded Vi-positive Strain）であったことから、別系統の流行であると言い切ることができ、このシステムが対策方針を決めるのに大変有用なことが示された。この流行は細菌性赤痢との混合感染で、地下水の汚染が原因であった。

一九六五年ころ、腸チフスの患者届出数はようやく年間千例を切るほどにまで減少してはいたが、毎年いくつかの流行が発生しており、重篤な病気だけに対策はゆるがせにできなかった。調査会では、患者発生がこの程度になれば前述のような肌理《きめ》細かい監視体制がこの病気を一挙に制圧するのに効果を発揮するであろうと、委員全員の賛同が得られた。また、このシステムが全国的に徹底して実施されるならばとの条件付きで、腸チフス・パラチフスワクチンの定期接種は廃止してよかろうということになった。このワクチンは副作用が比較的強いこともあって、従来接種率は必ずしも高くなかった。また、この疾病の発生数がかなり減少したので効率の面から見てもあまり定期接種の実施意義がないという理由からである。厚生省ではこの検討会の結論を踏まえ、ワクチンの定期接種廃止に踏みきると同時に、一方で腸チフスの監視体制の強化策を示した（厚生省公衆衛生局長通知「腸チフス対策の推進について」衛発第七八八号、一九六六年十一月十六日参照）。

この公衆衛生局長通知が発行された年の三月、言い換えれば厚生省が腸チフス対策の監視システムの検討を専門家に求めている最中に、千葉大腸チフス事件が新聞沙汰になった。福見部長から専門家による調査の実施が提言されたのに、厚生省防疫課が拒否したことを私は興味深く思ったものである。厚生省防疫課は、この一連の腸チフスの流行が千葉大や三島病院におけるずさんな防疫対策によるという真相が白日の下に晒されるのをよほど避けたかったに違いないと理解した。千葉大腸チフス事件は厚生省防疫課が提唱するような犯行による人為的なものではなく、ごく自然な流行であるとする私の解釈が正しいことを、全国各地で発生する流行像を照覧して、自ら検証したいとも思っていた。そのこともあって、私はこのサーベイランス・システムの確立に本腰を入れていたので、ついつい筆が千葉大チフス事件の方へそれてしまう。話を戻そう。

局長通知で示された強化対策は概略、次の項目に要約できる。①腸チフス・パラチフス患者発生時、従来の伝染病発生報告とは別個に、より詳細な内容の発生報告を厚生省防疫課へ送付する。②分離菌を予研に集めファージ型別に供する。③これらの情報を活用し、患者多発傾向が認められたときはただちに原因調査（感染経路、感染源の究明）を行なう。④患者が永続保菌者へ移行するのを防止するため適正な治療を行なう。患者の退院後は追跡検査を行なって、永続保菌者となっていないかどうかを確認する。⑤平素、食品取扱業者の検便に当って赤痢菌のみでなくチフス菌保菌者の発見にも心がける。この通達による監視体制の実施責任は厚生省防疫課（現在の感染症対策室）にあるが、その実務を非公式ながら補佐するために腸チフス中央調査委員会が組織された。当初のメンバーは次のとおりであった。

福見秀雄（委員長、予研細菌第一部部長）、平石浩（東京都立豊島病院感染症科部長）、乗木秀夫（日本医科大学公衆衛生学教授、故人）、大橋誠（予研ファージ型別室主任研究官）、斉藤誠（東京都衛生局防疫課長）、善養寺浩（東京都立衛生研究所微生物部長）。その後、次の四名が追加された。今川八束（東京都立墨東病院感染症科医長）、加藤貞治（東京都立荏原病院感染症科医長、故人）、松原義雄（東京都立豊島病院感染症科医長）、中村明子（予研ファージ型別室主任研究官）。一九七八年には、前記委員会メンバーの内の一部が公衆衛生審議会の専門委員として委嘱任命され、同審議会の伝染病予防部会伝染病対策委員会の下部組織として腸チフス小委員会が設けられた。腸チフス中央調査委員会の活動にようやく公的な位置が与えられたことになる。前述の局長通知が出てから十三年目のことであった。

予研ファージ型別室にあって、私は厚生省防疫課から回送されてくる患者発生カードと型別のために全国各地から届けられるチフス菌のファージ型別結果とを照合整理して、患者の発生状況をつぶさに観察した。型別結果は腸チフス中央調査委員会委員長名でただちに送付者宛に還元されたのは言うまでもない。特に広域流行の疑いがある場合には、委員会を開いて流行の原因や対策の方向を検討した。時にはその地方の防疫担当行政官から、調査の進捗状況を聴いたり、またある時は委員会の誰かが流行現地へ赴いて調査に協力したりした。私も福見先生と乗木先生と一緒にずいぶん全国各地を歩いた。

このように書くと至極簡単にシステムが確立されたようだが局長通知による予防対策強化策がただちに周知徹底されたわけではない。しばしば、分離菌株や患者発生カードの送付を督促する必要があった。そのあたりの様子は患者発生数に対する分離菌株のファージ型別供試率が如実に物語っている。局長通知が出され、このシステムが始動した翌年、一九六七年には供試率五五パーセントであったが、三年後の一九六九年には六九、一九七二年には七四、一九七七年には八九パーセントと年々増加している。言い換えれば、この強化対策の意図するところが全国的に理解されるまでに約十年を要したことになる。

流行の疫学調査についても、地方の行政官は必ずしも協力的でなかった。「腸チフス中央調査委員会などと聞いたこともない会から余計な注文をつけられる筋合いはない。忙しくなるばかりだ」と、あからさまに嫌な顔をされることもまれでなかった。むしろ地方衛生研究所の先生方のほうが理解があったが、それでも「予研の研究のためになぜ分離菌株を届ける必要があるか」という反発がなくもなかった。私は根気よくサーベイランスの意義や分離菌株のファージ型別の有用性を説明して協力を求めるより術はなかった。型別検査を最優先して実施し、その結果をできる限り早く知らせること、特殊例の調査についての仲介の労を惜しまないこと、型別成績や流行調査の結果を私物化しないことなどを心がけた。各年次ごとの患者発生状況と興味深い流行例については、委員会名の資料として学術雑誌に掲載して記録に留めた。毎年のまとめについても同様に記録してある。

一九七六年の九月、予研を去り東京都立衛生研究所に移るまでの約十三年間、私はそんな幹事役を勤めた。その後は、引き続き委員としてこの活動に参画はしたが、幹事役は私の後継者中村明子さんにお願いした。従来、私は集計にカードセレクターを利用していたが、その後省力化をはかるため、マイクロコンピュータを導入すべく、データー・ベースを開発した。これには部下の津野正朗君の手を煩わした。

一九八六年四月には、腸チフス中央調査委員会の一九六六年から八五年までの二十年間にわたる業績をまとめて、日本感染症学会第六十回総会の席で発表した。私が分担した流行事例の解析の部分の概略を以下に書き留めておく。

この二十年間に腸チフス中央調査委員会が確実に把握した流行あるいは集団発生は六十件、パラチフスのそれは四件であった。それらの地理的な分布を図1〈略〉に示し、特記すべき流行事例を表1〈略〉に列挙した。この間に、届出患者数は約九百例から約三百まで、ほぼ三分の一に減少した。

流行一件当りの規模も年々小さくなった（表2〈略〉）。六十四の流行事例のうち四十五（七〇パーセント）が地域流行で、十三例（二〇パーセント）が施設内流行、残りの六事例（九・四パーセント）が旅行中の感染であった。旅行中に感染した六事例のうち、四例は海外旅行中の感染によるものであった。施設内流行の発生場所を見ると、病院での流行が六例でもっとも多い。学校・保育園内流行が四例、事業所内流行が三例であった。

感染経路が判明したのは三十例（四七パーセント）で、地域流行より施設内流行のほうが判明率は高い（表3〈略〉）。推定感染経路の内訳をみると、飲料水によるものが十五例（二三パーセント）、食品によるものが十六例（二五パーセント）で、残りの約半数を占める事例では感染経路が明らかにされていない。

また、これらの感染経路判明事例中、感染源となった患者や保菌者が発見された率を見ると、飲料水による流行では四一パーセント、食品が原因の流行では五九パーセントであった。しかし、全流行例を分母とすると、両者を合わせても全体の二七パーセントにしか過ぎない（表4〈略〉）。

以上のように要約してしまえばあっけないが、さまざまな流行事例に遭遇し、さまざまな問題の解決を迫られた。快刀乱麻とまではいかないまでも、推定原因が究明され対策が成功すれば楽しい。現地でかなりの努力が払われても、感染経路や感染源が推定できないことも多い。こんな時は意気消沈したものである。

一九六五～一九六六年、列車内販売の弁当が原因の一つであったために、通過しただけの旅行者にも被害を及ぼした姫路市を中心とする流行（ファージ型H）。オリジンを辿ってゆくと数カ月前の宴席にまで遡行することができた、一九六七年の長崎県対馬の寒村で小学生を中心として発生した流行（ファージ型D2）。新しいファージ型（E11型および53型）によることを明確にし得た、広島産牡蠣を原因とする一九六八年の広域流行。福井県の観光地の民宿の家族が保菌者であったために、一九七三年の夏東京をはじめとして愛知、岐阜、石川、大阪にまで感染者を出した流行（B2型）。これらなどは原因調査が成功した事例である。

一九七二年、厳寒の季節に調査に出かけた岩手県大船渡市の流行（B2型）は牡蠣が原因と推定された。一九七七年、東京都練馬区の某病院において発生した流行（53型）は井戸水汚染によるものであったが、次の年になって遂に原因となった隣家の保菌者を明らかにし得た。調査に協力した流行のあれこれを思い浮かべると、記憶の糸は際限もなく紡ぎだされてくる。

腸チフスは潜伏期（感染してから発病までの期間）が十日から二週間で比較的長い。発病時の症状にも余り特徴がない。最近は感染性の疾患が疑われると安易に抗生物質を投与する臨床医が多いせいもあって、発病から診断まで平均二週間ほども要する。したがって流行時の共通因子を洗いだすためのインタビュー調査も困難を極めることが多い。患者は何日に何を食べたかなど記憶していない場合が多いからである。それでも熱心に聞き込んで共通項を整理すればいろいろ仮説が浮かんでくる。それを検証してゆく作業は大変であるが、言うならばコナン・ドイルの世界にも似て興味深い。

私が東京都の職員になってからも幾つかの流行が腸チフス中央調査委員会で討議の対象となった。一九七九年には愛媛県松山市某小学校で流行（53型）が起き、同県八幡浜市でも流行（D2型）があった。また、この年には、その後数年間にわたって繰り返される広島県倉橋町の流行（53型、DVS）が始まった。松山市の小学校内流行では、すべての罹患者が発病していない、すなわち保菌者として発見されたと公式発表されているが、実際には発病しているらしいことをずいぶん後になってから知らされた。このような事実に反することを歴史に残されてははなはだ困る。この年には、韓国への旅行歴を持つ者でパラチフスA菌（ファージ型1）に罹患する例が多かった。以後、現在に至るまで腸チフス、パラチフスともに海外における罹患が年々大きくクローズ・アップされるようになった。

一九八〇年には、福岡県（46型）および長野県（D2型）で流行があった。一九八一年の話題は島根県松江市で発生したパラチフスB菌の流行であった。この流行で、パラチフスB菌とサルモネラ・ジャバとの鑑別が問題となり、腸チフス小委員会の検討課題とされた。一九八二年には八幡浜市の流行（D2型）が注目されたが、この例では餅が原因食品で、その汚染源となった保菌者も見付けられている。一九八三年には、茨城県土浦市の某病院を舞台に流行（D6型）が発生した。この年にも、翌一九八四年にも夏季にはパラチフスB菌による患者の多発が見られた。一九八五年には小規模（患者八名）ながら静岡県富士市で簡易水道水による腸チフスの流行（D1型）が発生し、水源を汚染したと推定される保菌者が発見された。この流行では、静岡県の松田朗衛生部長（執筆当時・厚生省大臣官房厚生科学課長）の依頼を受けて、私は個人的に調査に協力した。

一九八一年以来宿題であったパラチフスB菌とサルモネラ・ジャバとの鑑別については、腸チフス中央調査委員会によって、細菌学的に区別する意義がないことが明らかにされ、さらにはパラチフスB菌による感染とパラチフスA菌によるそれとは臨床像から見ても、疫学像から見ても病理を異にすると考えたほうがよいとの結論がえられた。すなわち前者はサルモネラ食中毒に近く、後者は腸チフスに近い。公衆衛生審議会の議を経て、伝染病予防法の第一条、第一項に定める「パラチフス」の起因菌はパラチフスA菌に限定するのが妥当である旨の厚生省保健医療局長通知が出された（昭和六十年十一月十四日、健医発第一三五九号「伝染病予防法第一条第一項のパラチフスの病原体について」参照）。

記録をたどってみると、最後に腸チフス中央調査委員会の召集を受けたのは一九八五年十二月十一日であった。その後この会はどうなったのであろうか。委員会メンバーの大部分の先生はすでに公職から去られた。厚生省感染症対策室によれば伝染病対策委員会腸チフス小委員会の委員はすべて任期切れで、今はこの会は存在しないのだそうである。一九九〇年、ある国際航空便を利用した乗客の間でクロラムフェニコール耐性チフス菌による集団発生が起き、厚生省は急遽専門家を集めて対策を検討したが、委員の任期切れの事実はその際に分かった。私は腸チフスのサーベイランスの実績をふまえ、これを国内においては予研と地方衛生研究所を結ぶ病原微生物検出情報活動へ、また国際的には東南アジア医療情報センターの感染症データ交換事業へと拡大発展させようと試みたのであるが、あまりにも微力であった。別項に書いたように、後者は完全に挫折した。

私にとって「検査室由来情報を適切に組み込んだ感染症サーベイランス」の本家本元であった腸チフス中央調査委員会の活動すらも前記のような顛末である。全く情けない話というほかはない。ライフ・ワークと思って自分自身に鞭打って築き上げてきた仕事だけに、心に隙間風が通り抜けるような寂寥感を禁じ得ないでいる。

〔国際交流〕

最後の国際活動

過去二十数年の間に、随分いろいろな国際活動に参加させていただいてきたが、多分これが最後になるであろう「ＭＥＭＩＣ下痢症シンポジウム」について書く。焦点はお世話になった沖縄大学名誉教授小張一峰先生と東海大学医学部長佐々木正五先生のことである。

まず、ＭＥＭＩＣの説明から始めねばなるまい。国際的な学術活動を行なう機関は数限りなくあるが、その最も権威あるものの一つに、二十の団体から構成されるＩＣＳＵ（International Council of Scientific Unions）があり、その構成団体の一つにＩＵＭＳ（International Union of Microbiological Societies)がある。日本語に訳せば国際微生物学会連合である。このＩＵＭＳの会長を佐々木正五先生がお引き受けになった。このことは、必然的に三〜四年ごとに開催されてきたＩＵＭＳの国際学術集会を主宰なさることを意味する。その第十五回学術集会の開催が一九九〇年の秋に予定されていた。

ＩＵＭＳには六十カ国の百五の学会が参加しており、細菌学、真菌学、ウイルス学の三つの分科会に分かれて研究活動の推進が図られてきたが、ＭＥＭＩＣはその細菌学分科会の中に設置された委員会であって、Medical Microbiology Interdisciplinary Commission の略である。日本語では医学微生物学学際委員会とでもいうべきであろうか。従来、ＭＥＭＩＣの活動はそれほど活発でなかったが、佐々木先生は会長をお引き受けになったのを機に、医学微生物学の発展にはより広い専門領域の研究者の学際的な交流が大切とお考えになった。そして、ＭＥＭＩＣ活動を強化するために、ＩＵＭＳの国際会議に時を合わせて何かシンポジウムを開催することを思い付かれた。そして、小張一峰先生にMEMICの委員長を依頼された。私は、両先生の情熱にほだされて、その事務局の仕事を一部お手伝いする羽目になってしまった。両先生には、これまで何かとお世話になることが多かったので、お断りし難かったのだが、お手伝いすることを大変光栄と思ったのもあながち嘘ではない。

MEMICシンポジウムは、九月十四日、十五日、大阪で開催された。主題は、「Host Factors in Resistance to Infectious Diarrhea（感染性下痢症に対する宿主側抵抗因子）」、我田引水かもしれぬが大成功であったと思う。詳細は小張先生が『日本医事新報』（三四七三号）に紹介されている。その準備の段階から小張先生の計画の綿密さや関係者に対する思い遣りなど、ずいぶんと勉強になり、ありがたかった。それに加え、コレラの研究を通じて長い間おつき合いのあった米国のクレイグ博士、グリノフ三世博士、リチャードソン博士と再会でき、WHOの事務局長中嶋宏博士に基調講演をいただくことができたことが大変嬉しかった。

ニューヨーク州立大学教授クレイグ博士は、太平洋戦争直後からかなりの期間、座間に所在した米軍四〇六部隊におられ、日本語がずいぶん達者である。私が国立予防衛生研究所に入所して間もなくのころ、何度かお目にかかっている。コレラの研究で再会してから、毎年顔を合わす間柄になった。一度私どもの都立衛生研究所へおいで願い、講演を願ったこともある。

グリノフ博士は「少年よ大志を抱け」の言葉で有名な北海道大学のクラーク教授の曾孫にあたる方で、ジョンズ・ホプキンズ大学（ボルティモア市）にご在職中、そこを訪れてコレラ毒素の定量法を教えていただいたことがある。その後、バングラディシュのICDDRB（International Center for

Diarrheal Diseases Research, Bangladish）の所長を長らく勤めておられた。大の親日家である。

リチャードソン博士もコレラ研究の仲間である。私が日米医学研究計画のコレラ専門部会の日本側パネルの一人であったとき、彼はアメリカ側のそれであった。白髪・白髭と、やや小さめの優しげに微笑みをたたえた眼が印象的で、会う度にワシントン・アーヴィングの短編に出てくる主人公リップ・ヴァン・ウィンクルを思い浮かべる。

中嶋宏先生とは、西太平洋地域事務局長をなさっておられたころ、私がトンガ王国に公衆衛生検査所を設置しようとするトンガ―日本―WHOプロジェクトに関係しており、トンガタプでの検査所開所式にご一緒したことがある。何度かWHO臨時顧問としてマニラの西太平洋事務所での会議に呼んでいただいたり、中国へ派遣していただいたりもした。ジュネーブの本部の事務局長になられてからはお目に掛かる機会がなかったので、今回親しくお祝いを申し上げることができてよかった。

シンポジウムも無事終わって、東京で慰労会が持たれたのは十一月一日であった。開催にあたって大変お世話になったミヤリサンの宮入久和社長及び栄研化学の黒住忠夫社長にIUMS会長からの感謝状も準備されていた。出席者は佐々木正五、小張一峰の両先生に加え、北里研究所の合田朗、東海大学の小沢敦、橋本一の諸先生と私。それに、四年後チェコスロバキアで開催予定の次期IUMS国際会議の際にも、大阪でのようにMEMICシンポジウムを開催し、呼吸器系感染症も取り上げたいということで、その下相談もしようと、琉球大学の斉藤厚、東邦大学の山口恵三両教授もお招きしてあった。外国との連絡をはじめとし、MEMICの事務的な仕事のほとんど全部を担当してくださった小張先生の秘書の古川和子さんと渡部陸子さん（大山健康財団）もご出席になって、花を添えてくださった。

大仕事を終えた緊張感から解放されて気が緩んだためか、生来の軽薄さからか、その席で私は大変な失言をしてしまった。四年後の会議のことに話題が及んだとき、「それまで生きているかどうか……」と呟いてしまったのである。その日はすでに腹痛があり、本来ならお酒など飲んではならないほどの状態であった。何となくかなり重篤な疾患に罹っている自覚があり、これが楽しいお酒の席の最後かもしれぬと、やけ気味であったから、つい度を過していたに違いない。自分のことを言ったのである。だが、矍鑠《かくしゃく》としておられるとはいえ、佐々木先生も小張先生も私より一回り以上も年長である。口にしてはならない言葉であった。瞬間、酔いが覚めるほどどうろたえたが、幸いなことに不問に付してくださったようでほっとした。しかし、このことが私の心にはいつまでも重くのしかかっていた。

そんなことがあっただけに、駒込病院に小張先生がお見舞いくださったときには本当に恐縮した。その後、東電病院へも幾度もお見舞いくださった。佐々木先生にもわざわざお見舞にあずかった。そして、あの失言も気にせずに許してくださっていると分かって心底嬉しかった。

両先生からいろいろとお世話になった思い出は尽きない。まず、先生方から『モダンメディア』誌の編集委員を引き継がせていただいている。佐々木先生には日米医学協力計画コレラ部会の活動で長らくお世話になり、何度も米国へご一緒させていただいた。日本国際協力事業団の仕事で韓国にお供したこともある。

小張先生にお世話になった記憶も数多い。先生はもうご記憶でないかもしれないが、長崎大学熱帯医学研究所にご在職のとき、長崎のメガネ橋の近くの小料理屋でご馳走になった。小つぶの牡蠣が美味しかったことを鮮明に思い出す。あれは確か私がまだ国立予防衛生研究所にいたころ、対馬へ腸チフスの流行調査に赴いた時だった。その前であったろうか、後であったろうか、新橋の「樽平」へもお供した記憶がある。先生は、長いＷＨＯ生活のせいであろう、フィリピンをこよなく愛していらっしゃる。私が日本国際協力事業団からお引き受けした研修生、フィリピン保健省の研究検査局から来ていたマニアーゴ女史と同サンラザロ病院のラリオーサ女史と一緒にご自宅へお招きくださったことがある。マニラをご案内いただいたことが何度かあるが、あれはいつ、そしてどんな目的で訪問したときのことであったろうか。今はもう記憶がおぼろである。ＷＨＯ西太平洋地域事務所主催の下痢症のワークショップにご一緒したのは確かまだ数年前のことであった。

先生にお見舞いしていただくと、そんなときのことが彷彿として記憶によみがえり、つい目頭が熱くなってしまう。お帰りにはいつも手を握って、「気を落とさないでね」などと肉親のように優しい声をお掛けくださる。大きく暖かい手にくるまれた感覚がいつまでもいつまでも心に残るのであった。

この年は忙しかった。春には日本細菌学会総会で徳島、日本感染症学会で松山へ行った。堺市に住む義兄が亡くなって通夜と葬式に参列し、その直後、ＭＥＭＩＣシンポジウムの準備で大阪日帰り往復と、遠出が多かった。ＭＥＭＩＣシンポジウムの直後には、ＩＵＭＳ国際会議のシンポジストとして出席しなくてはならなかった。そんなわけで、ＭＥＭＩＣシンポジウムの準備を私ひとりでするには荷が重すぎた。研究所のウイルス研究科長太田建爾君に手伝ってもらった。記して、その労に謝意を表する。

舞踏会の手帳

一九七四年以来十六年間にわたって協力してきた東南アジア医療情報センター（Southeast Asian Medical Information Center, SEAMIC）活動の最後の仕事となった旅行について書いておきたい。

一九八八年八月二十二日から同月三十日までの九日間、ＳＥＡＭＩＣ活動の実施母体である日本国際医療団（International Medical Foundation of Japan, IMFJ）の要請により、フィリピン、ブルネイ・ダルサラーム、シンガポール、およびタイ国を訪問した。同行者は前記医療団の専務理事太田新生氏。目的は次のとおりであった。①ブルネイ・ダルサラーム国の保健省関係者を表敬訪問し、ＳＥＡＭＩＣ活動への積極的参加を呼びかける。同時にこの国の保健事情を調査する。②在マニラＷＨＯ西太平洋地域事務所を訪問して日本国際医療団をＷＨＯ‐ＮＧＯ（Non-govermental organization, 非政府協力機関）に指定される可能性について、ならびにＳＥＡＭＩＣ感染症データ交換事業とＷＨＯ西太平洋地域事務所が実施しようとしている耐性菌サーベイランス事業との協調について関係者と協議する。③フィリピン保健省を訪問して、栄養改善普及プロジェクトについて打ち合わせを行なう。④シンガポール保健省を訪問し、九月に開催予定の保健統計・文献出版分科会合同テクニカル・ミーティングの準備について打ち合わせる。⑤タイ国のＳＥＡＭＩＣ関係者の交代に伴い、新委員と面談しＳＥＡＭＩＣ活動への積極的な協力を要請する。⑥各国のＳＥＡＭＩＣ感染症データ交換事業関係者と会い、同事業の趣旨及び検査室由来情報の感染症対策への有効利用の必要性を徹底させる。

日本からブルネイの首都バンダル・セリ・ベガワンへの直行便がないためマニラで一泊せざるをえ

ない事情もあって、きわめてハードなスケジュールであったが、事前の連絡がよく、能率的に予定をこなすことができた。そして、前記のすべての懸案事項についておおむね所期の目的を果たしえたと思う。特に、ブルネイの保健省において大臣はじめ関係高官と懇談できたことはきわめて有意義であった。この国はアセアン(東南アジア諸国連合)に遅れて加入したこともあって、従来SEAMIC活動への参加について消極的であったが、以後は全面的な参加が期待できる手ごたえがえられた。この国に対する会議参加旅費やトラベル・フェローシップ派遣費が他の国並に予算化されたことの効果もさることながら、この度の表敬訪問で関係者と十分話し合うことができたことの意義は大きかったと思う。

マニラへ向かう機上、太田専務から「この旅行から帰るとすぐ、八月末日をもって医療団を辞めることになっている」と打ち明けられて、晴天に霹靂を聞くように驚いた。不本意ながらというお気持ちは十分察しえたが、そのいきさつについては多くを語られない。

一九七六年十一月以来、十二年にもわたるおつき合いだっただけに、私は太田専務がいかにSEAMIC活動の定着・発展に情熱を傾けられてきたか、またそれがいかに事業内容の充実に貢献してきたかを知っている。内外の衆知を集めて討議した結果、SEAMIC活動を「アセアン参加国および日本の間の相互的な多国間協力であり、保健計画向上のための情報交換が目的」であると定義づけられたことの意義は大きい。太田氏の発案で内部の事業実施体制も整理された。感染症、保健統計、文献出版の各専門部会を置き(後、栄養改善普及部会を追加)、それらの部会間の調整を図るための企画調整専門部会が設けられた。それらの上に運営委員会(後、運営審議会に改組)を置き、さらにその上に理事会を位置づけられた。毎年定期的に開催されるカンファレンスは、SEAMIC活動の政策決定のための国際的な討議の場と定義づけられ、その座長および副座長を各国の持ち回りで受け持つ方式が採用された。各参加国では保健省次官クラスをキャップとし、前記の各専門分野から選ばれた委員で構成されるSEAMIC Coordinating Committeeが設置されるまでに組織化が推進された。季刊のニュース・レターも発行されるようになり、関係者から喜ばれた。各国の参加意識を高めるために、セミナー、ワークショップ、テクニカル・ミーティングなどの会を日本以外の場所でも開催することが習慣付けられた。そして、氏はそれらの会に積極的に参加されて、議事をよくリードしてくださった。また、WHOやJICA（日本国際協力事業団）との連携も強化された。これらの活動の中で私がかいま見た氏の優れた理解力と大局を摑む判断力には舌を巻くばかりのものがある。アンバサダー・オオタと呼ばれてアセアン各国の関係者からも慕われておられた。何ゆえに太田専務理事が更迭されなければならないのか、全く理解に苦しむところであった。

このことさえなければ、この旅はもっともっと充実し、また楽しいものになっていたに違いない。ただ、すでに隠退されている各国のSEAMIC関係者に再会することができたのを、せめてもの慰めとすべきであろうか。フィリピンではアズリン前保健大臣、アコスタ前保健省次官、バサカ・セヴィラ前研究検査局長、タイ国のプラコブ・ツチンダ前公衆衛生省次官、スワン前次官補、プラコブ・ブンタイ国立伝染病病院院長、マヒドン大学のチャムロン寄生虫病学教授、シンガポールのモーゼス・ユー前国立病理研究所所長、スン現所長、シンガポール大学図書館のマイケル・チェン氏などなど。いずれも長いおつき合いで、いろいろお世話にもなったし、楽しい思い出を共有し合う方々である。太田専務が今までのSEAMIC活動の経過を振り返られ、胸に溢れたであろう万感の思いはいかばかりであったろうか。今度の旅行中、感慨に溺れることもなく、前向きにＳＥＡＭＩＣ事業の発展のみを願って関係者と接触された氏のご努力と、外交官としての見識に私はただただ感服するばかりであった。「何年か後には、仕事抜きで各国のＳＥＡＭＩＣ関係者を歴訪する旅を楽しんでみたいものですね」「そういえば、若いころパーティーに招待しダンスの相手をしてくれた人達を訪ねて、年老いた女主人公が旅をする映画がありましたね」「確かジュリアン・デビビエの監督した映画でした」タイ国公衆衛生省国際部のピエンパン女史に見送られてバンコック空港を出るとき、こんな会話を交したものの、機内では私もまた寡黙であった。

その後数カ月して、ＩＭＦＪ新体制首脳部の独善によって、ＳＥＡＭＩＣの活動方針が「日本からアセアン加盟国にたいする一方的な援助である」と変更され、しかもそのことを各国には知らさず、じわじわと数年かけて悟らせるという姿勢が打ち出された。この年度のカンファレンスでは、このことはおくびにも出されなかった。国際信義にもとる大問題である。この方針変更は、運営審議会においても検討する手続きがなかった。そして、突然運営審議会および各専門部会が廃絶された。運営審議会と専門部会の各委員には、任期切れであることを書面で伝えるだけというまことに無礼な仕打ちであった。そして、私を含む前記審議会・専門部会委員の大部分は、後継者すら明かされず、次年度の活動計画を申し継ぐ手続きも経ぬまま、ＳＥＡＭＩＣ活動と決別した。一九九〇年度の初めのことであった。

昨一九九〇年の秋、ＩＭＦＪは厚生大臣の保健文化賞を受賞した。病床を見舞ってくださった太田氏にこのことを告げ、祝賀パーティーに招待されましたかとお伺いしたが、受賞の事実すらご存じでなかった。補助金事業の実態はこんな程度のものなのであろうか。

太田専務からは何度も電話で容態を訪ねていただいた。ＩＭＦＪの職員である久保田恭子さんを同伴して病院へも見舞いにお出でくださった。あの時お約束した海外旅行にお供することができるであろうか。はなはだ心許ないが、早く回復してぜひ実現させたいものである。

アセアンの友人たち

いざ国際化時代到来といった感覚からか、最近保健・医療の世界でも国際派を標榜する人が多い。私の場合、一九六七年に日米医学協力計画コレラ部会の会議でアメリカ合衆国パロ・アルトへ出張したのが最初の国際活動の経験で、以後一九八四年まで十八年間この部会の活動に関与し、また一九七四年から一九八八年までの十五年間は、日本国際医療団（ＩＭＦＪ）の実施する東南アジア医療情報センター（ＳＥＡＭＩＣ）活動に参加した。その間に、日本国際協力事業団（ＪＩＣＡ）の幾つかのプロジェクトに協力し、国際保健機構（ＷＨＯ）の事業にも何度かは関係したが、遂に国際的な仕事には全く自信がないままであった。また、一般の人々と比較すると、国際派を任ずる気持ちがきわめて希薄である。たぶん語学力に劣り、社交下手なのがその最たる理由であろうが、外国に長く滞在した経験はなく、日本とそれぞれの相手国との間の歴史や文化の違い、それに伴う価値観の違いに圧倒されるためだと思う。いつも戸惑ってばかりいた。言い換えればカルチャー・ショック過敏症なのであろう。

中国、台湾、韓国、東南アジア諸国の人たちとのおつき合いでは、第二次世界大戦の終結時まだ中学三年生であった私に直接的な戦争責任はないと思うのだが、日本人としての責任に苛まれて何となく肩を落してしまう。東南アジア諸国連合（Association of Southeast Asian Nations, ASEAN）各国との協力事業に力が入ったのも、贖罪の気持ちが潜在意識として横たわっているためかもしれない。すくなくとも開発途上国と言われる国の人たちを見下すような態度は決してとれない。このような気持ちが多少は伝わるのか、相手国の人たちからは比較的親しくしていただいた。そして後で述べるようにたくさんの知人・友人ができた。また、それらの人々から学ぶことも多かった。

ここでは主としてSEAMICの感染症部会の活動を通じてのASEAN各国との係わり合いについて書いておこうと思う。

SEAMIC事業の実施母体IMFJは外務省・厚生省共管の財団法人で、一九六七年に設立された。SEAMIC活動が事業の大半を占め、その費用は国庫からの補助金で賄われている。IMFJは、一九六七年に設立されてからSEAMIC準備委員会が発足する一九七二年までの数年間はコアセルベートのような状況だったのであろう。私はこのころ全く関係がなく、実情を知らない。ただ、最初は東南アジア保健機構（Southeast Asian Health Organization）を構築しようという構想であったが、某国が「医療による侵略だ」と批判的な態度をとったため流産したと聞き及んでいる。そしてその構想の中の情報活動だけがSEAMICとして生き残ったという。

その後いろいろと試行錯誤が重ねられてきたが、一九七六年十一月、元在リビア日本大使であった太田新生氏が専務理事に就任されたのを機にSEAMICのあり方が熱心に討議されるようになり、一九八〇年代初期にはようやく事業内容について内外で次のようなコンセンサスが得られるまでになった。すなわち①文献検索・複写サービス、②出版サービス、③保健・医療統計の編纂、④感染症に関するデータ交換、⑤トラベル・リサーチ・フェローシップ、⑥セミナー、ワークショップ、カンファレンスなどの会議開催である。それらの中で医学図書館整備、文献索引機能の充実、感染症対策、プライマリー・ヘルス・ケア活動の推進などが対象テーマとされた。ずっと後になって栄養改善普及の問題が追加して取り上げられた。

感染症関係の事業の開始は一九七四年の十二月のことで、「Information Activities on the Gastrointestinal Infections in Southeast Asia」と題するセミナーが東京で開催されたのを嚆矢《こうし》とする。杏林大学の北本治教授が主宰された。私もこれに出席して、日本における腸チフスのサーベイランス・システムを紹介した。この会議は参加各国の感染症事情を紹介し合うにとどまり、SEAMICのあり方を討論するような場ではなかった。ヴェトナムとクメールも参加したが、その後これらの国は脱落し、参加国はインドネシア、マレーシア、フィリピン、シンガポール、タイ、すなわちASEAN加盟国に絞られた。やや遅れて、ブルネイ・ダルサラームがこれに加わる。

第二回目の感染症関係の会議は一九七六年、「Laboratory Works and Preventive Measures in Gastrointestinal Infections in Southeast Asia」と題し、福見秀雄国立予防衛生研究所（予研）副所長の主宰により東京で開催された。第二週目には、腸管病原菌の検査についての技術研修が都立衛生研究所（都衛研）の善養寺浩微生物部長のお世話で行なわれた。私もこのセミナーに出席したが、そのとき各国の参加者と話していて驚いたことがある。それは、病原細菌検出についての情報を中央へ収集する機構に欠けているのは日本だけだという事実であった。検査の精度や普及状況についていえば日本の方がやや進んでいるが、この病原体検出情報システムに限れば日本は低開発国といわねばならぬ。ＡＳＥＡＮ各国では検査法に関する知識は十分持ち合わせていても、予算が伴わないので普及できないという実態も追々わかってきた。

こんな事情があって、日本における病原微生物検出情報システムの構築と、日本―ＡＳＥＡＮ各国間相互の情報交換機構の確立という二つの目標が、私の心の中では一本の縄をなうように形成されていった。ちなみに、日本におけるこの情報活動が、厚生科学研究補助金を得て、予研と地方衛生研究所全国協議会との協力によって試行されたのは、前記ＳＥＡＭＩＣセミナーが開催されてから三年目の一九七九年であった。

前記第二回目のセミナーが開催された一九七六年には、早くも感染症データ交換事業が開始された。手始めに、日本では実績があるが各国ではまだその機能が未整備であるチフス菌・パラチフス菌のファージ型別を対象として取り上げ、分離株を東京へ集め検査成績を還元する方法がとられた。それぞれの国で分離菌株のファージ型別がわかれば、これを指標として腸チフス・パラチフスの国内流行、あるいは国際伝播の様子を分析するのに役立つに違いないと考えたのである。検査は当時予研のファージ型別室にいた私が担当した。同年の十月、私が都衛研へ移ってからは後継者である中村明子さんが検査を引き継いでくださった。同時に、受け取った菌株の薬剤感受性も検査したが、都衛研へ移った私が検査を担当した。これは一九七四年のセミナーの折に、ベトナムではクロラムフェニコール耐性チフス菌が高頻度に分布するという情報を得ていたから、近隣国への伝播を監視する意味で実施したものである。当時は腸チフスの治療にもっとも信頼の置ける抗生物質はクロラムフェニコールのみであったから、耐性菌の出現は深刻な問題であった。お陰で、耐性菌がタイ国へ侵入して流行し、やがて終熄した様子を記録することができた。

その後、この事業の対象はコレラ菌、腸炎ビブリオ、赤痢菌、チフス菌・パラチフス菌以外のサルモネラ、腸管病原性大腸菌など下痢症起因菌一般へと拡大されていった。これに刺激されて、数年のうちには、もともとファージ型別の機能を備えていたマレーシアが参加し、シンガポール、インドネシア、その後タイでもチフス菌・パラチフス菌のファージ型別が自国で実施可能となった。シンガポールではチフス菌のファージ型別結果を利用して感染源を割り出すことができた好例を見せてくれるまでになった。研修や培地・試薬類の供給によって、参加各国の協力機関に赤痢菌の血清型別や腸炎ビブリオの分離・同定などの技術も定着した。

一九八三年、福見秀雄感染症部会長がＳＥＡＭＩＣ委員長になられ、代わって私が当部会を預かるようになってからは、部会の活動目標をさらに、①検査室情報を適切に組み込んだ感染症サーベイランス・システムを参加各国で確立するのに寄与する、および②参加各国における感染症事情を相互に理解し合い国際的な伝播の防止に役立てる、の二点にまで拡大した。これを機に、部会のメンバーも若返らせた。予研の宮村紀久子さん、および歴代の厚生省防疫課長（現在の感染対策室長）にも参加してもらった。宮村さんがお世話くださっている全国地方衛生研究所と予研を結ぶ日本の病原微生物検出情報活動はＡＳＥＡＮ各国におけるこの種の情報活動を十分に鼓舞したように思える。そして、このころにはすでに、各国の協力機関の関係者の間でずいぶん親密な信頼関係が成立していたように思う。寄生虫病学の専門家としては大阪大学微生物病研究所の中林教授と岐阜大学医学部の大友教授に参加していただいた。

一九八九年三月にSEAMIC活動と訣別するまでの十五年間を振り返ってみると、福見部会長時代も含めると国際会議の計画に十回関与し、そのうちの四回は技術研修も合わせて実施した。海外での会議出席のため三回、調査団として五回東南アジアの諸国へ出張した。参考までに感染症関係で開催された会議を表1〈略〉に、感染症データ交換事業の各国協力機関を表2〈略〉に示しておく。

これらの機関の微生物検査担当者はもちろん、感染症対策や情報担当行政官、あるいは伝染病病院の医師など、年ごとに知り合いが増えていった。退職や昇進した方たちも後継者にSEAMICとの協力関係を申し継いでくださった。

インドネシアではNational Institute of Health Research and Deveropment（国立衛生研究所）のイスカック・コイマン所長（故人）、バンドンにあるビオ・ファルマ（Bio Farma／以前のパスツール研究所）のナスチオン所長、コイマン所長の下で腸チフスの疫学調査を担当していた医師のサイラス・シマンジャンタークや細菌検査担当の技師ハシュブアーンの名がすぐ浮かぶ。サイラス君とはジャカルタからバンドンへの旅を楽しんだ。都衛研で六カ月間研修したハシュブアーン君は、帰国後中国系の色白な美人と結婚して男の子に恵まれた。今はもう何歳になるであろうか。可愛い盛りであろう。

マレーシアのInstitute for Medical Research（国立医学研究所）のリム所長とも数年間のおつき合いがあった。その後任ジェガテッセン所長が病院へ見舞ってくれたことについては「真紅のベコニア」と題して次項に書いた。彼の部下のチョン細菌部長や、トラベル・リサーチ・フェローとして来日した技師ラウザーさんの名も懐かしい。

フィリピンにはことのほか親しい人が多い。保健省のアズリン大臣を末輩の私が友達呼ばわりするのは失礼というもの。若い弟に接するように大変可愛がっていただいたが、残念なことに、昨年二月帰らぬ人となられた。項を改めて書き留めておきたい懐かしい思い出が幾つもある。サンラザロ病院のウイランコ院長とBureau of Research & Laboratory（保健省研究検査局）のスンパイコ局長も、やはり大先輩である。サンラザロ病院の検査室の責任者だった医師サンチアゴ女史は、感染症データ交換事業開始時は私たちのよきパートナーであったが、以後比較的縁が薄くなった。

ＳＥＡＭＩＣセミナーを都衛研で最初に開催したときのフィリピンからの参加者キャルベロ君は、その後保健省研究検査局から国立結核研究所へ移り、今は押しも押されもしない中堅どころである。数年前、ＪＩＣＡのフィリピン食品・薬務局プロジェクトの研修生として私どもの研究所で受け入れたのがキャルベロ君の奥さんであるのには驚いた。世間は狭いものである。いろいろと共通の知人の消息などで話に花が咲いたものである。明るい性格の方であった。サンフェルナンド・パンパンガ地域の衛生部長ナポレオン・ノベノ先生にも何度かお世話になった。セブ地域のユバニエス衛生部長（後ケソン地区に栄転）は私とほぼ同年配、孤児を数人引き取って育てている慈善家である。同じくセブのリム検査科長の細菌学的な検査技術や知識には十分信頼が置けたが、知り合って三年ほど後には退官された。

スンパイコ局長の後を継いだバサカ・セヴィラ女史、現マランバ局長、情報関係の責任者ルトビス部長にもいろいろとお世話になった。

モンテンルパに新設されたResearch Institute for Tropical Medicine（RITM）熱帯医学研究所のトパシ前所長、サニエル現所長（以前は研究部門の部長）ともに美人で聡明である。お二人とも上気道感染の専門家。その部下の技術者の面々とも親しい。この研究所がJICAのプロジェクトで設立されたこともあって、最初は彼らとそちらの線での知り合いであった。しかし、この研究所はいつとはなしにSEAMICのカウンターパートとして名を連ねるようになった。RITMの検査室の技師長リベロ君は都衛研で数カ月研修生活を送った。ここで下痢症の検査を担当していたエリザベス・トラハーノさんは都衛研で一年間研修を受けて帰国したが、残念ながら数年後には研究所を辞めてサウジアラビアへ行ってしまった。湾岸戦争の折に、怖い思いをしなかったろうか。私はJICAのフィリピン熱帯医学研究所プロジェクトの国内委員会のメンバーであったので、幾度もここを訪問する機会があった。プロジェクトが動きだす前にも、当時JICAの在マニラ・リエゾーン・オフィサーであった越後貫博先生に建設候補地へ案内していただいたことがあり、先生の熱帯医学研究所建設の夢を拝聴したものである。そんなことがあったせいか、この研究所は特に懐かしい。訪問するたびに、JICAプロジェクトのチーム・リーダーとして赴任しておられた金子義徳先生夫妻にたいへんお世話になった。このRITMプロジェクトはJICAの数あるプロジェクトの中で、健康優良児であったという話を聞いたことがあり、鼻が高い。

RITMの現所長サニエル先生には、WHOの西太平洋地域事務所主催の耐性菌サーベイランスと微生物検査の精度管理に係わるワークショップで座長を仰せつかったとき副座長の役をお願いしたことがある。その後、この研究所RITMで下痢症と上気道感染の検査に関する技術研修をJICAの第三国研修として実施する案が出され、私はその可能性を検討する基礎調査にも参加した。今では、そのプロジェクトが実現して、私どもの研究所の工藤泰雄細菌第一研究科長が下痢症技術研修の講師として協力していてくれる。

話はやや横へそれるが、工藤君は私が関係した海外技術協力によきパートナーとして協調してくれた。その不断の努力が認められて、一九九一年三月二日、細菌学的な分野での海外協力に功績のある人に贈られる大山健康財団激励賞を受けられた。大変おめでたいことである。その日、夜になってから工藤君が病院へ報告に来てくれた。太田建爾、岡村登（東京医科歯科大学）中村明子、宮村紀久子、の諸君も一緒に来てくれて、ベッドサイドでメロンを一切れずついただいて乾杯の代用とした。ついでながら、岡村君は公衆衛生院の微生物部に在職されたころ、私や工藤君らを細菌検査研修コースの講師として起用してくださった。お陰様で全国の地方衛生研究所に多くの友人ができた。また、岡村君は私の紹介でＲＩＴＭへ熱帯病の勉強にも行かれた。明るい性格がそうさせるのであろう、ＲＩＴＭでの評判がすこぶる良かった。

シンガポールのDepartment of Pathology（国立病理研究所）のモーゼス・ユー所長は今は保健省の局長、後継のスン所長はコンピュータを用いた性病のサーベイランス・システムを構築・運営して、世界中に名が知られている。シンガポールの人には珍しくゆっくり話す。彼の部下、細菌部のテイ・レングさんはA群レンサ球菌の研究が専門である。セレナ・ラムさんは腸内細菌、メイビス・ヤオさんは薬剤耐性をはじめとする臨床細菌関係の仕事をしていた。皆ひとかどの細菌学者である。

この研究所の方々には一九八〇年にＳＥＡＭＩＣセミナーの開催をお世話願ったことがある。工藤泰雄、太田建爾両君と私が第二週目の技術研修の講師として残った。二流のホテルにしか宿泊できなかったが、そこの食堂の中華料理は一流であった。毎晩老酒をたくさん飲んで、従業員の目を引いたことを思い出す。保健省のゴー・キー・タイ検疫部長や国立伝染病病院のモンテイロ医師、シンガポール大学図書館のマイケル・チェン司書とも長い馴染みである。たいていの場合モーゼス先生のご招待だったが、研究所の連中と一緒に中国料理をご馳走になることが何度もあった。その美味しさとマシンガンを乱射するようなシンガポール英語とは、これらの人達の名と共に長く忘れられない。セレナは三年ほど前に大きな手術を受けた。前述のＷＨＯの会議に出席したとき、このことをメイビスから聞いてお見舞いの花束を託したが、大変喜んでくれたらしい。すでに退官したはずだが、いまも元気であろうか。

タイ国の公衆衛生省の人事も回転が比較的速い。ＳＥＡＭＩＣの協力機関であるDepartment of Medical Sciences（国立医科学研究所）の所長も何代か変わった。一九七六年、善養寺浩先生とご一緒に、初めてこの国を訪問したときのヴィモン・ノタナンダー所長、スタッツ副所長、モンコン研修部長（故人）、パンチータ臨床病理部長、その部下で腸内細菌の仕事を担当していたラタナスダ・ファン・ウライ科長などとの交流がやはり一番懐かしい。これらの方々はすべてもの静かで礼儀正しかった。ラタナスダさんはその後パンチータ部長の後継者となり、今は食品分析部の部長である。夫君は昆虫学者で、同じ研究所に勤めておられる。パンチータ先生に案内されて訪問した国立伝染病病院ではプラコブ・ブンタイ院長のお計らいでたくさんの伝染病患者を診せていただいた。この先生とはその後ずいぶんと長いつき合いになった。奥様のチャルムスク・ブンタイさんも医師で、公衆衛生局の情報関係の責任者になられてからは、たいへん貴重なＳＥＡＭＩＣフレンズの一人となった。

タイ国を二度目に訪問したのは一九七七年だったと思う。国立予防衛生研究所の福見秀雄先生に同行した。その折に大阪大学微生物病研究所の深井孝之助先生とプロジェクト・コーディネーターのパラディーさんに案内されて、ＪＩＣＡの地域保健サービス向上プロジェクトの対象地域であるチョンブリ県とチャンタブリ県を訪ねたことを思い出す。途中チョンブリの観光地パタヤ・ビーチで数分の休憩を取っただけで、赤い土ぼこりの立つ単調な道をジープに揺られてカンボジアとの国境近くまで走り続けた。六時間あまりを要したように記憶する。夜半トッケイの鳴き声が聞こえてエキゾティクな気分になった。その後バンコックからチャンタブリまで舗装されたバイパスができて便利になった。この訪問を縁に、このプロジェクトに協力することとなり、一九七八年以降、都衛研から丸山努、伊藤武、太田建爾、津野正朗の四人の専門家をそれぞれ一年間ずつ現地へ送り出した。皆が一回り大きくなって帰ってきたのを嬉しく思っている。

チャンタブリは果物と海産物が美味しい所である。病院のクン検査技師長は大きな果樹園を持っており、一番食べごろだというドリアンをご馳走してくれたことがある。カブトガニの卵を野菜と炒めた料理もほかではあまり食べられないものの一つであろう。カブトガニのことをこの国ではメンダー・タレと呼ぶ。スラングではメンダーはいわゆる「ひも」の意。プリンストンの物理学者デビッド・グロス先生の提唱する「超ひも理論」の「ひも」ではない。この動物が交尾期になると雄が雌の上に乗っかって海中を泳ぐことからこのスラングができたという。チャンタブリの近くのターマイという町は麺がおいしいことで有名である。チャンタブリ・プロビンスのトンヨイ衛生部長はＪＩＣＡ派遣専門家の宿舎の地主でもあったが、この先生に保健所活動を見せてもらった折に、ここで麺をご馳走になった。タイの人は麺を食べるのにテーブルの上に置いてある砂糖をたっぷりと入れることを知って驚いた。村夫子《そんぷうし》という言葉がぴったりだったトンヨイ先生も今は彼岸の人である。チャンタブリはブルーサファイアの産地として有名であるが、私は何度もここを訪れながらついぞ買い求めたことがない。

一九七九年には「プライマリー・ヘルス・ケアの実践としての下痢症の制圧」をテーマにSEAMICセミナーがバンコックで開催された。チョンブリのプライマリー・ヘルス・ケアの活動を見学するツアーが組み込まれていて、スチン病院長、プラムック衛生部長にもなにかとお世話になった。その後、お二人とも公衆衛生省本庁へ栄転され、SEAMICのカンファレンスでも顔を合わせるようになり、再会を懐かしんだものである。

タイ国からもJICAプロジェクトを通じてたくさんの研修生を引き受けた。最初の長期研修生はチョンブリ病院の検査技師クルアナロンク君であったが、この人は研修中に日本で見つけた女性と結婚した。今ではパタヤ・ビーチで薬局と土産店を経営する事業家である。性病予防に内服用アンピシリンの大量投与を旅行者に勧めて儲けているようである。カニタさんもDMSから派遣された長期研修生の一人であった。彼女は小学生のように小さく未熟な体型で、腺病質であった。小さい身体を一生懸命カバーしようと努めていたのであろう、意外と気の強いところもあった。一緒に歩くと、歩幅が合わず、こちらがうっかり普通の速度になると彼女は小走りになって、果ては背広の裾を摑まんばかりに懸命についてくる。帰国して数年後に腎不全で亡くなった。哀れであった。そのことを知らされてから、じりじりと熱帯の太陽に炒られながらココナッツ・オイルの匂いの立ちこめるバンコックの人混みを歩くとき、いつの間にかチョコチョコと私の後を小さな影がついてくるような白昼夢に見舞われることがあった。この国との係わり合いも書きだすと際限がない。

私が病を得て臥せっているのを誰から知らされたのか、DMSのヴィニタさん、スランさん、マヒドン大学のオラサさんから入院早々に見舞い状を受け取った。感謝しているが、まだ返事を出していない。病状が一向に好転せず、何と書いて良いか思いが定まらないのである。

真紅のベコニア

五月二十四日のお昼過ぎ、工藤泰雄君の案内で、マレーシアのジェガテッセン博士が見舞ってくれた。工藤君も私も彼とのつき合いは長い。一九七七年、東南アジア医療情報センター(SEAMIC)主催の「Food Hygiene in the Problem of Gastrointestinal Infections(腸管感染症問題における食品衛生)」と題するセミナーが都立衛生研究所で開催され、その中の技術研修を私たちが担当したとき、彼はマレーシアを代表する参加者で、Institute for Medical Research(IMR)の細菌部の部長の席にあった。その後、彼はクアラ・ルンプール国立病院の検査部長を経て、数年前にIMRの所長に返り咲いた。その間、SEAMICの感染症データ交換事業における我々のよきパートナーであった。この事業のあり方についての討論では、常に建設的な意見を提示し、リーダーシップを十分発揮してくれた。一九八五年に京都で開催された国際化学療法学会では、シンポジウムの座長を彼と私と二人で務めたこともある。

日本臨床衛生検査技師会の要請により昨一九九〇年の十二月に実施された国際技術研修で私は講義を一つ受け持つことになっていたが、病のために約束を果たすことができず、工藤君に代行していただいた。その時の参加者の一人から私の病気のことを知らされたらしい。五月に東京へ行く予定があるので立ち寄る旨を書いた見舞い状を受け取り、再会を心待ちにしていた。彼は一九六四年の東京オリンピックに出場したスプリンターである。二百メートル競走のセミファイナルまで勝ち進んだ輝かしい記録を持っている。そんなことから推すと、私より少なくとも十歳は若いはずである。インド人の血を受け継いでいるようで、皮膚の色はかなり黒い。以前からそうであったが髪は白い。スプリンターであっただけに、長身で脚が長く筋肉質の体型にはいまだに黒豹を思わせる精悍さがある。なにか運動を続けているのであろう。今度はどんな目的で来日したのかと尋ねると、来る八月に東京で開催予定の世界陸上競技大会の準備委員会にドーピング・コントロール委員として出席しているという。会議の昼休み時間を利用して来てくれたらしい。

病状についていろいろと尋ねてくれる。彼も医学部出身であるから、あまり多くを答えなくても事情はよく理解できるようである。彼の方から話題をそらせ、「三十万円拾得事件のことを覚えているか」と尋ねる。もちろんよく覚えている。一九八六年の夏、彼がＩＭＲの所長に就任する直前のことであったと思う。家族連れで米国へ観光旅行する途上、東京へ立ち寄った。昼食を共にした後、奥さんが宮城を見たいというので案内している途中、彼が三十万円入りの紙包みを拾った。どうしたものかと戸惑っているので、日本では警察へ届けるのが常識だと教え、交番を訪ねた。警官は丸の内署まで行ってほしいと言う。私は、善意でした行動に、しかも外国人の子ども連れにそんな労働を強いるのはあまりだと交渉して、パトカーで送らせた。丸の内署ではすでに落とし主である青年が届け出に来ていて、奥のほうで警官に事情を説明していた。小さなレストランに勤めており、主人の命令で銀行預金を引き出しての帰路に落としたという。大した貯金もなさそうな様子だし、無くしたお金が出てこなければ、即日解雇されると怯えているという。私が仲立ちして、お礼の額については先方の事情に任せようということにした。自分の貯金で払える限度は五万円だというので、それで手を打つことにした。マレーシアではどのように処理するかを尋ねると、たいていの場合は拾い主のものになるという。宗教的な背景も手伝って彼我のモラルも異なる。やや少ないと思っているように見えたが、その青年の立場を思い遣ってくれと頼んで、我慢してもらった。それでも、家族四名の一泊分のホテル代には十分であったと思う。こんなハプニングがあったのである。

家族は皆元気で、パトカーや警察が珍しくてはしゃいでいた上の娘は、いまオーストラリアの首都キャンベラの大学に留学し、心理学を専攻中だという。

ジェガテッセン博士の抱えてきた見舞いの品は、鮮やかな真紅の花を一杯につけたベコニアの鉢植えであった。近所の花屋で買い求められたことは言わずもがなであるが、私にはそれがクアラ・ルンプールから届けられたもののように思えた。そして、この花の背景に南国の燦々と照り輝く太陽と深く染み透るような青空を見た。午後の会議のスケジュールが待っているからと腰を上げた彼が握手を求め「八月にまた会おう」と言う。「ありがとう、家族の皆さんによろしく。帰路の無事を祈るよ」と答える。

目が潤んできそうになって、私は、あわてて視線をそらせた。

サンパギータ

フィリピンの国花サンパギータはモクセイ科の常緑灌木、ジャスミンの仲間でアラビアン・ジャスミンという英名は原産地に由来する。漢名、和名はそれぞれ茉莉花とマツリカ。その白い花、形は控え目だが清楚な香りを放つ。フィリピンでは、この花の蕾をつなぎレイや花輪にする。供花やお守り用に教会の前や道路の交差点近くで子どもが売っている。純粋さの象徴のようで、クリスチャンとしての礼拝に欠かせられないらしい。また、求婚にも使う。車が信号待ちしていると売り子が駆け寄ってきて買ってくれとせがむ。運転手が窓越しにこれを求めフロントグラスの隅あたりに何気なく掛けると、車内に香りが広がる。値は一ペソくらい。

この花のレイはバンコックでもよく見られるが、なぜか私にはこの匂いがフィリピンを思い出すキー・ワードのような役を果たしている。

保健省のジェス・アズリン大臣のお抱え運転手もよくこのレイを買い求めて車内に飾った。アズリン博士に初めてお目にかかったのは、フィリピン—日本—WHOのエルトール・コレラ撲滅計画が動いているときで、東京でその打ち合わせ会議が持たれた折であった。もう四半世紀にもなる、多分一九六五年ころと記憶する。当時、彼は保健省検疫局長であった。当時国立予防衛生研究所細菌第一部に奉職していた私は福見秀雄部長の命令でその会議に出席した。会議の成り行きも分からぬまま、その夜は当時厚生省検疫課の技官であった岡本麟太郎先生（一九九一年三月末日、神戸検疫所長退官）とご一緒に接待役を務めた。その後、日米医学協力計画コレラ部会の研究会に二度ほどお招きしたときも、接待役を果たした。また、日本国際医療団（ＩＭＦＪ）による東南アジア医療情報センター活動に関係するようになって、彼我両方の地でアズリン博士と接する機会が多くなった。その間、彼は副大臣に、さらに大臣に昇進された。私のことを「まこと」と名で呼んで、何かと目を掛けてくださった。

一九八三年の三月、日本国際協力事業団（ＪＩＣＡ）がＩＭＦＪに委託する開発途上国における感染症に関する基礎調査のためにフィリピンを訪問したときには、すでに保健大臣に就任しておられたアズリン博士にことのほかお世話になった。この国では保健・医療に関する行政上、全国が十三の地域（レジョン）に区分されていたが、この時は、セントラル・ルソン（サン・フェルナンド・パンパンガ）、サウザン・タガログ（ケソン）、ビコール（レガスピ）、イースタン・ヴィサヤス（タクロバン）、セントラル・ヴィサヤス（セブ）およびサウザン・ミンダナオ（ダバオ）の六地区の感染症事情を調査させていただき、三十五日間滞在した。

そのころ、この国では、ＷＨＯとＵＮＩＣＥＦが提唱するＰＨＣ（Primary Health Care）のコンセプトが保健省事業の基本に据えられ、実行段階に入っていた。そして、地域住民の参加を含むＰＨＣ活動のバランガイ（部落）単位での施行率が、地区別の比較指標として問題視されていた。地域を限定しての試行ではなく、全国的な事業としてＰＨＣを取り上げている点では、フィリピンはアセアン諸国の中では先駆者であった。ＰＨＣに関する限り、ことごとにアズリン大臣の情熱が感ぜられた。感染症基礎調査のために彼が準備してくれたスケジュールからも、その意気ごみを十分に伺い知ることができた。地区ごとに「問題は何か」を的確に示しながら、訪問先が決められた。よい所だけを見せようとする「けれん」は全くなかった。お陰で、例えばアンヘレス市のクラーク米国空軍基地やオロンガポ市のスビック米国海軍基地周辺における性病問題とその対策の現況なども観察することができた。開発途上国が抱えるあらゆる問題が露呈されていて、私には大変有意義なツアーであった。

レガスピでは地区の保健・医療関係者幹部会議に出席する機会をえた。各地区で大臣を迎えてこの種の会議が定期的に持たれるらしい。地区衛生部をはじめとし、病院、診療所、保健所などから保健・医療関係の幹部が集まり、問題を確認し合ったり、討論したりする。冒頭、大臣から施政方針演説のようなものがある。それを聞いて私は驚いた。アズリン博士は「私は太平洋戦争当時、抗日ゲリラの隊長であった」と話し出したからである。やや短軀であるが堂々とした物腰、口元に浮かべた優しそうな笑み、それにはあまり似つかわしくない精悍な眼光は「さもありなん」と思わせる。十分な間を置いて、「しかし、日―比―WHOエルトールコレラ撲滅計画で知り合った日本の医学者、越後貫博、佐々木正五、福見秀雄博士らの誠実さを知って刮目《かつもく》させられた」と続く。要するに私を福見先生の弟子として紹介するための前置きであった。そして、今回の私たちの訪問の目的であるＪＩＣＡの感染症基礎調査が紹介される。国粋主義者からの反目や反政府活動家からの攻撃を避けるべく計算された話術といえばそれまでであるが、とにかく演説の上手な人であった。話し終って、「まこと、何か挨拶せい」とおっしゃる。私は咄嗟のことで困惑したが、大臣に丁重なお礼を述べ、その前日の午後トレーニング・センターの美人所長アスター先生に案内されて見学したカマリックというバランガイのＰ

ＨＣ活動の印象を述べた。「帰路、北の方に眺められたマヨン火山の端麗な姿と熱い噴煙は、ＰＨＣの実践に懸命に取り組む先生方の情熱のシンボルに違いないと思った」と結ぶ。大向こうを沸かせたかどうかは、会場に同席していたＩＭＦＪの職員上原君だけが知っている。そのあと、会場からの遠慮会釈のない質問と大臣の答弁が延々と繰り広げられた。話題は職員の給料問題に始まり、器具機材の不足、バランガイへの職員出張経費、下痢患者の経口輸液療法の効果、飲料水の供給、生薬の治療効果についてなど尽きるところがない。時々聞き取れなくなるが、これはどうも熱心さの余りタガログ語が混じるためのようであった。このようなやり取りが聞けるとは想像すらしていなかったせいもあって、大臣と第一線の職員との間の熱心な対話は、第三者である私の胸にも快く響いた。決して根回し済の「やらせ」ではなかった。

医科大学生の卒業式に出席する大臣のお供をしてダバオへ行った折も、このような会議に出席させていただいた。夜は検疫所や病院の職員によってアレンジされるレセプション・パーティ攻めであった。

それから政変があり、アズリン博士は保健大臣の座を去られた。政変後初めてお会いしたのは、一九八八年の八月、ＩＭＦＪの専務理事太田新生氏のお供をして、東南アジア医療情報センターの仕事でマニラを訪れたときであった。夕食をご一緒して、楽しいひとときを過ごすことができた。新政府の保健大臣も招待してあったので、取り合わせが悪かったかと心配したが、お二人とも大人であった。機嫌よく最後まで歓談を楽しんでいただけた。

昨一九九〇年の二月にアズリン博士が亡くなられたことを、約半年もしてから、佐々木正五先生から伺った。詳しいことは先生もご存じでなかった。今度マニラを訪門する機会があったら、必ず時間を割いてお墓参りをしたいと思っていた。供花はサンパギータの花でなくてはなるまい。マニラのWHO西太平洋地域事務所から、ある会議に出席するよう呼ばれたが、この健康状況では、残念ながらお受けする訳にはいかぬ。

サンパギータの花の甘い香りには、アズリン博士が保健行政に捧げられた情熱と、彼の晩年の日々を支配したであろう哀愁とが交錯しながら秘められているように思え、この匂、私の胸から容易には消え去りそうにない。

レマン湖有情

インターン生活を終え医師国家試験に合格してから、私は国立公衆衛生院正規課程医学科で一年間学んだ。そのカリキュラムの中に保健所実習が組み込まれており、私は杉並西保健所へ約三カ月間通った。学童の予防接種に駆り出されることも多かったが、保健所業務の多くに触れさせていただき、大変勉強になった。私の指導教官役をしてくださったのが栗原久子先生で、懇切丁寧にご指導をいただいた。当時先生は母子保健に力を入れておいでになり、妊婦の健康指導や三歳児検診にご熱心であった。先天性股関節脱臼の早期発見についての仕事をまとめておられ、そのお手伝いをした記憶がある。

当時、一九五七年ころは保健所の仕事としては、急性伝染病や結核の対策、母子衛生の仕事がまだ焦眉の急であった。杉並西保健所は、東京都のモデル保健所であり、スタッフも揃っていた。所長、予防課長、予防課員に四名、歯科医師一名、合計七名も医師が配置されていた。先生方は皆さんそれぞれに公衆衛生に情熱を持っておられた。

栗原先生にはその後も何かとお世話になった。国立予防衛生研究所へ就職するとき、そこで上司と性格が合わず辞めようかと思ったとき、国立予防衛生研究所から都立衛生研究所へ移るときなど相談に乗っていただいた。

一九六九年、本郷保健所管内で腸チフス（B2型）が流行し、私はその調査に協力したが、保健所の予防課長であった小川和栄先生が栗原先生と大の仲良しであることが分かり、小川先生とも親しくなれた。所長の中川喜幹先生（後衛生局技監）にも何かと声をかけていただけるようになった。余談になるが、この腸チフス流行は一九五七年と五八年にわたって豆腐を媒介として発生した流行の揺り返しであった。

私が東京都へ移ってからのことであるが、保健所の先生方を中心に組織されている公衆衛生研究会にも、栗原先生のご紹介で入れていただいたりした。

あれは確か一九七七年のことであった。WHOが、ジュネーブで開催した「抗生物質耐性腸内細菌による健康障害の防遏に関するサーベイランス」会議へ私が参加しているとき、栗原先生が夫君とご同伴でWHOの会議場へ訪ねてくださったことがある。当時、先生は夫君の留学に同伴して公衆衛生に関する知識・技術を磨くためにロンドンにご滞在中であったが、休暇を利用してヨーロッパ大陸の各地を自動車旅行しておられる途中であった。私のジュネーブ行きの話はしてあったが、まさかお目にかかれるとは思ってもみなかっただけに、驚きもし、また嬉しかった。

このジュネーブ行きは私にとって初めての海外への一人旅であった。ヨーロッパへも初めての訪問であった。そのころ熱心に取り組んでいた東南アジア医療情報センター（SEAMIC）のデータ交換事業によって得られたタイ国での耐性チフス菌の分布状況と、数は少ないが日本での耐性チフス菌について、ならびにそのプラスミドの性質などを中心に紹介せよということであったので、それなりの資料は準備してあった。しかし、それを発表すればお役御免といった生易しい会議ではなかった。耐性菌による健康障害についてのサーベイランスの構築を検討して報告書を作成する会議であった。十名ほどの出席者が持ち回りで、各セッションでの討議内容を記録し、翌日までに提出する宿題付きであった。

座長は英国ロンドンのコリンデールにあるCentral Public Health Laboratory（CPHL）の高名なE・S・アンダースン博士であった。彼は腸内細菌ファージ型別の総元締めとでも言うべき立場の先生で、耐性プラスミドの仕事でも有名であった。私が国立予防衛生研究所で担当していたチフス菌のファージ型別の仕事のお師匠さん筋に当たる。このおじさん、苦虫を噛み潰したような顔をして、ぼそぼそと話す。そして、そのまま表情も変えずに冗談を言うようなところがある。時差ボケで眠い目をこすりながら討議を聞いていると、英語が頭に入らないばかりか、ついコックリと居眠りしそうになる。すると、不意に「大橋君、どう思うかね」などと名指しで聞かれたりする。

とにかく疲れた。ホテルへ戻っても、話し相手はいない。ホテルはレマン湖まで徒歩で数分のところにあり、放課後焼き栗を買って食べながら散歩してみたが、十月も下旬となれば夜の寒さが身に沁みる。レストランへ入っても独りで夕食をとるのがどうにも侘しい。夜は疲れているのに時差のせいか眠れない。そのような日を数日過ごしたが、会議の雰囲気にはなかなか慣れず、ノイローゼ気味であった。そんなところへ栗原先生ご夫妻が顔を見せてくださった。そのときは本当にほっとした。歓談しながら夕食をいただくのは幾日かぶりであった。何をご馳走になったかも覚えていないが、ジュネーブへ来て初めて食事をしたような気がした。その翌日からやや落ち着きを取り戻し、おっかなびっくりながら討議にも加われるようになった。

土曜日の午後も、日曜日も仕事であった。日曜日には報告書原案の採択をした。原稿ができるまでホテルで待機せよとのことで動きが取れない。召集がかかったら少し遅れると言っておいてくれとフロント・デスクへ頼んで、レマン湖の遊覧船に乗った。これが唯一の観光であった。午後、会議再開。言葉遣いをめぐって英国と米国からの参加者が延々と討議する。採択が終わったのは、もう夕暮れであった。

翌朝、空港で米国 Center for Disease Control（CDC）からの参加者バロウズ博士と一緒になり一時間ほど話した。Vibrio fetus（後 Campyrobacter jejuni と改名）が下痢症原因菌としてサルモネラに匹敵するほど大切なことを話してくださった。お陰で、日本で一番最初にこの菌による下痢症の集団発生を記載し、本菌の血清型別法の開発へと仕事を進展させることができた。そして現在では、東京都立衛生研究所が実質的には本菌の血清型別の日本におけるセンターとしての役割を果すまでになった。斉藤香彦、伊藤武両君の業績である。バロウズ博士とはその後も交流が続き、Springer-Verlag 社から出版された書物“Principle and Practice of Laboratory Diagnosis of Infectious Diseases”の編集を手伝わせていただいたりした。ノイローゼのようになった会議、地獄で仏のような栗原先生との出会いがこんな功徳をもたらせてくれた。

栗原先生は本年の三月末日、退職なされた。記念パーティーに出られなかったのが返す返すも残念であった。七月十一日わざわざ病院へ見舞いに来てくださった。「昨日、浅草の鬼灯市《ほおずきいち》へ行って来たのよ。先生は科学者だからこんなものをさし上げたら笑われるかしら」と言って、わざわざ私のためにいただいてこられた病気平癒祈願のお札をくださった。「聖観世音四万六千功徳日御祈禱牘金龍山浅草寺當病平愈大橋誠」とある。最近、宗教のもつ意味が少し分かって来たように思う。決して笑いなどしません。ありがたく頂戴した。

鬼灯市は七月九・十の両日、浅草観音の境内に立つ市で、鉢植えの青鬼灯や丹波鬼灯、千成鬼灯などを売る。この日に参詣するといつもの日の四万六千日分に相当するというご利益を授かるといわれ、大変な賑いである。お札と一緒に頂戴した鬼灯の赤色がこよなく美しかった。

おわりに

堪え難い痛みか、腹水貯留、腹膜刺激症状によってか知らないが、病気が癌ならいずれ近いうちに破局がやって来るに違いない。転移癌による肝機能不全の症状かもしれぬ。そんなときは知的活動も鈍ることであろう。そうなってからではもう間に合わない。幸い癌でなくても、この慢性膵炎という病気は根治するものではない。今のうちにこの項を書いておくことにする。

病閑という言葉があるが、入院生活では案外速く時間が経過する。午前六時起床、午後九時消灯の間に午前八時、正午、午後五時の三度の食事があり、午前六時、午後二時と七時には検温がある。経中心静脈栄養管理を受けているときは体を動かすのにも制限が加わる。経皮胆管ドレナージの管から絶えず出る胆汁を受ける袋をつけている。再入院してからは一時期血糖値を調べるための採血が毎日四回あり、右下肢の末梢神経麻痺の対策のためにマッサージも受けていた。マッサージには毎回一時間を要する。体力が衰えるとすべての動作が緩慢になるばかりでなく、頭脳の回転も遅くなり、あっという間に一日が過ぎてしまう。ワープロを操作しているとすぐ背痛が始まり、限度は一度にせいぜい一時間ほどであろうか。もともと遅筆な上にそんなありさまで、書きたいことが多いのになかなか筆が進捗しなかった。

振り返ってみれば、国立予防衛生研究所に奉職して十九年四カ月、東京都衛生研究所へ移ってから十四年十カ月、合計三十四年二カ月の間、幸いなことに、研究者として手がけた仕事はすべて「検査室データを活用した感染症の疫学（Laboratory Epidemiology）」に焦点を合わせることができ、この分野で実践としての公衆衛生の一端を担うことができた。しかし、この間に手がけた仕事にどれだけの成果を挙げ得たであろうか、はなはだ覚束ない限りである。大部分が思ったほどの成果を挙げ得ず、あるいは中途半端に終わってしまっている。むしろ挫折の連続とでもいうべき年月であった。

もともと私は性愚かであり、その愚かさを試行錯誤によって克服しようとしてきただけである。そして、そのような努力にこそ人としての尊厳が存在すると自らに言い聞かせてきた。

いま、病を得て予定より早く退職せざるをえない現実を目の前にするとき、正直言ってなにかが一つ抜け落ちたような虚しさを感ずるのを禁じ得ない。目的を持って何かをしなければならぬという「張り」の喪失によるのであろう。およそ世の中のことは世の中自体の律動で動いており、それは人の小賢しい思いを遥かに越えたものであって、世の中のなにかを多少なりとも動かしえたと考えるのは思い上がりに過ぎないと思う。私の生き方なぞ、周囲からは巨人に向かって斧をふるう蟷螂《とうろう》のように滑稽に見えたに違いない。しかし、虚しさを感ずるとはいえ、一方では「確かに生きてきた」と自覚することができる。人の生きている意義は自分がほかならぬ愚かな人間であることを自分自身に納得させることくらいのものであろう。

しかも、ここまで生きてこられたのは、決して私個人の力のみによるものではない。あるときは、上司や先輩の先生方から引っ張り上げていただいたお陰であり、私が采配を振る立場にあったときでも、それぞれに志を同じくする人達との共同作業によった。また、家族の犠牲の上に成り立ったものでもある。病室での生活は自分が周囲のいろいろな人に支えられて生きてきたことをしみじみと実感させてくれる。それらすべての方々にあらためて厚くお礼を申し上げたい。

一九九一年七月三十一日、退職。辞令は中島理衛生局長ご自身がご多忙中にもかかわらずベッドサイドまで持参して親しく手渡してくださった。誠にありがたいことであった。心配していたが、案外感傷的にならずに済んだ。

東電病院藤城保男部長をはじめとする外科の露木晃、菊地潔、渡辺昌彦の諸先生、内科の浅葉義明先生には懇切な最善の医療を施していただいた。機能訓練室の和田、谷口両氏にもひとかたならぬお世話になった。以下にお名前を列挙させていただく五階病棟の看護婦さんたちには実に心のこもった看護をしていただいた。藤巻伸子、梶原昌子、上条孝子（主任）、小林コズヱ、古賀真奈美、国井直子、町田祥子、森山晴美、向さゆみ、中菜穂子、中野伴子（婦長）、直島美恵、小田中尚子、大見由美子、大西郁子、大山志津子、佐藤たね、佐藤やす子、関弘子、新垣ケイ子、土屋雅代、魚住佳子、内田聡美、渡辺千帆子、山岸松江（アルファベット順）。これらの方々にも心から感謝の意を表したい。慶應義塾大学病院の土屋雅春、橋本省三両教授のご助言にも同様に深謝申し上げる。

また、この小冊子の作成に当たっては都立衛生研究所の工藤泰雄、太田建爾の両君、ならびに近代出版の納谷正夫、菅原律子の両氏に大変お世話になった。厚く御礼申し上げる。

一九九一年八月十一日、六十一回目の誕生日に

大橋　誠

Ⅲ

素のままの大橋誠

（『大きな重い枕』飯田佐和子著／１９９９年11月1日刊より）

病

「もし、ドラえもんのタイムマシーンを一度だけ使えるとしたら、いつに行きたい？」

テレビを見ていて、そんな話になった。健一さんは、小学校時代に戻って思いっきり遊びたいという。

いつも、亮は「お父さんもお母さんも絶対九十九歳まで生きて」と言っている。亮はそれを確かめに行きたいらしい。私としては、自分が何歳まで生きるかわかってしまうなど、ご免こうむりたい。

「お母さんはいつにする？」

亮が催促する。私は真剣に考えていた。父が膵臓を患わないように、父に忠告するにはいつに戻ればいいのだろうか。どのようにすれば父は膵臓癌にならずにすんだのであろうか。

父が突然身体の痛みで入院したのは、一九九〇（平成二）年の十一月だった。仕事に出かけて、そのまま都立駒込病院に入院した。

いつ見舞いに行っても、父は機嫌が悪かった。

「ほうれん草のおひたしなんか、握り拳くらいに山盛りされて食えるか。病人じゃなくたって食えないよ」

いつもいつも怒っていた。

年が明けて、元旦に見舞いに行ったときも不機嫌だった。私たちが父の口に合う気のきいたものを持って行かなかったからだ。健一さんが「あけましておめでとうございます」と言ったのも気に入らなかった。何がめでたいものかという顔だった。さすがに母は父の性格を心得ている。

「あけましてこんにちはー」

と病室に入っていった。

一九九一年一月七日。慶應義塾大学病院消化器内科の土屋雅春先生と東京電力病院外科の藤城保男先生のご助力で、父は東京電力病院に移った。主治医の藤城先生は父が国立予防衛生研究所に勤めていたときにお世話になった方だ。藤城先生は朝七時に出勤され、始業時間まで病室を回って患者さん一人ひとりに声を掛けてくださる。父はなかなかできることではないと感心し、また感謝していた。看護婦さんたちもみなさんよくしてくださって、

「みんないい子だ。疲れすぎていない。婦長さんに技量があるからにちがいない」

とべた褒めだった。

父は精神的に随分落ち着いたようだった。

痛みは激しく、顔を歪めて辛そうだった。痛みには一日の中でリズムがあるらしい。座薬を入れるのだが、もうそろそろかと思って入れても、早すぎれば後で痛みが押し寄せてくるし、少しでも遅ければもう効かない。毎日、座薬を入れる時間に神経を使っていた。

あるとき、見舞いに女性の方がいらしたときに、座薬を入れる時間になった。

「ちょっと失礼します。座薬入れちゃうから」

「それでしたら、外に出ております」

「いいですよ」

父は毛布を掛けてちょちょいと入れてしまう。

「慣れているからね」

と笑った。


当初、癌の可能性は五分五分といわれていた。膵臓は判断しにくいものらしい。父はもともと身体に石がたまりやすい。悪性かどうか検査ではわからなかった。不幸なことに、父は医者だからごまかしがきかない。藤城先生と自分のレントゲン写真を見たり、こうじゃないかと医学用語を使って話していたり、まるで他人のことのように自分の病気の話をしていた。

藤城先生は癌に関して、

「ここまで生きてるんだから違うんだろう」

と笑っておっしゃった。


父の病気は「慢性膵臓炎。ただし癌の疑いあり」という以外何もわからないまま入院生活は続いた。

父は千葉大学腸チフス事件のことも含め、これまで研究してきたことを本にまとめることになった。報告書というだけではなく、エッセイ集にしようとした。回顧録であり、病床生活の記録でもあり、これまでお世話になった方々への感謝のメッセージでもある。現在、私たち家族にとっては父の本音を語った形見の書になっている。それが『広い窓』である。病室にワープロを持ち込む許可をいただき、父の執筆は始まった。腰に激しい痛みがあって、長く座っていることはできない。集中して打てる時間は一日にいくらもなかった。しかし、父は九か月ほどかかって、それをやり遂げることになる。

妹がたまに会社の休み時間に見舞いに来ていた。私が病院に行ったのは、妹が帰って少したったときだったらしい。

「今日ユーが来たよ。笑ってた」

「へぇ、ほんとう」

父と私は笑った。妹は父に似て、家庭で明るく振る舞ったりしないマイペースな子だったので、妹がひとりで来て、愛想よくしていたというのがおかしかった。父は嬉しそうだった。

父は、病に対する不安と戦いながらも、『広い窓』の「迷い」（本書109頁）の中で前向きな決意を語っている。

父は、勤務先に近い病院ということもあって、東京電力病院に移ったわけだが、事実、多くの方が病室を訪れて、仕事の打合せをしていた。

父は病気になって角がとれたということはなく、仕事のこととなると口調が厳しくなることもあった。

あるとき、父と仕事の話を終えて帰られる先生と入れ違いにいらした先生があった。廊下で、父の機嫌が悪いという合図を受けたその先生は、「まいったなー」と顔をしかめて病室に入っていかれたという。

しかし、近代出版の納谷正夫さんなど、釣りのお友達がいらしたときは、父はとても楽しそうだった。この間どこで何をどれだけ釣った。○○君のは何センチあったなどという話に、素直に「いいなー」と羨ましがっていた。

二月十三日には会議に出席している。入院生活が三か月になるため、人の大勢集まる所に出るのは相当辛かったようだ。

三月の中旬には、近くに散歩に出るようになり、病院から出勤するようにもなった。四月三日の退職者を送る会に出席したときのことを『広い窓』「抱きしめてこそ」で、「正直なところは敗北感に苛まれ、いたたまれなかったのである。健康な人たちに対する羨望であった」と語っている。

四月四日、経皮胆管ドレナージ（PTCD）形成術を受ける。黄疸がなくなり、入院して四か月になろうとしている四月十五日、退院することになった。その間、母方の甥にあたる永井卓氏の結婚式に出席した。父は管で出した胆汁を入れる袋を、腰にぶら下げていた。袋は、母が作った草色の巾着袋に入って、上着の中に納まっていた。父は袋を服の中から引き出して、親戚たちに見せていた。

健一さんとふたりで新宿に出たとき、家電屋で、子機のついた電話をセールしていた。留守電機能がつき、操作も単純で使いよさそうだった。父もこれからは、自宅から電話で仕事の話をすることも多いだろう。プレゼントしようと思ったが、不要だと言われるかもしれないと電話をしてみた。母に話すと、

「お父さまに替わるね」

と言う。少しして父が出る。

「退院祝いに電話を買おうと思うんだけど」

父は意外にもあっさりと言った。

「ん、ありがと」

それで、遅ればせながら百合ヶ丘の家の電話は子機、留守電付きプッシュフォンになった。

この後、父は、母の運転で出勤するようになる。渋滞を避けるため、家を出るのは六時くらいだった。帰りはタクシーを利用した。しかし、そんな生活も続けられなくなり、床に就いた。

結局五月十二日、再入院することになった。

この頃父は下痢が続き、食べることもできなくなって、七十六キログラムあった体重は五十一キログラムまで落ちてしまった。

父は、入院する四か月前に退職を三年延期する手続きをしていたが、入院が長引き、復職のめどが立たないため、この年七月末で退職することになった。無念だったに違いない。『広い窓』の「おわり

に」（本書210頁）で無念な思いを語っている。

一九九一年八月十六日、亮誕生。父はおじいちゃんになった。

十一月十七日、再び退院する。その翌日、父と亮は対面した。家での生活は、父にとっても母にとっても不安なもので、結局、家で過ごしたのは三日間だけで、二十日再々入院することになる。父が初めて入院した日から丸一年経っていた。

この頃、父が書いた『広い窓』が本になって届いた。親戚、仕事の関係者、友人に送った。ありがたいことに、父のもとにこの本の礼状や本を読んだ感想を書いた手紙が次々に送られてきた。父は一通一通ていねいに読んで、きちんとファイルしていた。

病院の食事では少々寂しいらしい。父の希望で、母や私は高級ホテルのレストランで作った缶詰のスープを買って持っていった。コンソメ、ふかひれ、すっぽんなどをよく買った。それを少しコップに入れて、食堂にある電子レンジで温めた。私は出産と産後の子育てのため、あまり病院へ行けなくなったが、母は毎日のように病院に通った。母はデパートで父が好きだった鯛を買い、握り寿司を毎日二、三個作って持って行くようになった。鯛で作ったスープもそれ専用に買った魔法瓶に入れ、毎日欠かさなかった。

一九九二年。年が明けてから私は、亮を抱っこして時々病院を訪れるようになった。亮は、父に抱っこしてもらったり、病院の食事を分けてもらったり、ときには一緒に父のベッドで眠ったりした。私は亮の子育て日誌をつけていたが、そのつたない絵からも、父のだんだん痩せて、辛そうな様子が感じられた。

六月に入ると、父は黄疸がひどくなり、痛みも激しく肩で息をするようになった。随分痩せて、ふっくらとした頬はこけた。鏡を見て父は、

「おふくろに似てきたな」

と言った。私と同じ、上を向いた耳たぶも下向きになっていた。娘の前ではいつも強い父だった。だから私も父が入院してからも強い父として扱った。弱い父には気づかないふりをした。くる日もくる日も痛みが襲う。

「もう、いいよ」

父は、母に、そうもらしたという。

七日、私たちは永山のアパートから、父が建てた千代ケ丘の家に引っ越した。ところが、行ってみると水が出ない。水道工事がまだ終わっていなかったのだ。そのまま私たちは百合ヶ丘の家に居候することになった。

十一日の夜、母は私に言った。

「お父さま、癌だって」

（いまさら……）

癌の可能性があると言われても、癌かもしれないと思ったことはなかった。治ると信じていた。退院したら、自宅で療養しながら、本を読んだり書き物の仕事ができたらいいと思っていた。もし、また釣りができたら喜ぶだろうな。そんなことも考えていた。

私たちには何もできなかった。ただ奇跡を祈るしかなかった。

十三日、健一さんの運転で、亮を連れて父を訪ねた。父は元気がなく、声も出ない。父は、亮の頭と顔を撫でてくれた。まるで何かのおまじないのようだった。

父が建てた千代ケ丘の家が完成した。ビデオで撮影してきたのを、病室で父に見せる。父は黙って見ていた。見終わると、しんどそうに眼を閉じた。

十八日、亮とふたりで父に会いに行く。

「亮くん、おじいちゃまが元気になるように、今日は亮くんがおまじないしてあげて」

父と亮は握手した。

二十日の午後、翌日の父の日に訪ねるつもりだったが、思い立って亮と父に会いに行った。父はひどく苦しそうだった。母が、

「亮くんが来ましたよ。わかりますか」

と言うと、父はこくりとうなずいた。

母が亮を連れて、食堂に行っていた。

「んー。んー」

父の顔が歪む。腰の痛みに加えて、萎えた足がだるいのだ。私は父の足をさすった。頑張っている父に、頑張ってなどと言えない。つまらない気休めも口に出せない。何も言葉にできない。考えるのも辛い。私は奥歯にぐっと力を入れ、筋肉の落ちた父の足だけを見つめ、疲れた腕を左右時々替えながら、足を撫で続けるしかなかった。撫でることだけを考えながら、ひたすら撫で続けた。窓の外の雨の音が、私の心に大きく響いていた。


母から父が危篤だという連絡が入ったのは、その日の夜だった。車で駆けつけたが、死に目には会えなかった。

父が亡くなったとき皆が冷静でいられたのは、父がやっと痛みから救われたという思いからにちがいない。入院から一年七か月。父は痛みから開放された。

母は、毎日病院に通ってよかったと言う。できることは全てしたという自信が、慰めになっているのだろう。母はこうも言った。

「病院に来てくださった方のお顔とお名前を知ることができたし、お父さまがどのような仕事をしていたのか少しわかったような気がするわ」

思えば、私たちは治ると信じていたから、父に会うのが辛くなかった。希望を持っていた。癌だとわかってから十日だったのは、神様が私たちに心の準備をする期間として与えてくださるのにちょうどいい時間だったかもしれない。

父の『広い窓』は私たちに残した遺言状のようでもある。

あとで聞いたのだが、父は『広い窓』に関する手紙にだけでなく、正月に届いた年賀状に、どのような関係の方かをメモして、自分の死亡通知を出す人のリストを母に示していたらしい。衛生研究所の先生方、職員は身内と同じだから、出す必要はなし、と言っていたという。

父は死んだ。今までより、死というものが近いものになった。今までより、少しだけ死が怖くなくなった。

『広い窓』

父が慢性膵臓炎で入院してから三か月後、病院の許可を得て病室にワープロを持ち込ませてもらった。父は手掛けてきた研究に関する記録とエッセイを一冊の本にまとめようとしていた。

痛みは相当激しいに違いなかった。毎日、痛み止めの座薬を入れる時間の見当をつけ、外れたときは辛そうだった。その合間をぬっての執筆だ。しかも、ワープロの前に座っていられるのは、一度にせいぜい一時間が限度だった。

父の本ができあがったのは、入院生活があと数日で一年になろうとしていた一九九一年十一月だった。草色のケースに黒い文字。本を取り出すと、茶色の表紙に金の文字で『広い窓 大橋誠』とあった。『広い窓』か……。ずいぶんと洒落たタイトルをつけたものだ」と思ったとき、ふと病室の父が頭に浮かんだ。ベッドに座る父、その横に東京電力病院の大きな窓があった。

「そうか、あの窓だ」

父はあの窓から、空の色を見、雲の流れを追い、様々なことを考えたのだ。そう気づくとこの題にずっしりとしたものを感じた。ページを開くと、父はそのことに触れていた。やっぱりあの窓だった。

父がこれまで研究してきたことをまとめただけでなく、幼い頃や学生時代の思い出、研究における多くの交友、闘病記録、病床で思うことなどのエッセイが綴られていた。


父が国立予防衛生研究所に勤めていた頃、日曜日に研究所に行くとき何度か連れていってもらったことがある。管理人の男性に挨拶する以外誰にも会わない。建物の中は重々しい雰囲気で、父と私の歩く音がコーンコーンと響く。ドアが重く、閉めるとゴオーンと鳴って緊張する。私は父について、うさぎやモルモットがたくさんいる部屋に入る。毛を刈られて地肌に線や印が書いてあるのを、かわいそうというのではなく、研究のために犠牲になってくれるその運命を切なく思い、荘厳な気持ちで見ていた。研究室に入って、父が用事を済ませる間、私は父に言われた椅子に座って回転させたり、絵を描いたりして待っていた。父が慣れた手つきで手を消毒したり、机の上の書類を読んだり、棚から何かの薬品を出したりするのを見て、父は毎日ここで仕事をしているんだなあと実感した。

千葉大学腸チフス事件が起きたのは、私が四歳のときだ。父は鈴木充医師を弁護していた。本の中で、千葉大学医学部において、「現代の疫学、一つのケースとしての千葉大腸チフス事件をめぐって」という講演をしたときの記録をそのまま載せている。ちょっと前に流行ったサスペンスもののようで引きつけられた。こんな話なら私が学生でも居眠りしないで聞けそうだ。

父から詳しく話を聞いた記憶はないが、新聞を読むことなどほとんどなく、社会に疎い私が事件のことを知っていたのだから、何らかの形で父から聞いていたのだろう。一審で無罪になったとき、熱っぽく法廷での話をする父、二審の有罪判決に憤る父を覚えている。

家族でテレビのサスペンスドラマを見ていたとき、無実の罪で逮捕された男の話をやっていた。彼に同情して何度か訪れた若い女性がいて、恋人がそれを検察官に聞かされて嫉妬し、彼を裏切って証言を取り消してしまうというものだった。結局は検察官の罠で、若い女性は単に同情して差し入れなどをしていただけだったというドラマだった。そのとき父が言った。

「腸チフス事件のときも、これに近いようなことがあったんだよ。ほんとうにあの男は仕様がない奴だ」

私は漠然と、父は鈴木医師が故意にチフスを流行らせるような人物ではないから弁護していると思っていた。私はそのとき改めて、父が科学的にあり得ない事実としてあの事件を弁護していたのだと感じた。

中学生のとき、父に言われて、畑山博さんの『罠』を読んだことがある。そのときも人が人を陥れることが簡単に通ってしまうことに恐怖を感じた。それが年とともに薄れていた。父の講演記録を読んで、改めて考えさせられた。

健一さんが父の本を読み終わったあと、別の本を読んでいた。それは私が実家から借りてそのまま本棚に置いていた、千葉大学腸チフス事件を扱った大熊一夫さんの本だった。

「あれで概略がわかったから読みやすいよ」

と言って、読みふけっている姿を見て嬉しかった。

それにしても、父の立場で厚生省を相手に闘ったことは、ドラマに出てくるヒーローの行為に等しい。厚生省からすれば、父は目の上のたんこぶだったにちがいない。

父は研究所の責務に関して書いている。私には難しいことは理解できなくても、次の言葉にはうなずける。

働きがいのある、そして居心地の良い研究所のあり方については、職員全員で考えてみる必要がある。そのために、改革だ、改善だと叫ぶ必要はない。だれかが何かに気づき、気づいた人が少しずつ直してゆくという心がけが大切だと思う。それが健全な組織というものであろう。

（「庁舎改築計画と研究調整会議」本書153〜154頁）

母が、父が所長になって研究以外の仕事が多くて大変のようだと言っていたのを思い出す。

父は医者だからなのか、人の死というものに淡々としているように見えた。ニュース番組にレギュラー出演していた男性が突然痩せたのを見て、

「この人死ぬよ」

などと平然と言ったりした。しばらくして、その人が番組を降り、さらにしばらくして死去の報道があって、私を驚かせた。祖母が他界したときも子どもの私からみると、随分と冷静だなと思った。人はいずれ死ぬものだ、自分の母親も例外ではないと冷静に受け止めているかのようだった。

ただ、父が国立公衆衛生院で一年間寮生活を共にした、宮田昭吾先生が亡くなったときだけは違っていた。父はひどく力を落としていて、私を驚かせた。子ども心にも、宮田先生は父にとって特別な人なんだなと感じた。

家でよく話題に出て、私が記憶していたのは、福見先生、宮田先生、太田先生、メイコ先生、納谷さんだった。母はほとんど「先生」で呼ぶので、父より年上なのか、若いのか、どのような関係の方なのかわからないまま話を聞いていた。本の中に、学生時代の友人、仕事でお世話になった方々の名前がたくさん出ている。私が記憶していた方々が、それぞれ、お世話になった恩師、友人、仕事仲間、釣り友達だったとわかり、少しずつもつれた糸がほぐれていった。父がたくさんの方に支えられていたことが改めてわかった。

本ができたとき、亮が三か月だったから、当然茉子は生まれていない。今改めて読みなおしてみて

驚いた。父は「サンパギータ」（本書201頁）の中で、マニラのジェス・アズリン博士とのエピソードを花の思い出と絡ませて書いている。

フィリピンの国花サンパギータ。漢名、茉莉花。父の生前の意見で、茉子の命名はこの茉莉花からとっている。

本の中に、亮のことは「一昨年嫁いだ長女の出産予定日が七月末か八月の初め」というかたちで載っている。亮だけでなく、四年後、父の死後生まれた茉子についても、その命名によって、すでに語られていたような気がした。

「於岩稲荷」というエッセイがある（本書120頁）。入院して四か月の頃、先生の勧めで散歩に出かけたときのものだ。父はこのエッセイが自分では一番気に入っていると、見舞いに来てくださった先生に言ったという。「将来に対する希望があった」と。

杖をついて、父はひとりで歩いた。そこには、おみくじを引き、元気になったときを思い浮かべる父の姿があった。神社やすれ違う女子大生、いつもと変わりなく動いている町の姿が、ゆっくりした父の歩調に合わせて描かれている。

父は本の最後に母親について語っている。父の口から、父親や母親、幼い頃の話を聞いたことはほとんどなかった。

歳とった祖母の記憶しかない私にとって、父の言う「母は無学ながら誇り高い女」というイメージが新鮮だった。

そういえば、弁護士の鈴木元子先生がおっしゃっていた。

「大橋先生に、『先生のお母さまは立派な方ですね』と申しましたら、『ん、学校は出てないけど、たいしたお袋だった』っておっしゃっていました」

子どもの頃、お盆によく岐阜に行った。祖母はいつも笑って迎えてくれた。小さな身体を丸くして座り、首の糸が緩んでいるうさぎのぬいぐるみを揺らしながら、「おみーみピョコピョコ」と歌ってくれた。何度も何度も繰り返すのがおかしくて、妹と一緒にお腹を抱えて笑った。

同じ時だったたか、皆でテレビを見ていたとき、ドラマの中で、「ごめんくださーい」と言ったのに、「はーい」と返事をして皆で大笑いしたこともあった。

祖母が亡くなったという連絡が入り、岐阜に向かうとき、百合ヶ丘の駅からハイヤーに乗ることにした。どこまで行くつもりだったのかわからない。運転手に遠いからと断られたとき、父は、

「母が危篤なんですよ。頼みますよ」

と言った。

「おばあちゃま、亡くなったんじゃないの？」

私は母に聞いて、黙らされた。

結局、私たちは車から降ろされた。父は随分と怒っていた。

父の自分の病と死に対する思いは、『広い窓』の「迷い」(本書109頁)、「出会い」(本書115頁)、「抱きし

めてこそ」（本書128頁）に書かれている。

膵臓癌ではないかと思う気持ちと、そうではないと思う気持ちが激しく揺れ動いた。癌であると知っていようが、癌ではないと思い込んでいようが自分ではどうしようもない。癌と知った上でこれと戦うのは男らしいに違いないが、主治医の言葉のまま癌でないと信じるのも人間らしい素直さで悪くない。癌と知りながら家族の者のためにそしらぬ顔をするのも立派な態度であろう。死ぬことについて悟りを開いたなどという心境とはほど遠く、いつまでも私は死を恐れた。不安であった。死を受容できる心境にまでは到底いたらなかった。

（「抱きしめてこそ」本書132頁）

そこには、父の揺れ動く正直な姿があった。十分に父と話すことはできなかった。父のことを全てわかることはできなかった。そんな父からのメッセージとして、この『広い窓』は私たちに、父の思いを形にして残してくれた一冊となった。

サイン

父のベッドの横にダンボールが置いてある。母はその中から、本を一冊取り出して、私に手渡した。

「本ができあがりましたよ」

何ともそっけなかった。父が書いた本だ。父のこれまでの研究をまとめた本だ。痛みに耐えながら、病室でワープロに向かって完成させた本だ。もう少し渡し方があるだろうにと思った。

「娘に自分の書いた本を贈るんだから、『佐和子へ』とかなんとか書いてくれるもんじゃないの？」

父はフッと笑って、足に車の付いたテーブルを寄せる。本を開いて、筆ペンをとった。

「うまく書けなかったよ」

渡された本には、「佐和子へ」その下に「大橋誠」と書いてあった。「和」が少しゆがんで、「子」の位置がずれている。達筆な父にしては、力のない字だ。

私は、それでは家で読ませてもらいます。とバッグに本をしまった。

「おもしろいわね。お父さま、娘に贈るのに『父より』じゃなくて名前でサインしていらっしゃるのね」

友人に父の本を見せたとき、そう言われた。

「だって、私のために書いたわけじゃないもの」

「そりゃそうだろうけど」

「父より」と父が書くわけがないと思った。たいした理由があるわけではないが、考えられなかった。それが、めずらしいと思ったこともなかった。

父が海外出張に行くことが多かった頃、よく外国から絵葉書を送ってくれた。宛名はいつも、母と私と妹の三人の名が書いてあった。南国の写真の裏に、短い言葉が書かれていて、最後に「誠」とサインしてあった。

私は、毎年子どもたちの誕生日に手作りのカードを贈っている。そういえば、カードの文中で「お母さんは……」と書いていても、最後のサインは「さわこ」にしている。特に、私自身からだとか、子どもと同レベルにとか、理屈っぽい信念を持っているわけではない。それが自然なだけだ。

先日、六歳になる亮が、画用紙にゲームを作っていた。いくつもの線で区切って、丸い爆弾のようなものやら、宝物のようなものが描いてある。ルールは本人にしか理解できない。四角の中に、覚えたてのひらがなで「りょう」「まこ」そして「さわこ」と書いてあった。それぞれの陣地らしい。

子どもに名前で書かれるのは少し恥ずかしいが、何だかうれしい。

父の血かな。ふとそう思った。

初　孫

よく生まれたての赤ちゃんを見て、お父さんに似ているとか、お母さんにそっくりというのを聞いたことがある。生まれたばかりのわが子を見て、それは嘘だと思った。そういえば、父もどこかの赤ちゃんのことを、同じように言っていたことがあった。

「どっちに似てるかなんて、わからないよ。サルに似てたな」

自分の孫もサルに見えただろうか。父の初孫の誕生は病院で母からの電話で伝えられた。

「お父さま、亮くんが生まれて、男の子だって聞いたとき、なんて言ってた？　どっちがいいと思ってたかな」

と母に聞くと、

「『そう』って言っただけだったわよ。男の子でも女の子でもどっちでもいいと思ってたんじゃないの」

父には娘しかいないから、息子と一緒に釣りをしたり、一緒にお酒を飲んだりしたかったのではないだろうか。ほんとうは男の子がいいと思っていたくせに。父もおじいちゃんになるのだから、もっと嬉しそうにしたっていいのに。私には感情を抑えようとする「おじいちゃん」がおかしかった。

亮が三か月になった十一月中旬、二度目の退院をした父を実家に訪ねた。父と亮のご対面だ。テーブルの上に座布団とバスタオルを敷いて、裸ん坊の亮を寝かせ、赤ちゃん体操をしてみせる。足を曲げたり伸ばしたりするのを父は穏やかな表情で見ていた。

うつ伏せにして、「りょうくーん」と頭の上から呼びかけると、うー、ううーと少しだけ頭を持ち上げる。亮を抱き上げたら、タオルが濡れていた。

「ああ、おしっこしてる」

父はくっくっと笑った。

父は私の膝に抱かれている亮の小さな手を、人指し指にのせてゆすっていた。

「おじいちゃまに抱っこしてもらいましょうね」

父の膝に亮を乗せると、小さな亮を支える父の手が震えた。私は焦った。

「落とすといけないからいいよ」

「はあい、じゃあまた後で抱っこしてもらおうねえ」

私は、それに気がつかなかったふりをして、亮を受け取った。

その翌日、父は再入院した。


年が明けて、元旦に家族皆で父のところに行った。

以前、従兄弟が子どもを連れて見舞いに来てくれたとき、「病院に子どもなんか連れてくるもんじゃない」と怒っていたので、父に聞いてみた。

「亮くん、もう四か月だけど、病院に連れて来ても大丈夫かなあ」

「いいんじゃやない」

父は本に眼をやりながら、ボソッと言った。

それから、私は抱っこ紐で亮を抱えて、時々父に会いに行くようになった。

私は亮の写真を撮るたびに焼き増しして母に渡していた。病院に行くと、その中の一枚が額に入れてベッドの横に飾ってあった。あまりいい写真ではない。他にうつ伏せから顔を起こして、にこっと笑ったとびきりよく撮れているのがある。

「こっちの写真のほうが、かわいく撮れてるじゃない」

「それは、かわいすぎる。ほどほどのほうがいいよ」

などと父は訳のわからないことを言う。

写真を見ているせいか、父から話を聞いているのか、どの看護婦さんも、「あらあ、この子ね」と話しかけてくれる。

人見知りしないで誰にでもにこにこするのでよくかわいがられた。

「この間、亮くんのこと『すごくかわいいからミルクのCMに応募してみたら』って言われちゃった」

「出してみたら」

父の言葉は意外だった。看護婦さんにも同じことを言われたという。そのようなことは大嫌いのはずなのに、孫のことになると別らしい。

最近、なぜか細面に髪がふさふさしている赤ちゃんが多いなか、亮は顔が丸くて大きく、髪が薄い。昔ながらの赤ちゃんという感じでぽちゃぽちゃしていた。抱っこして歩いていると、知らない人からよく、「かわいいわねえ、まるで金太郎さんみたい」と言われた。「またか」と少々うんざりしていた。

ある日、病室を訪ねていらした先生が亮を見ておっしゃった。

「おお、顔がぱんぱんして、金時さんみたいだね」

あとで父に聞いた。

「金時さんって誰？」

「金太郎」

「……」

貴花田に似ているともよく言われた。

あるとき、母も近所の方に言われたらしい。

「ほら、誰だっけ。あの人に似てるわ」

「貴花田でしょ」

「違う……そうそう、琴ノ若」

いずれにしても、お相撲さんだ。


ある日、亮が病室の窓の下の丸椅子に座り、エプロンをして、自分でヨーグルトを食べていた。

「この子は、わりと上手にスプーンを使うね」

父に言われると、私もそういえばほんとうにそうだ、と思えてくる。

それは、普通のおじいちゃんが、「この子はなんて上手にスプーンを使うんだろうね。手先が器用なんだな。将来は外科医か芸術家かな」ぐらい言うのに相当する。


一度、ベッドの上で父が亮を抱っこして写真を撮った。父も亮も嬉しそうだ。ただ父は随分痩せてしまっていた。五十一キロしかなかった。二十五キロも痩せたことになる。

亮が眠ると、父の横に寝かせた。父は近くでじっと亮の寝顔を見ているが、そのうち父も眠ってしまい、ふたり並んで気持ちよさそうに寝息をたてる。亮は父の背丈の三分の一くらいしかなかった。九か月になると、亮はベッドの上にお座りしたり、ベッド用のテーブルにつかまり立ちするようになった。時計をいじったり、薬を触ったりするので、だんだん周りのものが片付けられていった。

六月に入り、父はいつも辛そうだった。黄疸が出て黒くなった手で、亮の頭をゆっくりゆっくり撫でてくれた。おまじないをするように、父の願いをしみ込ませているかのように、ていねいに撫でてくれた。

その一週間後、父は天国へ行った。

出産を経験すると、女性は強くなる。この子のためにと必死になる。そうしてズバズバ言って、自分の意志を貫こうとする「おばさん」に化していくわけだが、私も例外ではなく、昔より強くなった。以前は言えなかったことでも、今なら父に話すことができるだろうし、年のせいか病気のせいか、ほんの少し丸くなっていた父と、孫のかわいさを武器にして、今までよりずっといい関係が持てたかもしれない。

大学時代から親しくしている友人は、中学生のときにお父さまを亡くしている。私の場合は、初孫も見せることができたのだから彼女に比べれば、幸せなのにちがいない。でも、もう少し生きていてくれたら、亮がよちよち歩きをするのを見せてあげられたのに。せめて亮が片言のおしゃべりができるときまで、せめて父と釣りができるときまで、せめてランドセルを背負うときまでとつい思ってしまう。

父と亮は気が合うにちがいない。亮が水道の水が落ちそうで落ちないのを見て、どうしてと質問する。健一さんの表面張力だという結構難しい話を、わかっているのかいないのか、じっと聞いていたりする。私と違って、思ったことをはっきり話す。もしふたりがおしゃべりできたらきっとおもしろかったと思う。

そしてできれば、茉子が甘い声で「お兄ちゃあん」と追いかけて、亮がお兄ちゃん風を吹かせて世話をしてやったり、きゃっきゃいってふたりで遊ぶ様子を見せてあげたかった。ほんとうは、亮が大人になって進路を決める頃、父に相談できるとよかった。……ときりがない。何かにつけ孫の成長を見せたいと思うとき、父が早く逝ってしまったのが悔しくてたまらない。

父の研究室に置いてあった父の蔵書をそのまま研究所に残してもらった。専門的な本は我が家にあっても読む人がいないし、置く場所もない。先生方に役立てていただいたほうがいいと思ってお願いした。そんな話が出たときに、父の一番上の姉が言った。

「亮くんが使うんじゃないのかね」

父の孫ということで、同じような学力を持ち、同じような仕事をするようになるのではないかと、すでに母や親戚の期待を一身に集めているようだ。

しかし忘れないでほしい。亮は父の孫である前に、健一さんとこの私の子どもであるということを。

父の死

その日、私たちは注文したベッドが届くのを待っていた。予定の時間を過ぎても家具屋さんは来なかった。翌日が父の日だったので、病院に行く予定ではあったが、ふと、健一さんとふたりで待つこともない、見舞いに行ってこよう。そう思い立って、私は亮を抱っこひもで抱え、病院へ行くことにした。

数日前から、防菌のため、病室がビニールでおおわれていた。この日、ビニールがとられた。このところ、父の兄姉が岐阜や大阪から次々に見舞いに訪れていた。父がどう感じているかを考えると辛かった。

父は、苦しそうに胸で息をしている。痩せてしまった父の顔は力なく黒かった。私は亮を抱っこして、父に見えるようにして立った。

「亮くんが成長するのを見ていてくれなくちゃ。お父さま元気になってよ」

気持ちは強いのに、言葉になって出てこなかった。辛そうな父に話しかけても聞こえないだろうという思いと、なぜか口に出さなくても伝わるだろうという思いがあった。父はじーっと亮の顔を見ていた。父は身動きもせず、私のことはチラリとも見ず、まばたきもしないで、亮を見ていた。まるで、父の思いを亮に注ぎ込んでいるように思えた。私は、その光景を一歩下がって見ているような気がした。とても長い時間だった。

その日の夜、電話が鳴った。母だった。

「お父さまが、危篤です」

落ち着いた声だった。私もなぜか冷静だった。すぐに行くからと言うと、

「亮くんがいるからいいわよ」

「何言ってるの。連れて行くから」

「そう」

健一さんが亮をお風呂に入れていた。すぐに出てもらって、急いで車に乗る。足がもつれて、気ばかりがあせる。

早く、早く、早く、早く、眠った亮を抱えて私は心の中で叫んだ。やたらと赤信号にひっかかる。そのたびにイライラする。もっとスピードを出せば、全部青で行けるのに。

健一さんは、こういうときに事故を起こしやすいんだとやけに落ち着いて言う。そのとおりかもしれないと、文句を言わず、ひとりでイライラすることにした。

突然、雨が降ってきた。ドーッとバケツをひっくりかえしたようにひどい雨だった。しばらくして雨はうそのようにやんだ。

なんなの、この雨は。

やっと病院に着いた。入口に立っていた男性が、

「大橋さんのご家族ですね」

と言った。私は走った。エレベーターがいつもより遅い。飛び出したところに見えたナースセンターで、母と妹夫婦が先生の前に座っていた。

間に合わなかったんだ。

死の瞬間に父と会えないことをずっと恐れていたのに、普通にナースセンターに入っていく自分が不思議だった。昼間、思い立って父に会いに行けたからなのだろうか。先生に呼ばれて、説明を聞いた。何を聞いたか覚えていない。

静かに皆で父の病室に向かった。父が眠っていた。父の顔にさわってみた。温かいとも冷たいとも思わなかった。私の父は絶対死なないと小さいときから思っていたのに、父は死んだ。ドラマで見るようにワーッと泣きたかった。でも、そばに健一さんと妹の夫が、いつ見舞いに来たのが最後だったなどと話をしていた。ふたりの前では泣きたくない、そんなことを考える冷静さが私にはあった。父の隣に椅子を置いて亮を寝かせた。ふたりが並んで眠っているのを見ると涙がこみあげてきた。

父は死んでしまった。ほんとうに死んでしまった。でも、これで父はやっと痛みから開放された。

一九九二年　六月二十日　二十二時。……ちょうど、あのひどい雨が降りだした時だった。

骨壺

あるとき、父が壺をひとつ持ち帰ってきた。中学時代の友人、陶芸家の川井二夫さんに焼いてもらったと言った。白の混ざった茶色で、耳が三つ付いている。素朴でいて上品で、丸みが優しい。

それ以前、母と私で川井さんの個展を見に行ったことがある。

「誠くんの奥様とお嬢さんですか」

足をきちっとそろえて、深くゆっくりとお辞儀をしてくださった。ていねいに、言葉をかみしめるようにして話されたのを思い出す。あの方らしい壺だと思った。

父は、箱から出して、ゆっくりと動かして見ながら言った。

「いい壺だよ。俺の骨壺にするんだ」

ドキッとした。

それにしても、こんなに小さな壺に、人間の骨が入ってしまうのだろうか。

火葬場に着いた。いよいよ父と最後の別れだ。台に横たわった父が釜の中に入れられる。私が九歳のときに祖父が他界して、火葬の記憶があるつもりでいたが、目の前の光景が全て初めて遭遇することのように思えた。

「あとから行きますからね」

と母が言った。父の姉たちが、父にすがって泣いた。

このようなとき、嫁に行ってすでに母となった娘の立場は弱い。伯母たちのパワーに圧され、感情を表に出すこともできずに、一歩下がって父と別れた。小さな扉が閉められる。重々しい音が冷たく響いた。

和室の休憩室に移動した。親戚たちが何事もなかったように喋っている。私はお茶を飲みながら、亮が退屈しないように、ストローの包みで花を折ったり、ジュースの栓で何かおもしろいものが作れないかと工夫する。こんなにも時間がかかるものなのだろうか。私は、父が徹底的に焼かれていくように思った。

とうとう呼ばれた。私たちは火葬の部屋に戻った。皆が見守るなか、小さな扉が開いて骨になった父が出てきた。父の死からこの瞬間まで、私たちは悲しむ間もなく、すべきことをベルトコンベアーにのせられたようにしてやってきた。骨になった父を目の前にして、もはや奇跡は起こりえないのだという現実を、突きつけられた思いがした。

台の上に、横たわっていたままに骨が残っていた。

「これほど美しく喉仏が残っているのは、めずらしいことです」

係の人が静かに言って、私たちは合掌した。

父の骨は、持ってきた骨壺に納められた。しかし、小さすぎて入りきらなかったので、残りを女性用の骨壺に入れた。お世話係の女性が驚いていた。

「ご先祖さまのお墓と家族の近くとに分けられるというのはありましたけど、こういうのは初めてですねえ」

ほらごらんよ、やっぱり入らなかったじゃないの。

こうして父の骨は、分骨ではないのに、ふたつの骨壺に納められた。

友人に電話で父の死を報告したときに、私が父と似ているところについて話題になった。私は父に似て、耳たぶが大きく上を向いていた。お米が乗るから将来お金持ちになるよと小さいときからよく言われていたが、小さなイヤリングをはめると、金具が見えてしまうやっかいな耳だ。そのときふと、私の小指のことを思った。私の手は小さいが、小指が長く、薬指の関節を越えていた。

父もそうだったのだろうか……。

今まで話題になったことはなかった。もう父に聞くことも、父の指を見ることもできない。小さな骨壺が見えた。父はあの中だ。

父の身体はもはやこの世に存在しないのだという事実に、初めて涙がこぼれた。

別れ

父が逝った。もう痛みも管を付けた煩わしさも、病気の不安もなくなった。

私たちは、父と一緒に百合ヶ丘の自宅に帰った。翌日、父の兄弟たちが集まって、仮通夜をする。お経をあげてもらったあとに、父の一番上の姉が言った。

「六人兄弟の一番下なんですわ。私なんかが生きていてねえ……できることなら、私が代わってあげたい」

翌日、新宿にある諦聴寺で通夜と告別式が営まれた。大きなお寺で、祭壇も立派だった。父の写真は、『広い窓』にも載っている研究所で撮ったものが使われた。かしこまった証明写真のようで、父らしくなかった。父がいつも使っていた茶碗にご飯がよそわれ、箸が立てられる。茶碗は、私が父と母の結婚記念日に色違いで贈ったもので、ベージュに青い柄がある。私たちが結婚したときに買ったのと同じものだった。

父の法名を戴く。

誠海院釈慈円

父の名の誠の字と、釣りが好きだったので海の字を入れてもらった。

式が始まる。式の間中、従兄弟の奥さんが亮の面倒をみていてくれた。初めて会う人なのに、亮はおとなしく抱っこされていた。

多くの方がいらしてくださった。正面にお焼香が三つ置かれ、列が三つできた。祭壇を過ぎたところに母と私たち夫婦、妹夫婦が立って、焼香を済ませた方に挨拶をする。皆母に声をかけ、私たちに会釈して通られる。たまに妹や私も声をかけられる。

「お母さまを大切にしてあげてくださいね」

と言われることが多い。私は、

「はい」

と答えて、軽く会釈をしながら、

(私の父が亡くなったんだぞ。私が自分の母親を大事にすることなんぞ、赤の他人に言われなくても、私が一番そう思っとるわい)

と心の中で､悪態をつく。友人のお父上が亡くなったときに､私も同じことを言ったことがある。わかっていながらも、ひねくれて考えるところは、私も父によく似ている。

焼香の列は長く続いた。お通夜と告別式を合わせて、延べ九百人の方がいらしてくださった。改めて父の大きさに驚かされた。


いよいよお別れだ。最後は親族だけで見送ることにした。父が白い菊や百合の花に包まれている。

「亮くん、おじいちゃまにさようなら言おうね」

亮は、健一さんに抱かれ、父の顔をのぞきこんだ。不思議そうな眼差しでじっと見る。父の顔を見たままぴくりとも動かない。それは、十か月の子どもが、何かに興味を持って見ているには、あまりにも長い時間だった。私には、周りの時間が止まってしまったように思えた。私は、確かにこれと同じ光景をどこかで見たと思った。そうだ。三日前、病室で父がまばたきもしないでじっと亮を見つめたあの時だ。ふたりはあの時と同じ位置にいて、今度は亮があの日の父と同じ表情で父を見つめている。私は父と亮の様子を、不思議な空間から一歩下がって見ているような気がした。

父が車に乗せられる。あたり前のように焼かれ、あたり前のように骨になり、父は二つの骨壺に収められて、一緒に家に帰った。夏の初め、父は百合ヶ丘の居間にいた。

四十九日の法要の日、八月一日に父は町田霊園に納骨された。お墓の前で、お経を読んでいただく。私は、亮が墓石の上に乗ろうとしたり、小石をつかんでばらまいたりで落ち着かない。ふと見ると、父の墓石の周りを黄色い大きなアゲハチョウが飛んでいる。めずらしいなと思って見ていると、蝶はいつまでも墓石のあたりから離れようとしない。お経が終わり、一人ひとりお焼香している間もずっと、蝶は近くをはたはたと飛び続けている。

（お父さまかな）

ふとそう思った。

私たちが帰ろうとしたとき、アゲハチョウは思い立ったように遠くへ飛んでいった。父の魂はいつも私たち家族のそばにいる。でも父の身体とはお別れだ。そう思いながら、私は蝶を見送った。

［『広い窓』その後］

『広い窓』その後

「遺書めいたもの、書きおって」

父の担当医の藤城先生がおっしゃった。

父も自ら、見舞いに来てくださった方に、「香典集めですよ」などと、冗談を言っていた。

それがほんとうになった。父の書いた本『広い窓』をお贈りしたことで、多くの方々に父が病気であることを知っていただき、たくさんの方々に見舞いや励ましの言葉を頂戴することになった。エッセイによって、毒舌だった父の印象を少し和らげていただけたかもしれない。

私の友人に読んでもらうことはなかった。仕事に関する専門的なページが多かったし、子育てで忙しいのに読んでもらうのが心苦しかった。しかし、父が他界してからは、親しい友人に読んでもらった。

大学時代の親友ふたりにコピーを送らせてもらった。結婚する前、看護婦をしていた、倉島美紀江さんには、父が入院中に本を書いたということは話したことがあった。ある日電話があって、読ませてほしいと言ってくれたのが嬉しかった。

私は、亮が生まれる前、少しのあいだエッセイの講座を受けていた。父は、講師をしてくださっていた宇佐美承先生に『広い窓』を読んでもらってよと言ったことがあった。私は先生もお忙しいだろうと思ったし、父が医者であることを自慢するように思われたらいやだななどとつまらないことを思って、何となくうやむやにしてしまった。父はプロの人に読んでもらって、評価してもらいたいという気持ちがあったにちがいない。お願いしなかったことが悔やまれた。

亮が三歳のときに、私はかねてからやりたいと思っていた「童話を書く」講座に入会して月に二回通っている。柏原怜子先生は教室で指導するだけでなく、家に呼んでくださったりする気さくな方なので、思いきって家に遊びに行った際『広い窓』を持参した。お忙しい先生なので、少々勇気がいったが先生は「ぜひ読ませてください」と言ってくださった。

何日かたって、恐縮にも先生のほうから電話をいただいた。父の本を高く評価して、その上、ひとつひとつに感想を言ってくださった。

「包み隠さず、生身の部分が出ている。自分を客観的に見ている。引き込まれて読んだ。千葉大学腸チフス事件に関するところは特に感動を受けた。無念さが滲み出ている。理不尽さ、不正への怒り、医者としての誠意、人間としての正義感があり、学生たちへの講演がすばらしい」

私は先生の言葉を母に伝えようとメモしながら聞いた。涙が止まらなかった。

「お父さまにお会いしたかったわ」

柏原先生は、医学特集の取材の仕事もされているという。柏原先生と父が話をする。なんて素敵なんだろう。冗談を言いながら楽しそうに話す姿が眼に浮かぶ。面食いの父は先生が好きになるにちがいない。先生は聡明で、さばさばした性格のうえ、はつらつとしている。

私は受話器を置いてすぐに母に電話した。母も「ありがたい、ありがたい」と繰り返し言った。

私が柏原先生に父に関するエッセイをまとめたいとご相談して、しばらくたったある日の朝、柏原先生から電話があった。いつも電話は夜あるのにどうしたのだろう。先生はいつもに増して明るい声で一気におっしゃった。

「この間、取材した多田富雄先生のご紹介でお会いした先生のお書きになった本を昨日の夜、やっと原稿が一段落したんで読んだのよ。『医者も驚く病気の話』っていう本でね。そしたら千葉大学腸チフス事件のことが載ってるじゃない。これは、あなたのお父さまのことをお伝えしなくてはと思って読んでたらね。何とあなたのお父さまの『広い窓』がいっぱい引用されてるのよ。今ちょうどあなたがお父さまについて書いているところでしょ。もうびっくりしちゃって」

明け方読み終わった先生は、興奮してお気の毒にもご主人を起こして、このことを話されたという。そして、私に電話するのをこの時間まで待ってくださったらしい。私は先生の話に圧倒されながら、『医者も驚く病気の話』と聞いて、

(その本どこかで聞いたことがあるなあ。最近あまり本読んでないし、難しそうな本とは無縁の私がどうして知っているのかなあ)

などと先生より三倍くらいのゆっくりしたスピードで考えていた。

あ……

「その本、藤原先生が書かれた本ですか」

私の頭の中でやっと話がつながった。

一九九四（平成六）年、四月。都立墨東病院の脳神経外科医長である藤原一枝先生から母宛にお手紙をいただいた。父が国立予防衛生研究所でお世話になった中村明子先生を通して『広い窓』を読み、ご自分の本に引用されたと書かれていた。別便で、本も送ってくださった。それを読ませていただいたことがあったのだ。父の本は母と妹と私が一冊ずつ持っている以外に一冊しか残っていなかった。予備として手元に置いておこうと言っていた。母に相談され、折角引用してくださったのだからと最後の一冊を藤原先生にお送りすることに決めたのだった。そんな大事な本なのに、すぐにピンとこないところなど、まったく親不孝者で、藤原先生にも申し訳ない。

私はしばらく柏原先生とお話しして、その日一日興奮しっぱなしだった。

私が童話を書く講座でご一緒した平瀬美枝子さんが父と同じ膵臓癌に侵され、北里大学病院に入院している。二度目にお見舞いに行ったとき、『広い窓』をコピーして持っていった。痛みに関するエッセイに力づけられるかもしれない。入院中に書いたものだから、励みになるかもしれない。迷いがありながらも手渡した。平瀬さんは膵臓癌に関する専門的な本かと勘違いし、担当医の先生に読んでくれるようにと渡したらしい。三回目にお見舞いに行ったとき、

「先生が参考になるっておっしゃってたわ」

平瀬さんはいつもの優しい調子で笑った。

『広い窓』は、身内や友人、仕事の関係者に父の思いを形にして残してくれただけでなく、父の亡き後、父を知らない方々にまで、様々に読まれることになった。

三冊の黒いノート

父の闘病記録が書かれたノートがある。厚いビジネス用の黒いダイアリーノートだ。一九九〇年と一九九一年はＢ５版で、一九九二年はひとまわり大きいＡ４版だ。

入院した一九九〇年十一月二十日から、ノートはびっちりと書き込まれている。左のページには、見舞いに来てくださった方の名前が書かれていて、名前のところだけ赤のボールペンで囲んである。見ると、ほんとうに多くの方に見舞っていただいている。父が言っていた。

「元気なときは、誰かが入院したって聞いても、やつれた顔を見られたくないだろうと思って、あまり見舞いに行かなかったけど、来てもらえるのは嬉しいというのがわかったよ」

名前の横に、〇〇の件など仕事の内容のメモや、花束、花瓶、雑誌、饅頭などいただいたものも記入してある。節句の前にいただいた梅の花は特に嬉しかったのだろうか、ひとまわり大きな字で書かれている。その日にあったできごとや検査の内容、体調も「痛み激しい」「黄疸あり」「頭ぼけてワープロできず」など細かく記されている。そんな中で、「井上靖氏死す」「中東湾岸戦、停戦」「ゴルバチョフ来日」とニュースも赤い大きな字である。右のページには、座薬を入れた時間が書かれ、仕事のメモや薬の名前などが書いてある。たまに内臓の絵に矢印があってドイツ語で何やら書いてあったりもする。

一冊目のノートのうしろのほうに、看護婦さんの名前が並んでいる。名前を覚えようとしていたのだろう。名前の後に、かっこして特徴が書いてある。(眼鏡)(美形)(ポチャ)(チビ)。どんなエピソードがあったのか、(夏みかん)(千葉のたぬき)というのもあるし、(うっかり)(暗い子)などという失礼なのもある。一九九一年、二冊目に入って、東京電力病院に移ってからも、毎日、日勤・準勤・深夜別に看護婦さんの名前を書いている。初めての人には、やはりかっこして特徴をメモしている。

一九九一年のノートのページを開くと、どのページも余白がないくらい、文字でうめられている。右のページに赤いペンで書かれた、座薬を入れた時間は明らかに増えていく。日曜日に測っている体重はどんどん減っていく。うしろに体重をグラフにしていて、その名も「体重減少カーブ」。それを見ると、入院前の十一月に七十六キログラムあったのが五月には五十一・二五キログラムにまで減っていて、その後九月には六十・五キログラムまで持ち直しているのがわかる。

二冊目のノートのうしろに、日記のようなメモのような、書きなぐったページがある。
「私の行為の上で償わない限り、母は成仏しないのだと——」
「小柄な母は、私と一緒に暮らすつもりなので——」
私の心の中に、冷たいものが走った。『広い窓』を書くためのメモなのか、病床での思いを綴ったものなのかわからない。

父は過去を振り返るのは嫌いだった。クラス会に出席したこともなかったし、思い出話なども、めったにしたことがなかった。そんな父も、入院生活が長くなって、昔を思うことが多くなったのか。『広い窓』の執筆で、いろいろな記憶が呼び起こされたのか。死と隣り合わせでいると、人は無我夢中で生きているときには見過ごしていたことを思い起こすのかもしれない。

俳句もいくつか書いている。バツをつけて「季語重複」と自分で添削しているのがおかしい。

節分や　我が心にも　鬼の住む
待たるるは　長良の里の　花便り
病床に　桃一輪の　節句かな
黄水仙　咲きしや否や　留守ながし
菜の花に　安房の海辺を　おもいけり
花づかれ　ことば少なき　わかれかな
母の日や　やつれはてれば　母に似る
点滴の　ポンプうめくや　春のやみ
春の夢　目尻に乾きし　涙のあと
病窓に　音なく咲き散る　花火かな

一九九〇年のダイアリーの初めには、母が来た日にその都度「貞子来る」と書かれている。そのうち「貞子」だけになる。見るとほとんど毎日母は父のところに行っている。一九九二年の三月になると、母が来なかったときだけ「貞子来ず」とか「貞子来訪せず」になっている。六月五日、父の字で「貞子来訪せず」とあり、その横に、母の字で「＝夕方くる」と付け加えられていた。

一九九二年、三冊目になると、訪れる方の名も随分少なくなっている。父のメモも減った。

六月の初め、父の字は歪み、痛みが伝わってくるようだ。ついに次のページからは、母の字で、注射の時間とメナミンを飲んだ時間、体温、血糖値、便と尿の回数が記入されている。

白い紙が挟んであった。震える線で、絵のような図のようなものが書かれている。「ほしい」「続けて」という文字が力なく、いくつか書かれている。最後は母と筆談したのだろうか。

六月二十日。母の大きな字で、「午後十時　肝不全　死亡」とある。

ノートはそこで終わっている……と思った。

しかし、ページをめくっていくと、母の字がある。父の関係の方から電話があったとか墓参りに行った、佐和子来た、ゆー（祐嘉子）からＴＥＬ、さらには、歯医者の予約や大型ゴミを出すことまでメモしている。普段カレンダーに予定をメモするだけで、手帳を持たない母が、年末までダイアリーのページを使っている。

父の闘病記録であり、父の形見のノートだ。普通なら大切にそのままとっておきそうなものだが、続けて自分のダイアリーにしてしまったのは、実に母らしい。また、父がやり残した仕事を引き継いで、最後まで書き続けたと考えると、それも、母らしい気がする。

徳川吉宗

日誌を書いている傍らで、テレビがついていた。人物紹介をする番組で、その日は大岡越前をやっていた。歴史音痴の私は、たいして気にとめることもなく、聞き流しながらペンを走らせていた。

ふと手を止めて、テレビの画面を見た。徳川吉宗が、あるとき偶然見た越前の裁きを覚えていて、将軍になったときに、当時身分の低かった越前を引き抜いたという話が気にかかったからだ。父に似ている。何となくそう思った。

吉宗は百姓の子で、もともとエリート意識がなかったから、その頃の階級社会に批判的だった。贅沢な生活を非難した。目安箱を作って、農民の意見に耳を傾けようとした。

父も地位だけで人を見ることなく、努力する人を評価したし、職場で若い人とのつきあいを大事にした。とはいっても、実際私は父が仕事の場においてどういう人だったかよく知らなかった。家で仕事の話はいっさいしなかったし、数年に一度の正月以外、職場の人が家に来ることもなかった。ただなぜか、父はそういう人だ、私はそう思った。また、吉宗は農民の出のせいか、あまりあかぬけない。

父も岐阜の出身だし、若い頃の写真を見ると、なかなかハンサムだったが、四十代に入ってからはお腹はでっぷりし、あごも二回り大きくなった。地黒で、お風呂ぎらいの父は、お世辞にもダンディとはいえない。

吉宗は芝居嫌いだという。父も芝居を観たという記憶は私にはなかった。

越前が人当たりが良かったのに対し、吉宗は人つきあいが器用でなく、機嫌の悪いときは、近寄りがたかったという。私は思わず笑ってしまった。

吉宗の自画像が映った。顔が小さく、しわくちゃで猿のような吉宗は父とは全く違っていた。ただ、私の眼を釘付けにしたのは、彼の大きな耳だった。父もまた福耳だった。

私はペンを持ったまま、「似てる、似てる」とつぶやきながら、すっかりテレビに入り込んでいた。そして、次の画面を見た瞬間、私の体は完全に固まってしまった。

「徳川吉宗、一七五一年六月二十日　死去」

六月二十日は、父の命日だった。

名　前

佐和子という名前は、父がつけてくれた。私はこの名前が気にいっている。名前負けしていると友達に言われたこともある。

三つ違いの妹の名、祐嘉子も父がつけた。はじめ、佑という字を考えていたが、当時まだ「ゆう」はよくても、「ゆ」は人名には使えなかったそうだ。私の「佐」と「佑」で対にしようとしたらしい。私が妊娠したとき、女の子のような気がした。私には妹、健一さんには姉がいたし、父も彼の父親も六人兄弟のうち四人が女性、私の母に姉がいる。まわりに女性が多いせいか、お腹の中の子どもは女の子のように思っていた。私も女の子がほしかったし、友人からお腹の形や私の顔つきから、女の子に違いないと言われていた。

女の子の名前はきれいで素敵な意味の漢字を使いたい。優しい響きで、読みやすく、覚えやすいのがいい。赤ちゃんの名前という本を買ってきてあれこれ考えた。字画を出してああだこうだと悩んでいた。初めての子どもだ。名で人生が決まるようで、緊張する。私はいくつかの候補をあげて、その頃元気だった父のところへ持っていった。父のセンスを信頼していた。

一番の候補に「真」の字を使っていた。父は「真」という字よりも「茉」のほうがいいと言った。調べてみると茉莉花はジャスミンの和名とある。爽やかな香りがしてくるようで、「茉」という字が好きになった。この字を使おう。そう決めた。

父は男の子の名前も考えてくれた。

「この字がいいと思うよ。形が美しいし、明るいという意味がある。諸葛亮孔明の亮だ」

歴史小説嫌いの私だが、『三国志』は最後まで読み通したことがある。孔明……私の頭の中に聡明で物静かな軍師の姿が浮かんだ。父はそれで「あきら」と読ませた。私は「りょう」という響きが気に入って、健一さんと相談した。ふたりで、「亮」(りょう)の字を使おうと決めた。

父の誕生日は八月十一日。出産予定日は八月十日だった。父は自分の誕生日に生まれることを期待していたようだった。が、私は十四日に入院した。陣痛が始まってから、四十二時間もたった八月十六日、〇時三分にやっと生まれた。

長時間にわたる陣痛と破水と点滴でへとへとになり、意識がもうろうとする中、助産婦さんの言葉が響いた。

「男の子ですよー」

嬉しかった。未知のものを授かるような不思議な気持ちがした。私は一日三、四回、授乳室に通った。消毒液と赤ちゃんの匂いが混じって心地よい。その部屋で、私は壊れそうで、堪らなく愛おしい赤ちゃんを抱っこするとき「りょうくん」と呼んでいた。

退院して、しばらく実家で過ごした。明日までに名前を提出しなければいけないという日の夜、健一さんと母と三人で話し合った。父が、

「亮は『すけ』とも読むから、亮介は『すけすけ』になるよ」

と言っていたので、候補からはずした。亮太は飯田の「た」と「だ」と音がだぶるのでやめた。最後に残ったのが、亮と亮一だった。結局、いずれにしても「亮くん」と呼ぶだろうということと、

「表札に名前を並べたら、健一より亮一のほうが貫禄あるね」

という私の一言で、彼が決断。「亮」と決定した。

父が「命名 亮」と書いてくれて、床の間に飾った。

父が亡くなった三年後に、二人目が生まれた。今度は女の子だった。迷わず、父が言っていた「茉」を使うことにした。最近「子」のつく女の子が少ないのであえて使いたい。でも、新しい感じもほしい。覚えやすくて、かわいいということで、「茉子」に決めた。「まこと」の父の名前に包まれ、守られているような気もする。出産の挨拶状には、ジャスミンの意味があることを書き添えた。

今まで清書は全て父に頼っていたのに、もう父がいない。「命名 茉子」と私が書いた。達筆な父が病室で書いてくれた字と、字の下手な私が何枚も書き直して書いた「命名」という字が、不思議によく似ていた。

遠い日

二、三歳の頃の思い出は、どれも断片的なものだ。それが繰り返し話題に出ることで、いつのまにか実際以上に記憶されていくことが多い。
岐阜に住む伯父や従姉妹と一緒に竹の子掘りに行ったことがあった。シートを広げてひと休みしたら、傍らの木に紐で醤油がぶら下がっていた。どうして、そんなものがそこにあったのかいまだにわからないが、そのときのことを父が愉快そうに話すので、私もそのたびに笑いが止まらなかった。

妹が生まれたとき、母が身体を壊し、生まれたばかりの妹は病院へ、私は鎌倉にある母方の伯母の家に預けられた。母が退院して、父が鎌倉の家に迎えに来てくれたとき、私は伯父の黒くて大きな革靴を履いて外に出迎えた。それもまた父はおかしそうに振り返る。

もっと小さい頃、麻布に住んでいるときのことだ。父が帰ってきたとき私は「おかえりなさい」と廊下を走っていって、勢いあまって玄関に落ちたことがあったらしい。覚えてはいないが、これもまたよく話に出るので、何となくそういうことがあったかのように思えてくる。

「止まれずに玄関に落ちちゃったんだよね」

そのときまだ生まれていなかった妹までがまるで見ていたかのように冷やかす。

「お前は小さいとき『カに刺された』っていうのを、『カニに刺された』って言ってたんだぞ」

父はどうだ参ったかというように言う。何とも答えようがない。そんなことを私が二十歳を過ぎてからも言っていた。

東京オリンピックのとき、私は父とサッカーを観に行ったことがある。スポーツ観戦は後にも先にもこのときだけだった。豆粒のような人達がボールを追いかけているのを訳もわからず眺めていた記憶がある。

「お父さまとあなたでサッカー観に行ったことあったわねえ。あのときのことを絵に描いたでしょ。あれはものすごくうまかったわね。ねえ」

「うん、上手だったね」

父と母がそんなに褒めてくれるその絵のことは、残念ながら何も覚えていない。そんなに上手だと思ったのなら、大事にとっておいてくれてもよさそうなものなのに……私なら額にでも入れて飾っておきたくなるが、どうもそういう点ふたりともドライだ。


私は私で、鮮明に覚えている記憶がある。

どこだったのだろうか、私たちは親戚の人たちと一緒に線路の上を歩いていた。そのとき母が転んで怪我をして、父が母をおぶって歩いた。私は、(大人でも転ぶんだなあ、お父さまがお母さまをおんぶすることがあるんだなあ) と思いながら後をついて歩いた。母に言うと、そんなことはなかったと言い張るのだが、私にはセピア色の無声映画のような映像が残っている。

麻布に住んでいた頃、父と母と一緒に盆踊りに行った。丸顔でつるつるの頭に鉢巻きをした威勢のいいおじいさんが、「踊らにゃそんそん。踊ってください。踊ってください」と言って私を踊りの輪に入るように言った。父と母は面白い人だったと言っていたが、私はひとりで行くのがいやで、身体を固くして母の側から離れないようにしていたことのほうが強烈に覚えている。

小学生になってからのことは、もっと記憶が鮮やかだ。その頃、家族で毎年夏休みに一回、よみうりランドのプールに行っていた。ある年、父が一日コーチになって平泳ぎを教えてくれた。厳しくて大変だったが、結構上手に泳げるようになった。父に褒められたわけではないが、父の表情は「なかなか頑張ったじゃないか」と言っているようで嬉しかった。

我が家の裏のアパートに下宿していた大学生数人と一緒に一泊で海に行ったことがある。私と妹がゴムボートに乗って、父が泳ぎながら押していた。突然ゴムボートがひっくり返った。私は足の着かないところで、必死にゴムボートにしがみついた。妹は浮輪をしていたのに頭を海に突っ込んでもがいていたのを父が起こした。ゴムボートがひっくり返ったのは父がボートを強く押したからだった。

六月の日曜日。どこかに行きたいとねだって、小雨の降る中、日帰りで箱根に行ったことがある。祖父も一緒だった。遊覧船に乗ったときの写真が残っている。この日は、私の大好きなアニメが放映される日だった。帰りのバスの中で、

「テレビ見たかったのに、もう間に合わない」

と泣き言をいうと、父に

「遊びに来たんだ。あっちもこっちも思うようにいくわけがないだろ」

と怒られた。確かにその通りだと私は妙に納得した。

学校に行く時間に友達が呼びに来たとき、黙っていた私に父が注意したので、

「あれ、来てたの？」

ととぼけたら、

「ごまかすんじゃない！」

と怒鳴られたこともあった。

口に出してしまえば何ていうことのない、でも忘れることのできない、遠い日の細切れのシーンがたくさんある。いろいろな表情の父と母がいる。

三つ子の魂

父が布団の上に横になり、すねに私を腹ばいに乗せる。

「ぶううん」

私は両手を広げて飛行機になった。さらに高度になると父は足の裏に私の腹を乗せて持ち上げる。ぐっと高くなって、バランスをとるのが難しい。少し緊張しながらも父の足の裏を信じて私は手を伸ばした。

今では、私が台になって亮や茉子を足に乗せる。ふたりともこれが大好きで、もう一回もう一回とせがむ。ふたりのほうが私より役者で、出初式のように足の上でひょうきんなポーズをとったり、足

に絡みついたり、頭を下げてきて逆立ちしたりする。

父と一緒にお風呂に入ると、タオルで風船を作ってくれた。お湯にタオルを浮かべて、下から手を入れ、空気が入ったところで端をつぼめる。てるてる坊主のような風船ができる。もっともっと、もっと大きいのとせがんだ。それを両手でつぶしたり、沈めてちゅるちゅると泡を出したりする。母がたまに風呂場を覗いて、「湯船にタオルを入れないでねえ」と口を尖らせてみせる。

これも亮と茉子が好きでよくやっている。亮が赤ちゃんのとき沐浴にガーゼを使って以来、我が家のお風呂場には必ずガーゼが一枚置いてある。もうふたりの身体をガーゼで洗うことはない。風船を作ったり、お団子やパンにして遊ぶためだ。

「茉子ちゃん、お兄ちゃんが風船作ってあげる」

今では亮も風船を作れるようになった。

幼い頃、父はよく絵本を読んでくれた。私は『羽衣』の話をほとんど暗記していたと母は言う。『龍の子太郎』の雪のお化けがいっぱい出てくるページは怖くてどうしても開くことができなかった。文字の全くない本もおもしろかった。森の動物たちの様子がコマ割りで描いてある。シーソーで遊んでいたら、ぞうがやって来て乗ったために動かなくなってしまった。皆で相談する。ぞうがひとりで乗り、もう片方に他の動物全部が乗ったらシーソーが動いた。こんな具合の絵に父が台詞をつけてお話ししてくれる。しばらくたって、

「今度は私が作る」

と自分なりの台詞でやってみたりした。

父は講談社の絵本シリーズをよく買ってきてくれた。私は日本のお姫様ものが好きで、『はちかつぎ姫』『万寿姫』『はまぐり姫』などがお気に入りだった。このシリーズはメインの物語の他に三色刷りでいくつかの話や童詩がのっていた。

『ねずみのすもう』でおばあさんが作る三色のお餅をどうしても食べてみたかった。

『みかんのきょうだい十二人』という童詩を読んでからは、みかんを食べるとき必ず袋が十二個あるかどうか数えた。

お父さんのワイシャツと帽子を借りて、おもちゃの眼鏡をかけたお医者さんが言う「はてさーていかがかな」という台詞が気に入っていた。

一番楽しかったのは、布団の中で父がしてくれたお話だった。父とふたりでいろいろなところに出かけるのだ。あるときは動物園に行くことにした。

「お弁当何持って行く？」

「おにぎり。梅干しが入ってるの」

「よし、リュックに入れたよ。はい、しょって」

「よいしょ。準備いいよ」

切符を買って、父と一緒に電車に乗る。

「ガターンゴトン、ガターンゴトン、ガタゴトガタゴト」

という父の電車の音に自然と身体が揺れた。

「あといくつ？」

「次だよ。あ、着いた。降りるよ」

このあと、動物園でいろいろな動物を見て回るのだが、私はわくわくしながら電車に乗っているときが一番好きだった。

いつか母が私に言ったことがある。

「お父さまは、ほんとうに根気よくお話ししてあげてたわ。あなたが童話を書きたいっていうのは、あの頃のことが影響してるのかしらね」

私は自分で本を読めるようになると、父に読んでもらった講談社のシリーズや、グリムとアンデルセンとイソップが載っている三冊の本を繰り返し読んだ。その頃から父が買ってくれる本は、決まってそのときの年齢より少し上の子向きのものになった。

まだ私には難しいということを主張したくて、漢字の読み方を聞いた。

「これ、なんて読むの？」

「それくらい文章から想像できるだろう」

と返される。

次第に、私はあまり本を読まなくなった。

父は気難しくてすぐ怒る。私は父の前で自然に振る舞えなかった。ある時期から、私は長い間父と楽しい時間を過ごしていなかった。そんな父をいやだと思いながらも、全面的に否定することがなかったのは、幼い頃父と遊んだ楽しい思い出や優しい父の記憶が私の心の奥底にあるからに違いない。

三つ子の魂百まで……というのはほんとうのようだ。

現在、亮は七歳、茉子は三歳……

ふたりは、母親とのどんな場面を心に残して成長していくのだろうか。あのことは覚えていてほしい。あれはできればなかったことにしてほしい。考えはじめると、だんだん自信がなくなってくる。

魔法の手

幼稚園の父親参観日で父と一緒に粘土遊びをした。私の席の横に父がしゃがんで粘土板に向かった。

「何作る？」

「……くだもの」

父はバナナを作ってくれた。少し角をつけて、まるで皮をむいてパクッと食べられるかのようにできあがった。今度はいちごをいくつか作ってくれた。私はそのとき、何を作ったのだろうか。私の記憶の中には父の魔法の手から次々にリアルなくだものが作られていくことだけが残っている。父は胸ポケットからマッチを取り出し、角のところを使っていちごのブツブツをつけた。あっという間にいちごが生き生きとしてきた。

すごい！　と思った。私のお父さんは世界で一番すごい！　私は真剣にそう思った。

この魔法の手で、父はおもちゃを作ってくれた。

百合ヶ丘に越してきた頃、辺りは空き地だらけだった。遠くまで散歩に行っても我が家が見えた。近くにある、家の並ぶ通りを抜けていったところに急な坂の原っぱがたくさんあった。私は友達とよくそこでよもぎをとって母に草餅を作ってもらったり、土筆を山のようにとったり、必ずいくつかころがっている段ボールやトタンの切れ端で芝滑り（草スキー）を楽しんだ。

日曜に父と散歩に行くのもその辺りが多かった。父とふたりで凧あげにも行った。手作りの凧だった。父が竹をすいて和紙を貼った。群青色のバックに大きくオバQが描いてある。本物そっくりのオバQだ。しかもものすごくよくあがる。糸をつなぎ合わせて、オバQが豆粒くらいになるまで高くあげたこともある。

あるとき、高くあがったオバQが落ちて、小道を挟んだ向こうの原っぱの木のひとつにひっかかってしまった。父は私にしっかり凧糸を持っているように言って、凧を取りにいった。私はひとり、重大な任務を任されて凧糸を持つ手にグッと力を入れて丘に立っていた。

「この木かあ」

木の下に父が立つと、その木が思ったよりずっと大きいのがわかった。ふと見ると凧は木から離れて風にのっていた。父は笑いながらやれやれと言って帰ってきた。

小高いところから見た、木とその下に立っている小さい父。私は一枚の絵のように、はっきりと覚えている。

オバQ凧はとうとうある日、糸の結び方があまくて手元から離れ、するすると飛んでいってしまった。

私が小学校四年生の頃、父は再び凧を作ってくれた。妹もいたのでふたつ作った。今度は私が大好きだったサイボーグ009の絵を描いてくれることになった。

私が夢中になってアニメを見ていたので、父がコミックを買ってくれた。まず父が読み、終わると私にくれた。裏に下宿していた学生が雑誌と一緒にたくさんのマンガ本をゴミに出しているのを見て、

「大学生にもなって、マンガなんか読んで」

と父が言ったとき、すかさず私は言い返した。

「お父さまも009読んでるじゃない」

父はおかしそうに笑っていた。

そのコミックを全巻持ってくるように言われ、私は九冊父の前に積み上げた。

「これがいいな」

と第八巻を選んで、表紙の絵を見ながら009を、もうひとつの凧に003を描いた。うまかった。

しかし今度の凧は少々重いらしく、オバQのようにはあがってくれなかった。

ある日、凧あげに行ったとき、途中の原っぱで遊んでいた、私より少し大きい小学生の男の子たちが言った。

「あんな凧、あがるわけないよな」

私はフン、と言ってやった。前に作ったのはよくあがったという実績があったし、父が一緒だから

怖くなかった。

『ロンパールーム』というテレビの幼児番組があった。一般の子どもたちが出て、先生と一緒に歌ったり遊んだりする。番組の中でおやつの時間があり、ミルクを飲んでいた。そのミルクがとてもおいしそうだった。私も母に頼んで、テレビにあわせてミルクを飲んだ。子どもたちは、あっという間にごちそうさまをして、次の遊びに移っていく。なんて飲むのが早い子たちなんだろうと感心しながら、私は残りのミルクを急いで飲んだ。

「かーご　かご　かごが　落ちないように　前を　向いて　さあ歩きましょう」

歌を歌いながら、頭に籠をのせて歩くのがあった。私も毛糸を入れる籠をのせて廊下を歩いた。

それから、大きくて丈夫な風船にゴムが付いていて、手にはめてヨーヨーのようにたたくのが楽しそうだった。ボワンボワンという音がする。今でも縁日に行って、赤や緑のマーブル模様の入った大きな風船を見ると、「これこれ、ほしかったんだよなあ」とそっとたたいてみたりする。

みどりちゃんの着せ替え遊びは、厚手の紙にシミーズ姿のみどりちゃんが描いてあってそこにフエルトに似た生地でできた服や小物を貼りつけていくものだった。これはおねだりして買ってもらった。パンツ一丁の男の子のもあった。

木馬遊びもよくやっていた。メリーゴーランドの馬の頭に棒がくっついていて、棒にまたがって、パカパカと言いながら自分で走るのだ。

そんなすごいものを、なんと父は作ってしまった。木に馬の顔を彫刻したのが見事だった。子ども心に、これは半端ではないぞと思った。ついていた棒は今思うと、鍬かモップの柄だったように思う。私は縁側の前のコンクリートのところで、ひとり馬乗りに興じた。

何年かして私が遊ばなくなったとき母は、この力作をあっさり捨ててしまった。

「あれは、すごかったたねえ。取っておくんだった。あの頃はしまうスペースがなかったから」

と後々母は言う。大事にしていたリカちゃん人形や、おままごとセットを近所の子にあげてしまったことと合わせ、私には木馬を捨てたことがひどく悔やまれる。その話はわが家の禁句になっている。

父はまた、万華鏡も作ってくれた。鏡を切って三枚張り合わせ、赤いビニールテープをぐるぐる巻いた。中に小さな金具やプラスチックのかけらなど「秘密のもの」を入れた。私は不思議な筒に夢中になった。今のこの模様は二度と見れないんだと思うと、回転させるのが惜しかった。ずっと後になってビニールテープがべとべとになり、中身もくっついてどうにもならなくなるまで取ってあった。同じ頃に誰かからもらった既製品の万華鏡が今でも残っていて亮や茉子のおもちゃになっているが、それよりずっときれいだった。

「これ見て見て。きれいだよ」

当時私が父や母に言ったのと同じように、ふたりは私のところに万華鏡を動かさないようにとそっと持ってくる。そして、見ようとしたとき、カチッと中のものが動いた音がして、

「あーあ。かわっちゃったー」

と残念がるのも同じだ。

「お父さまの思い出で、何が一番残っている？」

と妹に聞いたら、

「009の凧を作ってくれたこと」

と子どもっぽく答えた。

私は、父がしてくれたように子どもたちにやってあげようと意識したことは一度もないが、亮と茉子の誕生日には、毎年必ず手作りのプレゼントを贈っている。父も驚くに違いない力作ばかりだ。

おじいちゃまの花

父は野に咲くすみれが好きだった。

「散歩に行くか」

幼い頃、父は休みの日になると言った。散歩のコースは大まかに二通りあった。

ひとつは、家から左に向かった「中台」と呼ばれる舗装された道を行く。住宅地用に碁盤の目のようになっている道だ。ひとつ目の曲がり角を右に行くと、大きな空き地がある。小学生になって、よく友達と遊んだ場所だ。草が生えていて、よく大きな男の子がボール遊びをしていた。その奥には、草のない窪地があって、そこも結構広かった。境目は白い粘土質で、波打ち際のような複雑な形をしている。私が座るのにちょうどいい形にえぐれている所を「自分の場所」と決めていた。

端には山があって、助走をつけて駆け上がると、木々の中に小さなお墓がいくつかあった。

空き地を過ぎるとすぐに舗装の道が終わって、細い砂利道を登る。突然広い世界に出る。左に畑、右は原っぱが斜面になって広がっている。遠くには小さく家が見える。自分が一番高い所を歩いている。風が少し強くなる。父と一緒に何をするでもなく、いくつかある原っぱを越えた後、もと来た道を戻った。

「中台」をずっと真っ直ぐ行くと、山にぶつかった。小道を登ると、林になっている。そこも父とよく歩いた。

もうひとつは、家から右に行って、幼稚園で同じクラスだったケイコちゃんの家に向かう道だ。ケイコちゃんの家は酪農家で、大きな牛舎があった。母は毎朝早く、少しブルーをおびた一升瓶を持ってそこまで牛乳を買いに行った。家に着くとすぐに沸騰させてから、冷蔵庫にしまっていた。

現在、家から一番近いバス停のある所を左に行く。ここにも草の斜面が続く。小学生になって、友達と土筆やよもぎを袋一杯に採ったのはこの辺りだ。父はここは素通りして歩いた。木でできた柵の中に大きな豚がいる。絵本に出てくる豚は丸顔だが、この豚は顔も体も丸くないと思った。その先には養鶏場があって、たくさんの鶏が鋭い足をして、首を突き出しながらケコケコ言っている。そのすぐ側、すれすれのところを通らなければならなかった。

ここは、山を切り崩してできたような道で、石がごろごろしていて歩きにくい。両脇には土がむき出しになって野草が多く生えていた。

すみれを見つけると、父は足を止め、大きな手ですみれのまわりの草をよけて、花を見せてくれた。花びらの色は、濃い紫から白に近いものまで様々だった。花の中心に黒い線があるもの、葉っぱの形が変わっているもの、大きいの小さいのいろいろだった。

「これは初めて見るなあ」

気に入ったのがあると、すみれを周りの土と一緒に掌に納まるくらいすくった。持ち帰って庭に植えた。すみれを取ることを目的に、シャベルを持って出かけたこともある。しかし、祖母が庭の手入れをするときに誤って抜いてしまうので、ほとんど育つことはなかった。


先日、百合ヶ丘の家でハンドブックサイズのすみれの辞典を見つけた。一ページずつ、違うすみれの写真が載っている。

「そうそう、お父さまこの本見てたっけなあ」

父はこれと同じ大きさの本で『野草の本』を買ってくれたことがあった。全三巻で、季節の花ごとに分かれている。亮と一緒に春の本を片手に歩いて、ニワゼキショウ、ハルジョオン、ハハコグサ、トウダイグサなどの名前を覚えた。今度は子どもたちと一緒にすみれ探しをしてみようかと思い、母に言って『すみれの本』をもらってきた。

「これね、おじいちゃまが好きでよく見てた本よ」

亮はページを捲りながら目を輝かせて叫んだ。

「あれえ、この本ぜーんぶすみればっかりだあ」


亮と茉子とすみれを探しに近所を歩いた。おじいちゃまとすみれを採った話をしながら捜した。あの頃のようには容易にすみれは見つからない。やっと、歩道の脇に紫の小さなすみれを見つけた。本を開いたが、どのすみれかわからない。

「これか、これだね」

「これじゃないの」

結局、正式な名前を見つけ出すのはあきらめて、すみれはすみれということになった。

亮と茉子は、いつからか、すみれの花を、おじいちゃまの花と呼ぶようになった。

岐　阜

お盆になると、父の田舎の岐阜に家族で帰った。岐阜の家は養老郡にあった。孝行息子の話で有名な「養老の滝」へは、法事で親戚が集まったときなど、何度か車で出かけたことがある。

父は六人兄弟の末っ子で、一番上の姉が実家で母親と同居していた。四番目の姉も実家の二階に住み、後にすぐ近くの家に移った。兄もすぐ近くに住んでいて、後に関市に引っ越した。二番目と三番目の姉は大阪の堺にいる。皆は私たち家族のことを「東京さん」と呼んだ。

私たちは、新幹線で名古屋まで行き、乗り換えて大垣に出る。さらにそこから別の電車に乗っただろうか。高田というところだ。がらがらと戸を開ける。

「こんにちはー」

そこに一歩踏み入ると、「岐阜の匂い」がする。すると、父のイントネーションがいつもと少し変わった。

すでに集まっている伯母たちが、

「よく来たねえ」

と大きな声で出迎えてくれる。

岐阜の家はとても不思議な家だった。道の角にぎりぎりに建っていて、道に面したところに戸があり、開けると土間が真っ直ぐ伸びている。土間にそって、左側に部屋が並んでいる。手前に従姉妹が教えているオルガン教室の板の間があって、その奥に一段高くなって、仏壇のある和室がある。土間から靴を脱いでその部屋に入るのだが、子どもの私には高くて、上がるのが大変だった。

廊下を挟んで小さな食事をする部屋がある。丸いちゃぶ台で、朝ご飯を食べた。ちゃんと、子ども用のお茶碗とお箸が用意されていた。その奥が一段低くなって、台所になっている。簀の子が敷いてあって、大きなかまどがあった。そこと土間がつながっている。

土間の突き当たりから中庭に出られた。そこには花がいっぱい咲いていた。出てすぐのところに井戸がある。水が冷たくて、指先がしびれる。顔を洗うときはいつも一、二度撫でるのが精一杯だった。

中庭の左奥に位置する所、和室と食事をする部屋の間の廊下をいくと、便所がある。トイレとは呼びにくい。汲み取り式で、和式便器のふたが落ちないように紐がついている。ふたよりも何よりも、自分が落ちないようにと緊張する。トイレットペーパーではなく、台の上にちり紙がのせてあった。廊下のガラス戸を開けると、外に大きな哺乳瓶を引っくり返したような入れ物がぶら下がっている。中に水が入っていて、中央にある丸くて尖ったノブを押すと水が出てくる。それを押して手を洗った。幼いときこの便所は、廊下で通じていなくて中庭からしか行けなかった。夜中に行きたくなったときは、ぎりぎりまで我慢してから、母に言って、ついてきてもらった。

土間から廊下に上がってすぐのところに二階への急な階段があった。登ると右側に小さな和室がある。ここは、法事のときに伯母が喪服に着替えたので、初めてこの部屋があることを知った。その奥にも小さな部屋があった。それはまた別のときに、そっとのぞいたら、伯父か従兄弟だったろうか男の人が寝ていて、そこにも部屋があることを知った。

階段を上がって左に行くと、小さなスペースに箪笥が置いてあった。そこを歩くと床が頼りなく、部屋が揺れた。そこに小さな黒板が置いてあった。中学生の頃夢中だったスターの名前や絵を描いたら、伯母がずっとそのまま残しておいてくれた。二段ほどの階段を下りると、六畳くらいの畳のスペースがある。ここでよく従姉妹とままごと遊びをした。襖を挟んだ右隣に広い居間があった。床の間には雉の剝製が置いてあって、上には軍服を着た、祖父ら数枚の白黒写真が掛けてある。岐阜に泊まるときに私たちが寝る部屋だ。

左側にいくと、そこにも小さな和室があった。それもある年に、何があるのだろうと思って行ってみたときに見つけた。突き当たりに階段があって下りると小さな玄関にスリッパが置いてある。そこの戸を開けると、道に出た。

いったいこの家はどういう形になっているのだろう。さっぱりわからない。

「岐阜の家ってこうなってたよね」

広告の裏に見取り図を書いて、母に確認する。

「土間の真ん中に右に入るところがあって、そこにも部屋があったわよ。高橋さん（四番目の姉夫婦）が住んでいたんだから」

「えっ、こっちにもあったの？　そうか、二階がこっちにあるんだから下にも部屋があるはずだもんね。じゃあこっちは？」

「納戸だったと思うけれど。だだっ広くて、私もよくわからないのよ。そういえば、幸子さん（四番目の姉）がやっていた洋裁教室がこっちじゃなかったかしら」

あれこれ書き直していくうちに、見取り図はぐちゃぐちゃになった。二、三軒分を合体させているのだというから複雑だ。あの揺れる部屋は、そのつなぎ目に当たるのかもしれない。


夕方になると、皆でお風呂屋さんにいった。中は地元の商店の広告がいっぱいだった。大橋米店、大橋クリーニング、大橋工務店……。大橋という名の店だけで生活できそうだなと思った。

帰りに、道の脇にある小さな水の流れるところで、父が言った。

「蛍だよ」

蛍って住宅地のこんなどぶのようなところにもいるものなのか。ちょろちょろと水の流れる音だけがする。ぷわぷわっと光る二つの点が、声を出すと消えてしまうような気がして、息を潜めて眺めた。蛍を見たのはそのときだけだった。

ある年、私が小学校の中学年の頃だろうか、岐阜に行った帰りに、父が途中で別れて、学会に出席したときがあった。いつもとルートを変えて、タクシーに長いこと乗り、岐阜羽島に出た。私は乗物に弱くて、特にバスとタクシーではすぐ酔った。そのときも気持ちが悪くなった。

やっと駅に着いて、新幹線に乗った。ひとつだけ空いていた座席に私が座った。すぐに私は吐いた。隣の席の若い女性が母に席を譲ってくれた。母は新聞紙で下をきれいにして、紙コップに水を汲んできてくれた。母が妹とお揃いで縫ってくれた花柄のワンピースを汚してしまった。母がタオルを濡らしてきて、拭いてくれた。私は窓に頭をもたれさせて目をつむっていた。そして、父は学会に出席するために途中下車していった。

夜、電話が鳴った。母が、

「大丈夫。元気にしていますよ」

と話している。父からだとわかった。母は、受話器を片手に何やら書き留めているようだった。

「お父さま、何だって？」

「あなたのことが心配だったのよ。宿泊場所が変更になったっていう電話だったけど、もともとどこに泊まるかなんて言っていかなかったのにね」

母はフフッと笑って、やりかけていた食器洗いをし始めた。

尊敬する人

小学校三、四年の頃、担任の先生が「尊敬する人は誰か」とクラスの皆に聞いた。配られた紙に私は「両親」と書いた。

別に特別な答えではなかった。クラスのほとんどの子が「お父さん」や「お母さん」と書いていた。それくらいの歳の子どもにとって一番身近な大人だし、「尊敬」という言葉を私たちがどれだけ理解していたかも怪しい。たまに、「野口英世です」などと答える子がいると、「へえー」と皆の驚きの声があがる。父に野口英世は偉いのかと聞くと「彼の研究したことは間違いが多かった」と難癖をつけたあと「シュバイツァーは偉い」と言って伝記を買ってくれた。しかし、私にとってその本は難しくあまりおもしろくなかった。ただ、父が褒めるただならぬ人という意味で、彼の名は私の胸に刻まれた。

私はほんとうに父を偉い人だと思っていた。何を聞いても答えることができるから頭がいいと思っていた。幼い頃おもちゃを上手に作ってくれたからすごいと思っていた。

母に何か質問すると、いつも「お父さまに聞いてごらん」と言う。

勉強の質問をすると、父はていねいに教えてくれた。しかし、その説明は少々難しかった。さらりと教えてくれればいいのに、基本に戻って説明したりする。へたをすると詳しい本まで買ってきてくれる。一度聞くと長く大変になるので、あまり質問しないようにした。

あるとき、私が何かを聞いたとき、父は、

「わからないなあ」

と言った。私は父にも知らないことがあるのかとびっくりした。その日から、父が身近になった。

私は母が大好きだった。いつも手作りのお菓子を作ってくれたし、洋服を縫ってくれた。父が怒るとものすごく怖かったのに対して、母は怒ることがなく、そばにいると安心した。何でも話せた。私にとって母は、母であり、友達であり、姉であった。いつも明るくて、父に対して一度も口答えをしたことがない。これもやっぱりすごいことだ。

私が尊敬する人を「両親」と書いたのは、父の手の届かない凄さと、母のすぐ隣にいてくれる優しさのどちらかだけでは片手落ちだと思ったからかもしれない。

父が医者だという意識はなかったが、「人が病気にならないように研究している人」と理解していた。漠然と父の仕事は人のためになる立派なことだと思っていた。

小学校の高学年になった頃、父の職業を尋ねられると、「公務員」とか「コレラ、腸チフス、赤痢の研究をする人」と答えていた。病院で患者さんを診ているわけではないから、医者とは言わなかったが、どこかに医者と答えることが、父が偉いんだぞと自慢しているようにとられはしないかと思っているところがあった。父＝医者＝偉い人という図式が私の頭の中にあったのかもしれない。

あるとき、父と一緒に見ていたテレビドラマの中で、ごみ収集を仕事にする人をばかにする場面があった。父は言った。

「人の嫌がるようなことを仕事にする人は偉い人だ」

私はその言葉を聞いて少し驚いた。頭の中の図式が壊れていった。

「乙女の祈り」のオルゴールのメロディを奏でながらごみ収集車がやってくる。グレーの作業服を着たふたりが、車の後ろに、テキパキとごみを投げ入れ、素早く車に乗って立ち去っていくのを私は尊敬に似た思いで見送るようになった。

海外出張

私が小学生の頃、父はよく仕事で海外に行った。アメリカや中国に行ったこともあったが、そのほとんどが、東南アジアだった。青い海と椰子の木、ダンスをする女性、寺院などの絵葉書を送ってくれた。貝の小物入れや、動物の小さな置物などのお土産を買ってくれたこともあった。機内でもらった絵葉書やボールペンがお土産ということもあった。一番嬉しかったお土産は、中国に行ったときのもので、妹と私にそれぞれヒスイに名前を彫ってくれた印だった。その印は私にとって立派すぎて、どんなときに使えばいいのかわからない。

後年はよく置物を買ってきた。黒く光る木の労働者の人形、木彫りの翁、歯をむき出しているお面、牛や羊などの動物、トーテムポールのような木彫りもあった。家の和室には、フィリピンの人形や、インドネシアの置物が並んでいる。

父が、「これ、いい形してるなあ」と言って撫でているのを見ると、私にも、なかなかいいなと思えてくる。

あるとき、海外から帰った父はスーツケースを開けながら言った。

「今回は、細菌が重くてお土産買えなかったよ」

期待して見ていた私の眼の前にたくさんの小さな瓶が並んでいた。私はぞっとしてその場から慌てて逃げた。


特にフィリピンに行くことが多かったように思うが、会議などに出るとき以外はよく現地でシャツを買って着ていたらしい。日本ではちょっと着れそうにない派手な柄だった。写真を見ると、色が黒く、お腹に貫禄のある父は、現地の先生方と馴染んで、派手なシャツもよく似合っている。

「向こうの人に道を聞かれちゃったよ」

父が照れ笑いする。妹と私はそのときのことを想像して声を上げて笑った。

私が会社に勤めていた頃、トンガからのお客さまが家にいらっしゃったことがあった。彫りの深い男性と若くて背の高い女性の先生だった。母の手料理でお酒を飲み、最後に皆で写真を撮った。

会社の人たちとテニスをしたときの写真をポケットアルバムに入れてお昼休みに皆に回したとき、うっかりしてそのときの写真が入ったままだった。先輩や友人が言った。

「この写真、大橋の家？　外国人がいる」

「へえ、トンガの人なんだ」

「うんうん、トンガの人って感じね。この方はお母さん？」

「大橋、お母さんに似てないね」

「そうかなあ、似てるわよ」

アルバムをバッグにしまおうとしたとき、あれ？と思った。写真には父も写っていたのに、誰もそれには気がつかなかったのだ。

身上書

父は仕事ばかりで、家族と一緒に過ごす時間が少なかった。特に腸チフス事件が起きてからだろうか、父はいつも忙しかった。たまの休みの日には、寝ているか本を読んでいる。一緒にテレビを見るくらいで、外出することはほとんどなかった。

父は機嫌が悪いとすぐに怒った。怒鳴ることもしばしばだった。夜テレビを見ているときに父が帰宅すると、ドアの閉め方や、歩く音で機嫌が悪いのがわかった。そんなとき、妹は父の顔を見ずにさっさと自分の部屋に上がっていった。私は長女の悲しい性格か、父に「お帰りなさい」と言って、しばらくそこにいてから、そうそうやることがあったというふうに二階へ上がった。

「疲れて帰ってきてるんだ。ちゃんとしたもの食わせろ！」

ときには、母の作った料理に文句を言うこともあった。箪笥の中の靴下が裏返しのままだったときも怒った。重苦しい空気が流れる。妹と私はいつも母に任せて、そそくさとその場を離れた。そんな父だったし、気難しい人だったので、お喋りをするときもどこか気を使わなくてはならなかった。

中学受験のときか、入学してからか、私は身上書を提出することになっていた。父は達筆だったので、そのような書類はいつも父に書いてもらっていた。そこには長所と短所を書く欄があった。

「お父さまが書くの？」

「そうよ」

さらりと母は答えた。

次の日の朝、身上書は記入されていた。

長所――責任感が強い

短所――社交性にやや欠ける

ドキンとした。私のことなど全くわかっていないと思っていた父がズバリ言い当てた。私は自分のことになると、はなはだだらしないくせに、生真面目なところがあって、集団の中ですべきことは、やたらと頑張るほうだった。友達といえば、特に親しい子とばかり遊んで、いつも親友と呼べる人はいたが広くつきあうことができなかった。大勢の中に入っていくのが苦手で、上手に自分を出すことはなかった。

「よくわかってるね」

「そりゃあ、父親だもの」

またしても母はさらりと答える。

社交性にやや欠ける……

「やや」という二文字が優しかった。

釣り

「健一さんがね、釣り、お父さまに弟子入りしようかなって言ってたよ」

私は入院中の父に伝えた。

「いいよ」

父は本を読んでいたが、チラと私のほうに眼を向け、眉毛を少しあげた。さりげない返事だったが、結構嬉しそうだった。

私たちが結婚した翌年の春、父と母に、健一さんの職場の保養所に一緒に行こうと誘ったことがあった。伊豆多賀の海の目の前にある旅館で、舟釣りもできる所だ。父の仕事が忙しくて日程がとれないまま父が入院してしまった。退院したら、必ず行こうと言っていたが、結局、健一さんと父が並んで釣り糸を垂らすことはなかった。

父が他界してしばらくたってから、健一さんも友達と一緒に釣りに行くようになった。たくさんあった父の釣り竿は、母が父の釣り友達に譲っていたので、釣り道具一式買うことになった。私は母に言った。

「亮くんも釣りするかもしれないじゃない。釣り竿何本かとっておいてほしかったなあ」

「亮くん用に一本残してあるわよ」

「川用の？　海用の？」

「え……。海と川で竿が違うの？」


父は四十歳半ばの頃からだろうか、よく釣りに出かけた。磯釣りが多かったように思う。朝四時起きして出かけ、夜に帰ってきた。たまに夜出かけて一泊し、朝釣りをして、夕方帰ることもあった。毎年年末には二泊で下田あたりまで足を延ばした。

父がクーラーボックスを抱えて、ダイニングに入ってくると磯の臭いがプンプンする。母は、「臭い。臭い」と言って、父が着ていた服や使ったタオルなどをまとめて、すぐに洗濯を始める。父がうろこを取ったり、皮をはいだりしてきれいにして、そのあと母がさばいた。

川で鮎を釣ったときは塩焼きにした。いさき、いなだ、くろだい、たかべは刺し身にした。うまづらは厚い皮をべりべりっとはいで、薄く切って刺し身に、とげのあるかさごは煮付けにして食べた。たこやいいだこをおまけにとってきたこともあった。

鯛は三枚におろして、身に布巾をかぶせ、上から熱いお湯をかける。皮がちりちりっと縮んだところを切って刺し身にする。それをご飯にのせて、だし汁をかけるのもおいしい。頭はかぶら煮にしたり、頭と骨でスープをとったりした。骨に付いた身はほぐしてでんぶにする。さらに残った骨は土に埋めて肥料にした。

父は釣ってきた魚によって、料理法を指定した。刺し身にしても、これはわさび醤油で、こっちは生姜のほうが旨いとこだわった。事実どれも新鮮でおいしい。

妹は魚が嫌いだったので、ほとんど手をつけなかった。父は、「親不孝だねえ」と口を尖らせてすねてみせる。

魚は近所の人に配れるくらい大漁のこともあるし、「今日はなしー」とからっぽで帰ってくることもある。悔しそうだが、それでも父は楽しそうだった。

結婚して、スーパーの魚売り場を眺めるようになった。見慣れた魚を見つける。

「そうそう、お父さまがよく釣ってきたやつだ」

と思わず足を止めた。どれも結構高価なので驚いた。

母は父の要望にこたえて、あれこれ小物を作っていた。小さなウイスキーの瓶にぴったり合わせて、カバーをレザークラフトで作り、魚の絵をろうけつ染めした。粋なウイスキー入れになった。父がどこかで買ってきた犬の毛皮に紐を付けて腰当てを作った。犬の毛は水をはじくのでいいらしい。どちらも寒い季節の必需品だった。お弁当におにぎりをよく作っていたし、朝早く車で駅まで送りもした。

家族四人で釣りに行ったことはない。妹は一度、私は二度中学生の頃お供したことがあるだけだ。母は何回か一緒に車で出かけている。たいていは、そばで絵を描いていたそうだが、数回、一緒に釣りをしたという。乗物には弱いくせに、三回もボート釣りにつきあったらしい。母は三回とも酔って、ボートの中で横になっていたそうだ。

母も妹も私も、用具の手入れはしばしば手伝わされた。ふわりと一か所に解いた釣り糸を、父がりールに巻き直すときに濡れた雑巾で糸を挟んでいるのだ。テレビに熱中して手がゆるむと、ぴんと引っ張るように言われる。左右に少し動かして、リールに均等に巻けるようにする。少し偏り始めると、やり直しだった。

父は浮きに自分で色を塗ることもあった。蛍光塗料のオレンジ、黄色、緑の三色を使って塗り分け、それぞれ少しずつ配色を変えていた。誰かがそばを通ったときに少し触れて、線をはみ出してしまうと、眉間にしわをよせて舌打ちする。

塗り終わった浮きは、発砲スチロールの板に刺して乾かす。父は見比べて言った。

「どれがいいかな」

「……これ」

「こっちのほうがよく釣れそうだな」

浮きの配色がよかったところで、魚の掛かりに影響するのだろうか。だいたい、そんなに綺麗に塗ったって、少々色がはみ出したって、魚にわかるわけがないのだ。だいいち考えてみたら、浮きは魚からは見えないではないか。

色が乾くと、父は嬉しそうに、浮きの先っぽを三本指で摘んでピュッピュと魚がするように動かして遊んでいる。

新しい釣り竿を買ったときも、部屋の端から端まで長く伸ばしてつんつんと魚が掛かる様子をしてみせる。

お魚さん、どうぞこんな父の餌を見つけたら、つついて浮きを躍らせてやってください。自慢の竿をしならせてくださいそして、ちょっとおいしそうだと思ったら、思いっきりパクッとやってください。

私は、申し訳ないが、父に釣られる運命にある魚たちに心の中でお願いした。

お酒

父はお酒が強かった。地黒のせいなのか、たくさん飲んでもあまり顔に出なかった。家ではよく夕食の前に、一、二杯ウイスキーを飲んだ。たまに日本酒を飲むこともあったが、ビールやワインはほとんど飲まなかった。

明るいときにお酒を飲むのは抵抗があるらしく、いつだったか、昼間のお客さまがあったとき、お酒を飲みながら話していた。

「明るいときに飲むのは、どうも罪悪感を感じるんですよ」

夕食のときの水割りは母に頼むこともあったし、自分でつくることもあった。私もよくつくった。ウイスキーはレッド、オールド、角瓶などの高価でないものが多かった。グラスにはこだわりがなく、普段私たちが麦茶を飲むのに使っている、五本セットの小さめのグラスでよかった。氷を手で三、四個入れた。「ツーウッ」のリズムでウイスキーを注ぐとうまくいく。水道の蛇口から水を入れて、箸でくるくるとかきまぜる。

「ん、ちょうどいい」

という父の一言が嬉しかった。「ツー」が少し長めだったかなと思ったときは、

「ちょっと濃いなあ。少し薄めて」

と言われる。（やっぱり）と思いながら、私は水を加えた。

夜、お酒を飲んで、遅く帰ることはしょっちゅうだった。電話をしてきて、母が駅まで迎えに行くことが多かった。タクシーで帰ることもあった。お酒の臭いをぷんぷんさせてダイニングに入ってくる。シャツとステテコ姿でシェーッと古いギャグで私たちをあきれさせることもあれば、機嫌が悪くて、仁王のような顔をしているときもある。母を相手に、誰かのことを批判していることもあった。

ガラガラと戸の開く音がして、父が帰ってくる。靴の脱ぐ音や歩くリズムで、酔っぱらっているかどうかがわかる。入ってすぐのところにある父の部屋の戸を開ける。そのまま出てくる気配がないと、ダイニングでテレビを見ている母と妹と私は目で合図して耳をすます。いよいよシーンとしたままで、父がそのまま寝てしまったのがわかると、私たちは顔をしかめた。

「汚ーい。また、お風呂入らないで寝たー」

妹も私も社会人になって、おつきあいでお酒を飲む機会も多くなった。母はお酒が飲めなかったが、ふたりとも父に似たらしく、弱くはなかった。でも、好んで飲むほうではなかったので、家で父とお酌をしあったりすることも、外で一緒にお酒を飲むことも残念ながらなかった。年に一度、元旦の朝

に家族で熱燗で乾杯するくらいだ。何だか照れくさい気もしたし、娘がお酒を飲むのは、父は好まないのではないかとも思った。父も決して勧めたりはしなかった。

父が入院しているときに、庶務課長の帆刈さんがおっしゃっていた。父は努めて若い人とよく飲むようにしていたらしい。若い人たちの意見を聞くためだという。

「だから、大橋先生は若い人が何を考えているのか、どういうことを望んでいるのかよく知っていましたよ」

もしかしたら、父はいろいろと理由をつけて、結構若い人と飲むことを楽しんでいたかもしれない。毒舌をふるったり、若い人と語りあったり、若い者には負けないぞと意気込んで飲んだのかもしれない。

帰ってすぐに寝てしまった日、父はそんなお酒を飲んできたときだったのだろうか。

父と並んでお酒を飲みながら静かに話す。一度くらい、そんな思い出の夜があってもよかったのに、と思う。

重い枕とからすの行水

父の枕には何が詰まっていたのだろう。エイッとげんこつで叩いても、へこまないほど固くて、ずっしり重かった。幼い頃、布団を敷くのを手伝うとき、母の枕はふわふわでやわらかかったが、父のは石のように重くて、運ぶのが大変だった。

父と母のイメージは、この枕と同じだった。

私が中学生の頃、テレビの歌番組をキャーキャー言って見ているのを父は「情けない」と言った。私がＯＬのとき、ディズニーランドのお土産だといって、小さなプーさんのぬいぐるみを鞄につけていると、「子どもじゃあるまいし」と言った。

テレビのドキュメンタリーで小学校の教師が、「私が教えるというより、むしろ生徒達に教えられることが多いんです」と言うと、

「教師のくせに何を言ってるんだ」

と眉間にしわをよせた。

アナウンサーが、「よろしくどうぞー」と言えば、

「そんな日本語があるか。どうぞ、よろしくだろ」

と訂正した。

「気が弱いから、臨床医にはむかないんですよ」

と話しているのを聞いたことがある。車の免許も取ろうとはせず、母が運転する車の助手席に乗るばかりだった。

娘に対してもどこかストレートに接することに臆病なところがあった。

妹が高校生の頃、食事中に片方の膝をたてて食べていた。父は顔をしかめて見ただけで、何も言わなかった。が、突然、

「行儀悪い恰好で食うな！」

と怒鳴った。父は一応、妹が自分でやめるのをいらいらしながら待っていて、我慢できずに爆発したのだろう。たいてい父が注意するときは、第一声から大声をあげることが多かった。

大学生、社会人になって、妹や私の帰りが遅いことが続くと、父は直接私たちには言わずに、母に言った。

「お父さまがもっと早く帰らなければいけないって言ってたわよ」

それは、父から直に言われるのと同じくらい怖かった。

父の知り合いの方から、私の縁談の話があったとき、私はお断りしてと言った。父はそれに対して何も言わなかった。しばらくして、私が勤めていた職場に父から電話があった。何事かと思って出ると、お見合いの日が決まったという。

「来週の日曜日、あけておいて」

ずるいと思ったが、「わかった」と答えてしまう。そういう私の性格を知って電話してきたところがますますずるい。

父の部屋の本棚は床から天井までびっしり本が並んでいた。司馬遼太郎、山本周五郎、池波正太郎、

吉川英治などの本が目につく。大河ドラマに決まったものは必ず読んだ。陳舜臣、開高健、吉行淳之介、山口瞳、山本夏彦も並ぶ。草木の本や魚の本も多い。

父はいつも本を読んでいた。電車に乗っているときも、寝る前も、休みの日も読んでいた。夜、仕事が終わって百合ヶ丘の駅に着くと、母に車で迎えにくるように電話がある。私もたまに一緒に車に乗って行った。父はいつも、タクシー乗り場の横の電話ボックスの前に立っていた。小さな電灯しかないその薄暗い場所でさえも、父は本を読んでいた。

「この本読んでごらん」

父から渡された本は、私には難しいことが多かった。妹は、「いい」と言えたが、私は断ることができなかった。難しくて訳がわからないものでも一応目だけは通した。

父から「勉強しろ」とは言われなかった。ただ、あとで困るのは自分だと無言で言われているような気がした。父のように頭のできは良くなかったが、できる範囲で頑張っているのは評価してくれた。

父から玩具を買ってもらったことはないが、小学校二年生の三学期に理科で5をとったら、ご褒美に顕微鏡を買ってくれると言った。私は頑張って理科の成績は5に上がった。父がプレゼントしてくれた顕微鏡は、倍率はそれほど高くないが、父が部品ごとにいいものを選んだこだわりの逸品だった。私はいろいろな花を採ってきては花粉をのせてレンズを覗いた。

中学で写真部に入ると、父は自分のカメラを譲ってくれた。変わった写真を撮るためのフレームや三脚も買ってきてくれた。

「面白い本があったよ」
芸術的な写真の撮り方の本まで買ってくれた。贅沢は許さなかったが、興味を持って勉強しようとすることに対する出資には寛大だった。ただし、父の価値観にそうものに限られていた。

父から誕生日のプレゼントをもらったり、おめでとうと言われた記憶はない。その反動で、私は自分の誕生日をとても大事にしてきた。必ず日記を書き、歯ブラシをおろしたり、ノートを新しくしたり、何かを始めるようにしていた。今でも、健一さん、茉子、亮の誕生日が三週間違いだが、それぞれお誕生日のお祝いをし、手作りのカードを贈っている。

実家での食事の時間はいつもテレビをつけていた。父が映画を見るのが好きだったし、食事中にあまり話をしなかった。気難しい父とはそのほうが、一緒にいやすかったが、自分の家庭をもってからは、食事中にテレビをつけるのはいやだと思った。亮も茉子もテーブルにごはんが並ぶと、どちらかがテレビのスイッチを消すのが習慣になっている。

家庭的な父ではなかった。家族のために何かしようとすることはないし、自分の本を整理すること以外、家のことを手伝うこともない。私はもっと優しい話しやすい父だったらよかったのに、といつも思っていた。そんな父だったが、仕事が忙しかった分、家ではリラックスしていた。早く帰った日は、シャツにステテコ姿のままだった。休みの日、テレビを見ていてＣＭになると、母が夕飯を作っているのを覗いて、おかずをつまんだりしていた。

ブーッ！

父は思いっきり大きな音をたてておならをした。いつでもどこでもお構いなくした。

「ちょっとー」

私が顔をしかめて、口を尖らせてみせると、

「ごめんちゃい」

と言ったあとで開き直る。

「音が大きいのは臭いがなくて人に迷惑をかけないんだよ。音がなくて臭いのは陰気臭くてよくないよ」

父はお風呂が嫌いだった。お酒を飲んで帰りが遅くなると、さっさと寝てしまう。

「疲れているから寝る」

「疲れているからこそお風呂に入ればいいのに」

「余計疲れる」

そんなやりとりはしょっちゅうだった。

「臭いからお風呂に入ってよ」

娘に顔をしかめられても動じない。たまに入ったと思うと、烏も驚くほど、あっという間に出てくる。

「身体洗ったの？」

「洗ったよ」

「うそだー」

垢で人は死なない。――父にはそんな持論があった。

父が五分たってもお風呂から出てこないときは、父が自分で色を塗った浮きをお風呂に浮かべて遊んでいるときだけだった。

母が私たちに小声で言った。

「あなたたちは清潔な人と結婚してね」

あるとき、父のほんの短い入浴中に電話があった。

「○○さんから電話だけど、どうする？」

私がガラッと戸をあけて言うと、

「エッチ」

と、はにかんだ顔をしてみせる。私のほうが恥ずかしくなった。


家族四人で、バスに乗ったことがあった。私が高校生くらいだっただろうか。夏の暑い日だった。バスの一番後ろに並んで座った。父は私の耳元でささやいた。

「今乗ってきた、ほら、あそこに立っている人、ノーブラだよ。見てごらん」

乗車口の近くに、若い女の人が黒いノースリーブを着て立っていた。そんなことを言われても答えようがない。母は母で、

「ほんとうだ。ほんとうだ」

などと言っている。妹と私は黙っていた。

厳しい父も、お調子者の父も、どちらもまぎれもなく父だった。

でも、ひとつだけ、父らしくないと思うことがある。仕事に行くときは、母が作ったお弁当を持って行ったが、そのお弁当箱を父は研究所で洗ってから持ち帰っていたのだ。母にどうしてか聞くと、

「お酒を飲んだりして帰りが遅いと、お弁当箱洗えないし、次の日の朝またお弁当つめるからね」

母は、特に不思議には思わないらしい。

父は、食べ終わったお弁当箱を湯飲みを洗うスポンジか何かに洗剤をつけて、しょこしょこ洗っていたのだろうか。どうも、そんな父の図を思い描くのは難しい。

しかし、それもおそらく、父だったのだろうと今は思う。

父の映像

父はテレビのニュース番組の中で、インタビューを受けたことが何度かあった。

「今日、研究所にテレビ番組のスタッフが撮影に来たよ」

「いつ？　テレビでいつやるの？」

と私たちが聞くと、

「確認するの忘れた」

などと言って、私たちをがっかりさせたことがあった。

あるときは、言われた時間にチャンネルを合わせて、母と妹と私がテレビの前で構えていたのに、父が映らないままニュースが終わってしまった。

「お父さま出なかったよ」

と仕事から帰った父に報告すると、

「局が違ってたかな」

とあっさり言って、結局私たちは見逃したこともあった。

今のようにビデオが普及していなかったので、父が出るときは、三人で身を乗り出すようにして真剣に見た。


ビデオデッキを買ってからは、必ず録画していた。ビデオテープには三本の番組の中に父の姿が残っている。私が録画したので、テープには簡単なメモが書いてあるだけで、日付も番組名も記録されていない。

ひとつは、夜八時のニュースで、川崎ですっぽんの刺し身を食べた人からコレラ患者が出た事件を扱っていた。魚介類を輸入している東南アジアの衛生上の問題を報道した後で、父が映った。父は、

「我々のできることといえば、経済協力だけではなしに、衛生状況を向上させるための技術協力、医学協力が必要です。おいしいものは輸入したいが怖い病気は入ってきては困るというのでは成り立た

ないわけで、地球上の限られた資源を共有するのですから、怖い病気の対策も共有していかなければならないと考えます」

少し気取って話している父の、茶色い無地のネクタイが曲がっていた。

もうひとつは、浦和市で幼稚園の井戸から大腸菌が出た事件の報道だった。

ニュースキャスターが、「汚水から感染したという可能性があるというのですが、専門家はどうみているでしょうか」と言って、父の映像に移った。父はそうに違いないと簡単に述べただけだった。

「えー、これでおしまい？」

当時、妹と私はそう言ったと思う。

三つ目は、テレビ朝日の『夏にそなえて、ストップ・ザ・食中毒』という三十分番組が入っている。撮影があった日、家に帰ってから、父は言った。

「はじめはすごくうまくいったんだよ。そしたら、喋ってるときにちり紙交換が通って、『古新聞、古雑誌、ボロ布など……』っていうのが入ってさ。最初からやり直しだよ。そうしたら、今度は途中で電話が鳴って、またやり直しするんだよ。役者じゃないんだからさ、同じ話を初めて言うような顔して喋れないよ」

放送日、私はビデオの録画ボタンに指をのせたままで番組が始まるのを待った。番組のタイトルが出て、私は「これだ！」と録画のスイッチを押した。番組は、保健所の食品衛生監視員の捜査を追ったり、料理研究家が保存のきく料理方法を紹介したりする。父は食品の保存方法と食中毒になったときの応急処置について、女性アナウンサーに説明する。

もし食中毒になったら、すぐに病院に行くこと。休みのときなど、それができないときは、脱水症状が怖いので、水やジュースではなく塩分のあるもの、たとえばスポーツドリンクを飲む。なければ、コップ五杯分一リットルの水に、砂糖小さじ八杯、食塩小さじ一杯を入れて飲む。と説明して、最後に、

「その程度の目安で結構ですので。正確である必要はありません」

と付け加えた。テレビの中の父は、いつも人前で話をするときと同じように、口元をあまり動かさずに、少し緊張気味に話している。

私は、どこらへんで電話が鳴ったのかな、ちり紙交換の声が入っていたらおもしろかったのに、と思いながら見た。

父が帰ってから、ビデオに撮ったのを一緒に見た。

「ほんとうはもっとうまく話したんだけどな」

またもや父は言っていた。


私が結婚する直前に健一さんがビデオカメラを買った。家族皆でどこかに出かけたわけでもないし、改めて家族を撮影することもなかった。唯一父の映像が残っているのは、私たちの結婚式のビデオだけだ。

父が他界してから何年目かの結婚記念日にそのときのビデオを見た。そこには、燕尾服を着た父の

姿があった。

披露宴が始まる前のロビーの様子が撮影されていた。健一さんの職場の同僚と私の高校時代の親友が受付をしてくれている。出席者が記帳している。何人か集まって話をしている。羽織姿の健一さんが披露宴で祝電を読んでくれる友人と打ち合わせをしている。パンフレットを読んでいる人がいる。すると、父と母と妹が現れて、受付の人に深く頭を下げて挨拶をしているのが映った。

「今日はお手伝いいただいてどうもありがとうございます」

父と母の声が聞こえるような気がした。

ビデオやテレビ画面の中の父は、普通に歩いて、普通に話をして、緊張していたり、笑っていたり、食事をしたりしている。あまりに自然に動いている。

そんな父が今はもういないということが、むしろ、ひどく不思議なことに思えてくる。

石ころ

川釣りに行ったとき、父はよく石を拾って帰った。結婚する以前、山に登ったとき記念に持ち帰った石もある。黒いマジックで、日付と場所が書いてある。

「いい形をしているだろう」

父は満足そうに石を見つめる。両方の手に納まるくらいの大きさで、特に美しいわけでもない。何の変哲もない石ころだった。

母は石には悪いものがつくから、持ち帰るのは縁起が悪いと嫌がった。母の友人にも同じ考えの人がいたことを知って、母は自分の考えに自信をつけた。彼女の知り合いに石を集めている人がいて、その人は自分で拾ってきた石を踏み台にして自殺したという。母はそれでますます確信を持った。

「石は持って帰らないほうがいいわよ」

めずらしく母が父に意見を言うと、父は姉の夫の話を持ち出した。

「米山さんだって石を集めてただろ」

「だから、病気したじゃない」

父は苦笑した。

父は尿道結石で、二度入院したことがある。二度目は私が大学生のときだった。夜中、母は私を起こした。

「お父さま、お腹がひどく痛いっていうの。また石みたい。これから車で広尾病院まで行くんだけど、心配だから一緒に行って」

父は助手席を少しリクライニングさせて、うーうー唸りながら、母に病院への道を教える。母は初めての道を緊張してハンドルを握っている。私は後ろで、おろおろしながら乗っているだけだった。

父は入院してすぐに、石が出たのか、うまい具合にどこかに入り込んだのか、痛みは治まった。お見舞いに来てくださった方に、バツが悪い思いをしたようだ。

母は私にだけ言った。

「お父さまが身体に石が溜まるのは、石を拾ってくるからよ」

父が膵臓炎で入院した。膵臓に石があるらしいが、悪性なのかわからなかった。

母が父に内緒で、父のコレクションした石を全て捨ててしまったのは入院してしばらくたったときだった。石を捨てれば、少しは悪いものが落ちて、回復に向かうと思ったのだ。ほんとうはそれぞれの場所に戻さなければいけないが、それは無理だからといって、母は多摩川に捨てに行った。私はそのことを後になって聞かされた。

母はそこに父がいるわけではないのに、少し声をひそめて言った。

「日付と場所が入っているでしょ。一か所に捨てるのもどうかと思って、ひとつずつあちこちに置いてきたわ」

卵焼き

父の朝食は必ずご飯とみそ汁だった。みそ汁は、大根、さといも、油揚げ、豆腐にわかめなど、具だくさんのが好きだった。ときには具の相性が悪いと言って怒った。みそは赤だしで、子どもの私たちには少々辛い。父の帰りが遅いことがわかっている夕食のときに、母は「マルちゃん」の白みそと赤みそを割ったみそ汁を作ってくれた。朝の父用のみそ汁は、みそを溶いてすぐに卵を落として、少し火を通して止める。だから、父よりも遅く朝食をとると、みそ汁には固まった卵の白みが混ざっている。父は卵入りのみそ汁を毎朝必ず食べた。

父が卵を食べないときはなかった。

ご飯の上に卵をかけて食べるときは、必ず小鉢に卵を割って、醬油を入れて箸で勢いよくかき混ぜた。父は、軽快に箸を鳴らしながら、泡立つくらいよく混ぜた。温かいご飯の真ん中に穴を開けて、卵を注ぎ込む。卵がふわっとしていて、ご飯の上に直接卵を割ってしまう妹のよりもずっとおいしそうだった。私も真似して、卵をかき混ぜてみたが、どうしても父のようにはふわっといかない。

「ねぎ入れて、くちゅくちゅして」

父はこれが一番好きだった。何かもう少し食べたいというときによく母に作ってもらっていた。ねぎを切ってバターで軽く炒め、溶き卵を流し込んで、菜箸で軽く混ぜて火を止める。この「くちゅくちゅ」加減が難しい。

「うまい」

父はほんとうにおいしそうに食べた。

チャーハンにも卵がたっぷり入っているのがよかった。母は先に卵を炒めて、取り出しておいて最後に加えるが、父はご飯を炒めてから卵を流しこむほうがうまいんだと言った。母は、「ご飯がべちょべちょになっちゃう」と言って、日曜日の昼、父も一緒に食べるときだけそれに従った。

父のお弁当には必ず卵焼きが入っていた。たまにしらすが混ざっていることもある。我が家には、卵焼き専用のフライパンがあった。長方形で、ひっくり返しやすいように向こう側の底が丸くなっている。ちょうど幅が合う卵焼き用のフライパン返しもあった。それを使うと、旅館の朝ご飯に出てくるような美しい卵焼きができた。私もそのフライパンで特訓をしたので、不器用なわりに卵焼きはうまい。

目玉焼きにするときは、ベーコンをかりかりに焼いて、その上に卵を落とした。

釣りに行くときは、母が作ったおにぎりとゆで卵を必ず持って行った。

母は、冷蔵庫の中に何はなくても卵だけは決して切らさなかった。

「卵さえあれば、よかったのよ」

父が膵臓炎で入院してから、食事はほとんどとれなかった。栄養は点滴で体内に入れていた。

「卵が食えないのが辛い」

父は身体の中から絞り出すように言った。

父ゆずり

父は色が黒かった。学生時代サッカーやホッケーをしていたせいか、少年時代岐阜の自然の中で過ごしたせいか、肌にしみ込んだ黒さという感じがする。しかも釣りが好きだから、ますます黒さに磨きがかかる。父の手首には、一年中腕時計の白い跡があった。

私も黒い。子どもの頃、夏休みが明けるとクラスで一、二を競う黒さだった。特に外遊びが好きなほうではないから、もともと地黒なのに加え、日光を吸収しやすいようだ。

私は短大から同大学へ編入試験を受けた。母と同じ道を行くことになる。

面接は大学の教授三人で行なわれた。名前を呼ばれて部屋に入ると、中央に母の恩師、小倉皐先生がいらした。先生は少しルーズに座り、椅子に掛けた私をほったらかしにして左隣の女の先生に言った。

「この人のお母さんもここの卒業生でねえ。私が初めて受け持ったクラスだったんですよ」

「まあ、そうなんですか」

「私はクラス会は出席しないことにしてるんですけど、そのクラスだけは出てるんですよ」

「よっぽど思い入れがおありだったんですねえ」

「そうね。この人のお母さんは、小物入れとかお財布を作るのが上手な人で、何かのときにいただいたなあ。きれいな人でねえ……」

やっと、緊張して座っている私に気がついたかのように私を見て、言った。

「……あなた、お父さん似だねえ」

妹が高校生で、あまり家族と口をきかなかった頃、四人で小田急線に乗った。車内はがらがらだった。母と私が並んで座った。父はドアを挟んだ座席に座り、妹はその向かいに座った。「わざわざ離れて座ったりしてねえ」と母と私は眼で言った。電車が走り出すと、ふたりはそれぞれバッグから文庫本を出して読み始めた。母と私は再び眼を合わせた。

「似てるねえ」

電車が新宿に着くまで、父と妹は本を読み続け、母と私はおしゃべりをしていた。

母も妹も洋裁が得意だが、私は全くできない。どうも一ミリずれるとうまく仕上がらないというのが面倒で仕方がない。私は父がそうであるように、自分の好きなようにできる絵や文を書くほうが好きだ。母と妹は家庭科系、父と私は文化系、美術系が好きだった。

そんな思いがあり、父の法事で、父親似の話題になったときに一番上の伯母に言った。

「お父さまに似ているところは、私は趣味で、妹は性格かな」

「あんたばっかりずるいがな」

伯母は眼鏡の下から覗き見るようにして言った。

確かにそうだ。趣味が同じと言えば、親戚から、やっぱり誠さんの子やねえと感心され、性格が似ていると言えば、おやまあと困った顔をされるに違いない。性格を妹に押しつけては申し訳なかった。改めて考えてみると、父の多くを妹と私で受け継いでいる。

私は亮を妊娠してからずっと日記をつけている。亮が生まれてからは、亮がこんなことをした、こんなことができたと簡単な絵を描いて記録している。入院中の父にも葉書に描いて送っていた。茉子が生まれて、当時ほどていねいに描くことはできなくなったが今でも続けている。大学ノートは三十五冊目に入った。私は大地震が起きたら、これを持って逃げなければならないと思っている。父は入院している間、ビジネスノートに身体の調子や検査の記録、お見舞いに来てくださった方の名前をきちんと記入していた。記録魔のところは父から受け継いだようだ。妹はあまり好きではないらしい。

私が小学生の頃、父の勧めで、読んだ本の記録をカードに書くようになった。読んだ日付、タイトル、作者、本の種類、出版社、出版日、本のサイズ、ページ数、本の所有者、あらすじ、感想、作者について記入した。あまり本を読むほうではなかったが、読むと必ず書いていた。感想はだんだん簡単になっていったが、今でも読んだ本は、ノートに記録している。

妹は、サスペンスものや、推理小説が好きで、通勤の電車の中を利用して読んでいたようだ。私よりもずっと多く読む。その妹も読んだ本は記録しているというのを聞いて驚いた。私はあらすじを書くのが苦手で苦労していたが、妹のほうは要領がいい。文庫本の表紙の裏に書いてあるあらすじをそのまま書き写していた。

父は、とても几帳面だった。

入院中、病室に飾ってある花を見て言った。

「もう少し右に向けて。そこの黄色い花、もうちょっと前に出して。そうそう」

母や私は言われるたびに、父の言うとおりに花の位置を変えた。

百合ヶ丘に越して来たとき、近所に住み、後に私がピアノを習うことになる中塚先生がいらした。薪を使っているので、家を建てたときの材木の残りをもらえないかということだった。父は、木を同じ長さに切りそろえ、きちっと束ねて持って行ったという。先生は後々までそのときのことを話していた。母だったら、長いものも短いものも構わず束ねただろう。私もそうするに違いないが、妹なら父のように切りそろえたかもしれない。

父は仕事や好きな釣りにおいて、完璧主義だったようだ。やらなければならないことには手抜きは許されなかった。妹も私もいくぶん似ているところがある。

私は亮を産む一年前から六年半の間、児童英語のインストラクターをやっていた。英会話はできないくせに澄ました顔をして、子どもたちにＡＢＣの歌や英語のゲームを教えていた。先生仲間は、大きい丸に小さい丸、足描いてくちばし描いて、「これひよこだと思ってね」とやっていたが、私はひよこの絵を画用紙に描いておくなどして、きちっと教材を作らなくては気が済まなかった。ビンゴカードは手書きで動物版を、スーパーの広告を貼って食べ物版を作った。見やすいようにテキストを拡大コピーしたり、既製のカードでいいものがないと自分で描いて作ったりと結構手間をかけていた。私の教材は先生仲間にコピーして重宝がられ、そのかわり私は彼女たちに英語を教わっていた。

社会人のサークル活動のときも、今やっている茉子の自主保育でも、こうすべきだと思ってついつい頑張ってしまう。ただ、父のように力量がないので大して成果がない。

妹も洋服に関して、完璧を求める。好みでない服には決して袖を通さない。気に入ったものがないと生地を買ってきて縫ってしまう。自分の服はもちろんだが、私の洋服を作ってくれるときでも家にあるボタンがどれもイメージに合わないと思うと、わざわざ遠くの店まで買いに行く。亮や茉子の誕生日やクリスマスにもよく服を作ってプレゼントしてくれるが、間に合わせるために徹夜もする。その腕前はプロ並で、とうとう私のスーツまで手がけてしまった。完璧さにかけては妹のほうが私より数段上だ。

父は子どもの頃から勉強がよくできたらしい。成績は常に一番か二番だったという。父の通知表を見ると、確かに秀が並んでいる。

父が小学生の頃、級長をやっていたときのことだ。教室の窓が割れ、父が犯人にされたことがあった。結局そのために父は級長を取り上げられた。父は意地を張って、自分がやったのではないことを言わなかった。父親が見かねて、先生にそろそろ級長を返してやってくれないかと言いに行ったところ、先生は「わかっているのだが本人がなかなか強情できかない」と笑っていたという。父の意地っ張りは幼いときからだったのだ。

幸い、妹も私もそれほど偏屈ではない。しかし、残念ながら、ふたりとも学力優秀ではなかった。

父は変なところにこだわりをもっていた。ゴルフが嫌いで、あんな広い場所をひとりで使うのは性に合わないと言うし、『二十四時間テレビ・愛は地球を救う』などの募金番組で、私が寄せられたメッセージに心を動かされていると、

「ボランティアというものは恩きせがましくするもんじゃない」

とケチをつけるし、畑正憲のムツゴロウシリーズを読んでいる途中でどうしても許せないところが

あったからと読むのをやめたりする。

そういえば私も似たようなところがある。壊れたら使えなくなるおもちゃ、ひとつの方法でしか遊べないおもちゃは嫌いで、子どもたちに絶対に買わない。ボタンを押すとテレビのキャラクターが喋ったり、勝手に動いたりすると、逆に遊ばれているようで腹が立つ。周りの友達がほとんどといっていいくらい取っている付録付きの幼児雑誌も嫌いで、同じ年の子どもが毎月同じおもちゃで遊び、同じテープを聞いているかと思うと気持ちが悪くてしかたがない。かといって、自分が小さいときに買ってもらっていた、『科学と学習』や『小学一年生』にはそれほど抵抗がないのだからいい加減なものだ。

テレビで、映画『ベン・ハー』を父と一緒に見ていたとき、ベン・ハーと恋人がふたりきりで話すシーンがあった。

「あれ？　これ回想シーンかな」

「違うよ。今だよ」

「……やっぱり以前の話じゃない？」

「違うって言っているだろ！」

そんなことで大きな声をあげなくてもいいじゃない……私は口をつぐんだ。

父が伯母と電話で話しているとき、気に入らないことがあって、

「いい加減にしろ！」

と受話器を音を立てて切ったこともある。

今でいう「切れる」というか、爆発するというか。父は怒るとよく怒鳴った。

私は亮がぐずぐずしていると、いらいらして怒鳴ることがある。そんなとき自分は母にではなく父に似ているなと思う。


いろいろな場面で「妹」「私」の身体を借りて父が生きつづけていると実感する。しかし私は、変に気難しかったり、気が小さいところがあったり、うまく人とつきあえなかったり……。父の悪いところは徹底的に、良いところは中途半端に似ているからうまくいかない。


「亮くんはお父さまに似て、ちょっと気難しいところがあるから……」

母が私に言ったことがある。

「えー、そんなことないよう」

神様、どうか亮と茉子は頭のいいところが父に似て、性格は似ませんように……。

父親似 母親似

母は　色がしろい　　私は　父に似た
父は　読書家だ　　私は　母に似た

母は　決して怒鳴らない
父は　学力優秀だ
母は　愛想がいい
父は　人前で話をするのが得意だ
父も母も　運動神経がいい

私は　父に似た
私は　母に似た
私は　父に似た
私は　母に似た
私は　どちらにも似なかった

七回忌

一九九八（平成十）年六月、父の七回忌を迎えた。都立衛生研究所の先生方に釣りのお仲間が加わって、「大橋誠を偲ぶ会」を開いてくださった。母もその席に招待された。母は大勢の人が集まるところに出るのが苦手だ。

「亡くなって丸六年も経っているのに、忘れずにいてくださり、お忙しい先生方が集まってくださるなんて……」

母は感謝しながらも、当日まで落ち着かないようだった。

「偉い先生方ばかりだし、どうしよう」

結局、母は出席して、

「いろいろな方から、お父さまの話聞かせてもらったわ」

と感激していた。

聞くと、随分褒めていただいたようだ。母が出席させていただいたお陰で、皆さん父の悪口も言えずにお気の毒だったと思う。

ある先生のお話が印象に残った。

「大橋先生は、福見秀雄先生の生き方をそのまま受け継いでいらっしゃいました。現在は、大橋先生の姿勢を今の国立予防衛生研究所の所長が受け継いでいらっしゃいます」

その先生は父の告別式のとき、じーっと父の写真を見て、

「もっと先生とお話ししたかった」

とおっしゃっていたという。

福見秀雄先生は、病原微生物学の権威で、父が国立予防衛生研究所にいた頃大変お世話になったいわば恩師で、お師匠さんと弟子の間柄だ。父と母の仲人でもある。その先生も一九九八年十二月十九日亡くなられた。父がお世話をしなければならなかったのに、父のほうが早かった。代わりに母が告別式に出席した。天皇からの弔辞が届いていたという。

母は「偲ぶ会」に出席された方一人ひとりに、絵手紙を描き、礼状を出していた。

親族での七回忌の法要は、六月十四日に行なった。皆で墓参りをして、お経をあげてもらう。その後、豆腐と湯葉の店で食事をした。珍しい豆腐料理が並び、最後に鍋で湯葉を作った。沸騰した鍋の表面に膜ができる。このできたての湯葉を箸ですくって、タレで食べた。

「もう食べられるんじゃないかな」

「私さっきいただいたから、どうぞ」

「今度はぼくがやる！」

亮も湯葉を自分で取って食べた。食事もおいしく、和やかな雰囲気だった。

「七回忌はお祭りだからね。皆が集まって楽しめばいいの」

父の甥にあたる、米山忠義氏が場を盛り上げていた。

母の姉が言った。

「誠さんによく似ていらっしゃるわね」

「そう！ よう言われるんですよ。お風呂が嫌いなところも一緒。違うのは、あちらさんは頭が良くて、私は悪いところですわ」

私は、おむつがとれたばかりの茉子が「しーしー」と言うたびに席を立ち、行けば「やっぱり出なーい」と言われ、部屋とトイレを何度も往復した。久しぶりに会えた伯父や伯母たちとろくにゆっくりと話をすることもなく一日が終ってしまった。


父が亡くなってから、何かことあるごとに父ならどうするだろう、何と言うだろう、とよく考える。死後、父に「勲四等正五位」が贈られるという知らせを、父の退職後に東京都立衛生研究所の所長になられた倉科周介先生が報告してくださった。

「ほんとうは、三等が妥当だと思うのですが」

父は、千葉大腸チフス事件で、厚生省に楯突いた跳ねっ返り者だから仕方がない。三でも四でも構わないが、へそまがりな父は辞退すると言うかもしれない。母と妹と私はそう話したが、結局いただくことにし、しかも額まで買って、父の部屋に飾っている。

テレビのニュースを見ていても、父の顔が浮かぶ。

都知事が青島幸夫に決まったとき、父はどんな顔をしただろうか。O－157が流行ったとき、父がいたら忙しくなっていただろうと思う。そしてそれが、かいわれ大根が原因だと報道されたとき、父は厚生省に対してどう言っただろうか。

子どもたちを見ていても、父のことを考える。亮が工作で体の中が見える怪獣を作ったとき、父は褒めただろうか、もっとこうしたほうがいいと注文をつけただろうか。茉子がちゃめっけたっぷりのポーズをとったとき、さすがの父も顔を緩めるに違いない。亮が茉子の頭をゴツンとやったとき、父はいちいち注意をするだろうか、知らんふりしているだろうか。

父の死後、父はいつも近くにいた。むしろ父への思いは以前より強くなったように思う。だから、もう七回忌を迎えるまでになったという実感が持てないでいた。

七回忌の席を見渡す。体調が悪くて三人の伯母が欠席し、集まった親戚は父が亡くなったときと比べて随分減っている。皆、頭に白いものが増えたなと思う。歯が悪いので、豆腐料理は助かるという声が聞こえる。

あの頃、はいはいをしておっぱいを飲んでいた亮が、もう小学校に通うようになった。そして、まだこの世に存在していなかった茉子がもう、立って、自分でご飯を食べ、おむつもとれて、上手にお喋りをしている。

やはり、六年という年月が確かに過ぎていたのだった。

白い朝顔

今年の夏は、昨年とれた朝顔の種を蒔かなかった。

亮は小学校一年生になり、学校で朝顔を育てている。夏休みに入って持ち帰った朝顔は、次々に赤や青や紫の大きな花をつけた。

八月の半ばになって、それらに混じってひとまわり小さい白い朝顔が咲いた。昨年の朝顔だ。百合ヶ丘の実家から種をもらって、日曜日の朝、子どもたちと一緒にわが家のプランターに蒔いて、花を咲かせた。そのときのこぼれた種が、健気にも芝生の間から芽を出し、突然現れた鉢にすがってつるを伸ばし、花をつけたのだった。


私が大学生の頃だったろうか。父が岐阜に帰ったときに、百合ヶ丘の庭に蒔きたいといって、花の種を持ち帰った。野生の朝顔だという。翌年蒔いて咲いたのは、真っ白く小さめで、華やかさはないが、愛らしい。それでいて、ここで生きていこうという強さを感じた。それ以来、百合ヶ丘の実家には、隣の家との境のフェンスに何の世話もしないのに自ら種を落とし、自分の力で芽を出して毎年花を咲かせる。父の亡き後も変わらず、楚々と咲き続けている。

「ああ、お父さまが植えたあの花ね」

母が笑った。

「野生だから強いのよ」

父は野生の植物が好きだった。焼き物でも置物でも質素なものを好んだ。高価で気取ったものは肌に合わないらしい。

父と母が若い頃、田んぼの畦で父は、

「タニシいるかな」

と真剣な顔で捜したという。麻布生まれの母には縁のないことだった。

百合ヶ丘の家の近くでつくしを見つけると、父は母につくしのおひたしを作るように言った。四、五本のつくしでも、ていねいに洗って茹で、かつおぶしをかけて、醤油を垂らす。父はほんのひと口になってしまったつくしのおひたしを喜んで食べた。

父は定年後は、釣りのできる海の近くに住みたいと言ったことがあったが、母は私の耳元でささやいた。

「いやよ」

母はテレビで、家族がピアノやバイオリンを弾いている音楽ファミリーが出ていると、

「こういうのが理想だったのよ」

と言った。

亮を出産する前の母親学級で親しくなった田村恵里さんは、父の死を知って、手紙をくれた。水色の無地の便箋で、封筒には花の透かし模様が入っている。一歳になったばかりの亮が、いたずらして封筒を破ってしまったが、そのまま引き出しにしまっている。田村さんのお爺さま、お婆さまが亡く

なったとき、お父さまがおっしゃった言葉を私に贈ってくれた。

——花びらは散っても　花は散らない——

花びらが散り、花の形がなくなっても、花の「いのち」は実となり、種となり、尽きることはない。お父さまが亡くなられても、飯田さんの中に、そして亮くんの中に、そしてあらゆる「いのち」の中に、お父さまは生きておられると思います。

父の白い朝顔が凛として命をつないでいる。彼女の言葉が以前に増して、私の心に響いた。

父への手紙

病床で父が書き上げた本、『広い窓』は親戚や仕事の関係者、多くの友人に送られた。本を受け取ってすぐに書いてくださったお礼状、本を読んでから感想を書いてくださった手紙を父はていねいに読み、この本に関する手紙だけをまとめて、A四判ブルーのファイルにまとめていた。

『広い窓』を読むと、今まで知らなかった若い頃の父の姿が思い浮かべられた。父との思い出が蘇ってきた。仕事の上で、父が多くの方に支えられてきたのを感じた。専門的なことはわからないが、父のしてきた仕事が見えてきたように思った。自分の病とその向こうにある死を見つめる、父の正直な心の内を見ることができた。思った以上の本に仕上がっていた。これまで父の文が活字になったものはどれも医学的で難しく、私には理解できないものばかりだった。『広い窓』はとても身近に感じられた。

本を読んだ感想を口に出して言うのは少々照れくさいし、うまく伝えられそうにない。私は父に手紙を書こうと思った。父が底力を出して書き上げた本に対して、せめてもの礼儀だと思った。書けば喜んでくれるに違いない。そうも思った。

私は、生まれて間もない亮に何度か中断されながらも長い手紙を書いた。

あれから七年たった。母が保存していたブルーのファイルを見せてもらった。礼状の葉書、少しして送られた手紙、海外からのクリスマスカードなど、いくつかに分けてあった。全ての手紙が封から出して、ホチキスでとめられ、封筒の裏にある住所と名前を切り取って手紙に貼りつけてある。感想が書かれた手紙には、返事を出したという印だろうか、鉛筆で端に「書いた」と書かれている。母が後になって見ることを考えてのことだろう、差出人の名前の横には、父の字で「大学同級生」「予研時代の先輩」「予研時代受けた研究生」「釣友」などと鉛筆でメモ書きしてあるのが悲しかった。

改めて、父宛の手紙一つひとつに目を通してみた。

先生の業績は不滅だ、私たちの道しるべだと讃えるもの。病床で書き上げたことに対して驚くもの。腸チフス事件のところは繰り返し読んだというもの。「この本を読んで、先生のことをもっとよく知ることができると思います」というのもあった。

「一気に読みました。淡々と書かれていますが、至る所に貴兄の気迫を感じます。ところどころ涙しながら読みました。お見事な人生。私は君を尊敬します」

父の本をこれだけ多くの人が読んでくれた。手紙を書いてくれた。私は父を羨ましいと思った。あのとき慰めてくれた言葉が忘れられないとか、飲みに行ったのが楽しかったなど、私の知らない父の姿を見ることもできた。

医学関係の方からの手紙が多い中、父の中学時代の友人川井二夫さんからの葉書が目に留まった。裏にも書かれていて、葉書は二枚にわたっている。

「どうか早く良くなってください、どうか早く良くなってください、どうか早く良くなってください。と誰にともなくお祈りをしています」

私の手紙は、印刷精算書の後、丸く膨れたファイルの一番最後のページに入っていた。白い便箋に細かい字で書かれた手紙は七枚にもなっている。改めて読んでみると、こんなことを書いていたのかと驚く。何を恰好つけているのか。これを父が読んだのかと思うと恥ずかしい。

このエッセイがよかった。この話がおもしろかった。小さいとき、こんなことがあったとあれこれ思い出を書き並べ、最後に父の業績に敬意を表してからこんなふうに書いている。

これだけのことをやってきたのだから、寝たきりになるなら堂々と寝ていればいい。私が責任をもって世話をします。お父さまが「何でも自ら実行しなければ気が済まぬ性格」(本の中で、自分のことをこう言っている）なのに似て、私も人任せにできない性格です。「親の世話に散々なっておいて後は知らぬ、は人の道ではない」これは私の言葉ではないけれども、私も健一さんも同じ考えです。でも、お父さまはまだまだ早すぎるでしょう。悪いけれど、まだ娘としてしてあげることより、してほしいことがたくさんあります。

健一さんは釣りを教わると言っているし、伊豆多賀にはまだ行ってないし、（私が結婚した翌年に一緒に行こうという話があったが、父の仕事が忙しくて実現しなかった）亮くんを釣りに連れていってほしいし、私に作ってくれたようなおもちゃも作ってほしいんです。幼稚園のとき父親参観で作ってくれた粘土のバナナといちごは本物そっくりでした。木馬もすごかったですね。あれを処分してしまったこと、いまだにお母さま悔やんでいるので禁句です。娘ばかりで、初めての男の子だからお父さまも楽しみですよね。

それから、前に話したかどうかはっきりしないけれども、お父さまが定年になったら一緒にしたいと勝手に決めていたことがあります。陶芸一緒に習いたいと。今まてチャンスはあったけれども私が先に始めてうまくなるとお父さまに悪いと思って……反論はあると思いますが。

そして、もっと本を書いてほしいです。仕事の本でも、エッセイでも。出版にお金がかかるなら、私のへそくりを出して、親孝行風を吹かしてやろうと思っています。

何はともあれ健康でなくてはできないことです。時間をかけて焦らずゆっくり治してください。

本ができあがったとき、亮は生まれてまだ三か月だった。亮の世話で、読むのにも書くのにも時間がかかり、手紙の日付は一九九一年十二月三日になっている。そして、手紙の最後に、遅くなった言い訳と、取り留めもなく書いたので、添削などしないようにと付け加えていた。

「お父さま、私の手紙読んだ？」

毎日病院に通っていた母に手紙を託し、次に会ったとき聞いてみた。

「読んでた。泣いてたよ」

ところが、だいぶたって、母に

「あのとき、お父さま泣いてたんでしょ」

と言うと、

「そうだったっけ」

そういうことって忘れるものだろうか。母はいつもこんな調子だ。

母へのアンソロジー

亮が風邪をひいたときにもらった風邪薬の袋に、食前、食間、食後の飲み方の説明が書いてあった。

――食間……食事の二時間後に服用してください――

そうか、食事と食事の間という意味か。

そういえば私が幼い頃、何かのときに病院からもらった薬の袋を見て、母は言った。

「これ、食間に飲むんですって、めずらしいわね」

私は、その薬を食事中に飲まされた。


母の作ったギョウザはおいしかった。ボールに入れた肉をスプーンでとって皮に包んでいく。皮が終わったときにボールもからっぽになった。母は嬉しそうに言う。

「天才だわ」

自称天才も、たまには皮を余らせることがあった。そのときは、チーズを細く切って巻く。すると、チーズと皮はどちらも余らずぴったり終わった。

「やっぱり天才だわ」


私が中学校三年のとき、母が個人面談から帰ってくるなり言った。

「家で担任の先生の話をするときは、ちゃんとした名前を使ってくれなくちゃ困るじゃないの」

担任の高橋康子先生は、生徒の話をじっくり聞いてくれるので人気のある先生だった。笑うと眼が線のように細くなってしまうので、皆「メナシ」と呼んでいた。私は家でも先生のことを「メナシ」と言っていた。母は学校の受付で担任の先生の名前を聞かれて、ほんとうの名前を知らずに困ったらしい。

「まさか、メナシなんて言えないじゃない」

「クラスを言えばよかったのに」

「だって、何組だったか忘れちゃったんですもの」

私が大学三年の夏休み、通っていた英会話学校のロンドン校に通うため、四週間ホームステイしたことがある。母が成田空港まで見送ってくれた。空港行きのバスに乗って、途中、全員がバスから降ろされて検問を受けた。カチッとした制服を着た男性が母に言った。

「パスポートを見せてください」

「えっ！　私、見送りです！」

「では、身分を証明できるものはお持ちですか？」

「えっ！　車の免許持ってきてないわ！　どうしましょう」

母は私の腕をガッと引き寄せた。

「親子です！　似てるでしょ？」

係の人は笑って通してくれた。


母は語学が苦手なくせに、四月になるとはりきって『基礎英語』『続基礎英語』『英会話』『やさしい英会話』などＮＨＫテレビやラジオのテキストを買ってくる。毎年、四月は頑張って、五月もなんとか続いている。そのうち、「これに絞ることにするわ」とテキストが減る。そして、挫折していくようだ。母の本棚には、何年にも渡る四月号、五月号が並んでいる。

母は趣味が多かった。私が幼稚園に通う頃から、あれこれお稽古に通っていた。洋裁、和裁、料理、ピアノ、ギター、リボンフラワー、布フラワー、レザークラフト、ろうけつ染、ミシン刺繍、呂刺し、日本刺繍、絵手紙、墨絵、陶芸、等々。ある程度習得するか、才能がないのを悟ると終わりにして、別のことに熱心になった。そして今は、葉書スケッチと袋物をやっている。どれも、家族のものを作ったり、人に差し上げたりして喜ばれてきた。

父は母が習い事をすることに対して、一切口出ししなかった。

「基本的にお父さまは私が習い事をしたりして勉強することに対して賛成だったわね。自分の娯楽っていうのじゃなくて、ほとんど、家族のためになるものが趣味になっていたし。お父さまのお陰でいろいろ勉強させてもらったわ」

私が幼い頃、洋服はほとんど母の手作りだった。妹とお揃いで、花柄や苺の柄のワンピースを作ってくれた。妹は、服が小さくなって着れなくなっても、同じ柄の私のお古が回ってくるので、うんざりしたと言っていたが、亮や茉子の誕生日やクリスマスのプレゼントに服を作ってくれるのだから、幼い頃の手作りのぬくもりが身についているに違いない。私は母が作ってくれた服が自慢だった。それでも、たまに従姉妹のお古をもらって、ひらひらのレースがついていたり、かわいいちょうちん袖に小さな花の刺繍がしてあると、嬉しくてたまらなかった。

ずっとあとになって、母の言葉に驚いた。

「子ども服って結構高いでしょ。若いときはお父さまのお給料も少なかったし、お父さまの本代もかかるし、子ども服まで手が回らなかったから、洋裁習って作ったのよ。そういうことが好きでもあったしね」

百合ヶ丘の家の裏には大学生が下宿するアパートがあった。六畳くらいの部屋が十室あり、明治大学や専修大学、聖マリアンナ医科大学の学生が入っていた。我が家の洗濯場から階段でそこの食堂につながっていた。母は毎日掃除をし、学生の夕食を作っていた。母はどこに出かけても必ず四時には帰ってきて、大きな鍋で学生と家族の食事を作った。カレーは鍋がふたつ必要だった。鍋いっぱいのおからを作っているのを見ていると、それだけでお腹がいっぱいになった。ずっと以前は朝食まで作っていた。母は言った。

「学生の食事にはいつも、栄養は大丈夫か、量は足りているか気をつけていたわね。心をこめて作ったわよ」

学生さんの誕生日には夕食のときに、必ずケーキを焼いていた。部屋代が安くて親御さんに喜ばれ、専修大学からは、親代わりとして感謝状をもらったこともある。私もたまに手伝っておかずを運んだ。小学生の頃までは、よくお兄さんたちに遊んでもらっていたが、それ以降は、顔を合わすのが恥ずかしくて、おかずをテーブルの上に置くとそそくさと戻ってきた。

お風呂には、半数ずつ交代で学生も入っていたので、私たちは早い時間に入ってしまわなければならなかった。電話も学生に取り次いでいたので、長電話にイライラすることも多かった。何年かして、ピンク電話を置くようになった。昔ながらの下宿屋は学生が希望しなくなり、建物も古くなったので、二十年続けた学生の下宿アパートは取り壊すことになった。

現在は、小さな賃貸アパートになっているが、今でも当時の下宿屋のおばさんのところに、すでに家庭を持った元学生さんたちから年賀状や手紙が届いている。

同居していた祖父母は、母の両親だった。祖父は私が小学校三年生のときに脳溢血で他界した。ふんどしを締め、蜜柑を半分に割って皮ごと二口で食べる人だった。歯を磨くときは、ヨーグルトの瓶に入れた塩をつけて磨いた。大工仕事が好きで、自分の部屋の奥に小さな部屋を増築したり、物置を作ったりした。私が小学生になって、しょっちゅうプールに行くのを見て、石庭を壊してコンクリートで小さなプールまで作ってしまった。祖父は呉服染物店をしていたので、家には手作りの湯のしをする機械があって、祖父はよくその中に座って、壁からそこまで反物を渡して布を少しずつ送りながら蒸気をあてた。普段は妹と私が家にしたり、電車にしたりして遊ぶのに使っていた。口数が少なくて、気難しい人だと思っていたが、母は祖父のことをとても優しかったと言った。

祖母は、現在九十四歳になる。夫の店の仕事を手伝いながらも、教育ママで、娘の懇談会ともなるとすっ飛んで行き、娘がお世話になっているのだからと、学校の役員も率先してやったそうだ。料理はあまり得意ではなかったようで、母が学校を卒業してからは、母が料理を作ったという。

「私のシャツがなくなっているけれど、あんた知らんかね」

古くてぼろぼろになった服をいつまでも着ているので、母がこっそり捨ててしまっても決してごまかされなかった。何かというとお説教をする。亮が仏様に手を合わせた、いつもにこにこしている、お

行儀よく食べるというので褒めてくれるのかと思うと、

「亮くんみたいないい子に恵まれて、あんた感謝しないといけませんぞ。親の態度を見て子どもは育ちますからね、親がしっかりせんと……」

と際限なく続く。価値観の違う私の父とは全く顔を合わせようとしなかった。当然間に母が入って苦労した。ひどく癖のあるふたりをたてながら生活していくのはほんとうに大変だったと思う。姑と同居するのも大変なことかもしれないが、母の性格ならば、姑の方が、はいはいと言うことを聞くことでまるく治まり、むしろ楽だったのではないかと思えた。

母が友人と一泊で旅行するようになったのは、妹や私が随分大きくなってからのことだった。

母は、弱音を吐いたり、愚痴を言ったことは一度もなかった。父は仕事が忙しく、家庭サービスなど全くしなかったし、私たち娘のことも母まかせだった。短気でへそ曲がりだった父に対して一度も文句を言ったり、自分の意見を強く主張することもなかった。私に愚痴を言ったことすらない。一度だけ私が「何かしら不満があるでしょ」と無理に問いただしたとき、

「そうね、相談できる人だったらよかったと思うわね」

と言ったきりだった。

母はいつも笑っていた。眼が笑っていた。何をするのも楽しそうだった。くよくよしないカラッとした性格と、働き者の性分、目立つことは嫌いだということが表情に出ている。

母の友人が言った。

「お仕事一緒にしていたことがあるのよ。お嬢さまのように見えたけど、すごくよく仕事したわね。あるとき友人に、何人かで写した写真を見せて、『私の友達に貴族の出の人がいるんだけど、どの人だと思う？』って言ったら、その人、『この人でしょ』ってあなたのお母さまを指さしたのよ」

今でこそ白髪も増えたが、年齢よりも随分若く見える。

私が小さいとき、母は言った。

「勉強はできなくてもいいから、お利口さんであってほしいわ」

母の言うお利口とは、ここでどうすべきか考えることができるということだった。

母自身がそうだった。人の悪口は決して言わなかった。言うべきことははっきり言ったが、思ってもいないお世辞は口にしなかった。

私は小学校三年のとき、学校をずる休みしたことがある。国語の時間にブレーメンの音楽隊をやっていて、四人の班ごとに、役割を決めて台詞を読んだ。私はにわとりの役だった。

「ヒヒーン！　ワンワン！　ニャーオ！　コケコッコー！」

と順番に叫ぶところで、私は「コケコッコー」と言えなかった。同じ班の男の子に、「もっと大きな声で言えよ」と何度も言われた。それができなかった。

班ごとに前に出て、教科書を読む日がきた。私は朝、学校に行きたくないと母に訴えた。いけないことだとわかっていても、どうしても行きたくなかった。父が私の部屋に来た。

「具合が悪いんだって？」

「ん」

「寝ていなさい」

父は出かけていった。母は父にほんとうのことを言わなかったのだ。私にとって、父はいつも正義であり、母はいつも私の味方だった。

翌日、ろば役の男の子は、「俺がろばとにわとり両方やったんだぞ」と言っただけだった。私はもう二度とずる休みはしないと思った。


父が、他の人に母のことを話しているのを一度だけ聞いたことがある。

「奥さまはお料理がお上手なんですってね」

「上手ではないけれど、いろいろなものを作ろうという意欲はあるね」

私はそれを母に伝えた。

「そうなのよ。料理は実は下手なのよ。でもやろうという気持ちはあるの。さすが、お父さまねえ」

と嬉しそうだった。最高の褒め言葉だったのだと思う。

父が入院しているときに、退職の記念品だっただろうか、庶務の方がカタログを持っていらした。どれでもその中から一点選べるという。父は母に、

「好きなのを選んでいいよ」

と言って、カタログを渡した。母はパラパラとめくって、腕時計を指さした。

「これをお願いします」

ちょうどそこに見舞いにいらしていた先生が、笑っておっしゃった。

「私ならきっと一晩カタログを見て一番高いのを捜して決めますわ。さすがに大橋先生の奥さまでいらっしゃいますね」

父の方を見ると、結構満足そうな顔をしていた。

母は、父が膵臓炎で入院してから毎日のように病院に通った。用事でいつもの時間に行けないときは、遅くなってからでも病院に顔を出した。

一年七か月の入院生活を経て、父がとうとう旅立ってしまっても、母はいつもと変わらず、手続きや後片付けに忙しくしていた。さすがの母も、納骨が済んで身体を壊したが、

「現役のときだったから、皆さんが惜しんでくださった」

と前向きに父の死を受け止めていた。

それでも母は、必ず見ている新聞の死亡欄で、七十歳代、八十歳代の年齢を見るたびに言った。

「ここまで生きたんだから、十分よねえ」

私は父のエッセイが仕上がると、母に見せた。

「よく書けるね。それに、よくこれだけ覚えてるね。尊敬する！」

「お母さまに尊敬されてもねえ」

「あら、私めったに人を尊敬しないのよ」

そういう母が父のことを尊敬できるという。

結婚した頃、父が研究所で掃除をしてくれたり、試験管を洗ってくれたりする人たちに心して挨拶をするように心がけているというのを知って、この人は尊敬できる人だと思ったという話を聞いたことがあった。父と母は、確かにそのような価値観が同じだと思う。それだけが唯一の共通点かもしれない。

最近その話を母にした。

「そうね、お父さまの生きる姿勢は尊敬できるわね。でも、性格はねえ……」

と笑った。

セイチャン

一色祐嘉子

子どもの頃、夏休みに岐阜の家に家族そろって遊びに行った。その家は、私の住んでいる家とは全く違っていた。道路すれすれの所に建っているその家には土間があった。トイレに行くには一度家の外に出なければならなかった。顔を洗うのも外の井戸。庭のスピッツがキャンキャン吠えて、顔を洗いに行くのが怖かった。その家に帰ってくると、父は皆に〝セイチャン〟と呼ばれていた。父は〝マコト〟という名前なのになぜ〝セイチャン〟なのか、まだ漢字を読めない私には不思議でならなかった。〝セイチャン〟と呼ばれている父は、普段とは少し違うイントネーションで喋っていた。きっとそれはいつもの私の父ではなく〝セイチャン〟なんだと思った。

夜になると、大人たちだけでまだ話があるからと、私を二階の部屋に寝かせて父も母も一階へ行ってしまった。私はだだっ広い部屋の真ん中に一人ぽつんと寝かされていた。ほんとうは何畳の部屋だったのか定かではないが、そのときは二十畳くらいの大広間に感じた。真っ暗な部屋の中でだんだん目が慣れてくると、部屋の上の方に掛けてある軍服を着た写真の人が何人も私を見下ろしているのに気がついた。あの人たちは私のことをどう思いながら見ているのか、何だか怖い気がした。静かだった。突然ものすごい飛行機の音が闇を裂いた。何機も何機も飛んでいるようで、いつまでたっても音は止まなかった。まるで戦争中にタイムスリップしてしまったようだった。戦闘機がこの家の屋根に向かって落ちてくるのではないかという恐怖に怯えながら、いつしか私は眠りについていた。

次の日の昼間、父は郵便局に小包を出しに行くよう頼まれていた。今ではもうあまり見ない、荷台の大きな自転車に小包をくくりつけて、父は自転車にまたがって行った。荷物が重いのか最初少しふらついていた。「大丈夫かねえ」見送る皆の心配をよそに、父は自転車を走らせて行った。白いシャツの後ろ姿がやけにまぶしく感じた。私は、「へえ、お父さま自転車に乗れるんだ」と何だか意外な感じがした。今までに見たことのない後ろ姿は、やっぱり〝セイチャン〟なんだと思った。

父の日

一色祐嘉子

次の日曜日は父の日だった。私は父に、父の日のプレゼントをあげようと思い、会社帰りに新宿の店を見てまわった。だが父の日用のギフトとして売られている物は、入院生活をしている父にとって不要な物ばかりだった。何にするか決まらないまま閉店時間が迫り、焦り始めたそのとき、ふと目にとまった物があった。それは水栽培用の種だった。子どもの頃、父と一緒に近くの野原に出かけて、スミレの花を採ってきては庭に植えたことを思い出した。父が自分で福寿草の鉢植えを買って帰ってきたこともあった。水栽培の種の芽が出て、成長するのを楽しみにしてくれたら……自分勝手な気持ちの押しつけかもしれないとも思ったが、これにしようと決めた。セットの容器は味気ないので、それだけでも鑑賞用になるような、きれいなグラスを選び、ラッピング用のリボンも買った。家に帰って自分でラッピングをしながら、日曜日の父の日にプレゼントを持ってお見舞いに行こうと決めた。

金曜日の夜、私は残業をしていた。同じフロアーの人はすでに全員帰ってしまい、私ひとりが残っていた。時計を見るともう九時をまわっている。もう帰らなくてはならない時間だ。後片付けを始めたとき、ふと月曜日に会社に来られないような気がした。私が休んでも、やりかけの仕事がとまらないようにメモを残して帰ろうか、そう思ったが、なんだか縁起でもない、そう思い直してそのまま後片付けをして帰った。

土曜日の夜、食事中に母から、すぐ病院に来るようにと電話があった。病院に向かう車の中で、こんな時に事故を起こしやすいんだろうなと妙に冷静に考えていた。そんな冷静な自分に気がついている、さらに冷静な自分がいた。

父の日のプレゼントは渡せなかった。

父は、父の日の前日六月二十日、永眠した。

皆様に支えられて

大橋貞子

一九九二（平成四）年六月二十日に夫が亡くなって、早いもので昨年七回忌を迎えました。

責任感が人一倍強く、正義感に満ち溢れていた夫は、仕事、仕事に追われる日々でした。仕事においてのみならず、家庭においても生真面目で、曲がったことが大嫌いでした。長女が仕事を辞め、失業保険をもらおうとしたら、再就職する意志がないのに、そんなえげつないことをするな！　と言うし、娘たちが流行りの言葉を使うと、そんな日本語はない！　と言う。全てこの調子でした。子どもたちは、心の中ではブツブツ思いながらも、父親に逆らったことがないのは、夫の生きる姿勢に対して、心から尊敬していたからだと思います。

入院生活をしている間、大勢の先生方にお見舞いをしていただきました。私は、夫は内面《うちづら》だけが悪いとばかり思っていましたが、どうして、どうして、外面《そとづら》もとても悪いので驚きました。病院にいらしてくださった先生にでも、それが仕事上のことになりますと、自分の意見をきっちりと言いきりました。

「これはどうなっているの？」

「〇〇くんに任せてありますから、聞いておきます」

「誰に任せてもいいから、上の者は全てを把握していなくてはだめではないの？」

きつい口調でした。気の弱い私は、いつも会話を聞きながらはらはらしておりました。

そんな口の悪い、愛想のない、怒りっぽい夫を皆様が慕ってくださることには、とても感謝いたしました。

元衛生研究所の帆刈祥弘庶務課長が、

「自分には今までに師と呼べる人が三人いました。そのひとりが大橋先生です」

とおっしゃってくださった言葉は、私にとりまして、とても嬉しいことでございました。毎日病院に通いましたお陰で、皆様のお話を伺い、ご好意にふれることができました。皆様に支えられて、今の夫があることも知りました。また夫のことを遅ればせながら、再認識することもできました。

七回忌の折、「大橋誠を偲ぶ会」を生前親しくしていただいた元東京都立衛生研究所の工藤泰雄先生、太田建爾先生をはじめ、元国立予防衛生研究所、神奈川衛生研究所の先生方がしてくださり、それに私も参加させていただきました。

私の隣に座っていらした、東大で講師をしていらっしゃる中村明子先生が、

「大橋先生は、人に絶対に媚びることをしない人でした」

と話してくださいました。他の先生方もいろいろ夫の話をしてくださいました。

「先生はよく『会議や研究会は、意見を述べるために出席するのであって、拍手しにいくのではないぞ』とおっしゃっていました」

「先生は、人の肩書は全然気にしない方で、『人間は皆平等だというところから始まる』と常々おっしゃっていました」

「男性に対しては厳しく、女性には優しい。とてももてたんですよ」

何しろ、釣りにご一緒したり、飲み仲間の先生方でしたので、おもしろおかしくお話ししてくださり、とても和やかな雰囲気でございました。会食後、太田先生が会計を済ませるのにどういうわけか時間がかかり、私たち全員外でお待ちしておりました。すると、工藤先生が、

「お金を払うのに、何でそんなに時間がかかるんだ？」

と夫の声色でおっしゃるものですから、皆で大笑いしてしまいました。

「偲ぶ会」が終わり、数日してから、元日本国際医療団の理事役の太田新生様が、

「奥さんお元気でしょうか。七回忌ですね」

とお電話をくださいました。山歩きがお好きな方で、何かのお礼に差し上げた、私の手作りの小銭入れを、今でも使ってくださっているそうです。

「山歩きのときはいつも持ち歩き、大橋さんのことを思い出しているんですよ。とても自分を理解してくれた人でした」

と感慨深くお話ししてくださいました。丸六年もたちますのに、お忘れなく、思い出してくださるなんて、ほんとうにありがたいことでございます。

主人はとても照れ屋で、私に普段感謝の気持ちなど表したことなどありませんでしたが、私が病院に泊り込むようになったとき、しみじみと、

「世話をかけるなあ」

とひとこと言いました。そのときの顔を思い出すと、今でもじーんと胸が熱くなります。その話を、

夫の長姉に話しましたら、

「あなたにそのひとことを言ってくれてほっとしました」

と涙ぐんでいました。

私は夫が亡くなったことにより、人の悲しみ、痛みがわかり、その人の立場になってものを考えることができるようになりました。時々何かに行き詰まると、こんなとき、夫だったらどう思うかな？　どう対処するかな？　と思うと、自ずと道が開ける気がいたします。私は亡くなった夫の思い出の中に感謝の気持ちが育っていく自分に気づきます。そして、夫の死がきっかけになって、自分はどのようにして生きていけばよいか、そして、生きている間は、一生懸命に生きることを楽しみたいと思うようになりました。

死は当たり前のことであり、誰もがあの世に行きます。あの世に行くために今があるんだと、そう思えるようになりました。

私は夫亡き後、多くの方のご親切や励ましをいただきました。ひとつひとつ取りあげると数多くございます。ここに心からお礼を申しあげます。

諸先生方のご健康と今後のご活躍を心からお祈り申しあげます。

おわりに

本書で書いた「白い朝顔」は、実家の隣人がフェンス周りをきれいにして以来芽を出さなくなりました。本を読み返したことで思い出し、私のところにある古い種をプランターに蒔いてみました。別のプランターに植えた昨年の大きなピンクの朝顔はすでにつるを伸ばしているというのに何の変化もなく、随分前の種だから仕方がないとあきらめかけたとき、小さな芽が出てきました。今年の夏は、あの白い朝顔に再会できるかもしれません。

『大きな重い枕』には、太田建爾先生が、学会の資料を作成した際、データの枠を手書きで囲んだときのエピソードを載せてくださっています。父から「0・5ミリ近くも歪んでいるではないか。美的感覚がないなあ。書き直し」と一喝されたそうですが、徹底してこだわるところと全く構わないところがある性格は、息子の亮が引き継いでいるように思います。研究職を目指していたのに教授の思いに反して、化粧品の容器に関わる仕事を選びました。「ものづくりがしたい」「向上心をもちたい」というのも、人に媚びないところも父に似ています。

娘の茉子はこの春医療系の大学を卒業しました。視能訓練士の資格をとって、四月から眼科病院で働き始めています。国家試験を終え、最後の春休みに娘と二人で長崎を旅行しました。平和公園を訪れ、永井隆記念館に行きました。私が中学一年生の時に父から永井隆著『ロザリオの鎖』と『如己堂随筆』を渡されて読んだことがあったからです。娘に永井隆を知ったいきさつを話しながら二畳ほどの小さな如己堂を見て、時間をかけてじっくり展示物を読みました。その後に原爆投下の地を見てから、原爆資料館に行きました。最後の方に小さなスペースでしたが、永井隆に関する展示があって、少し前に永井隆記念館で心に響いた言葉がそこにも展示してありました。覚えたと思っていた言葉がすでに忘れかけていたので、メモ用紙に書き留めました。

「忘れたくないからこの言葉メモしたよ」

と言って見せると、茉子はバッグから記念館のしおりを出して、

「私もこの言葉メモった」

と見せてくれました。記念館にはたくさんの永井隆の言葉が展示してあったにもかかわらず、しおりの隙間に私がメモしたのと全く同じ言葉が茉子の字で書かれていました。

　平和を祈る者は針一本隠し持ってはならぬ。武器を持っていては平和を祈る資格はない　永井隆

母のことを『大きな重い枕』の中で趣味が多いと書きましたが、出版のあとも、スケッチを習い始めて、ツアーに参加して風景を描いたり、エンジェルハープを習い、その後グランドハープに変えて何度か発表会にも出ました。八十四歳になる今は教室はやめて自分のペースでハープを弾き、袋物を作ったり、仕事をする妹に週に何回か夕食をつくっています。今でも父の命日には好きだった皮から

手作りした餃子をお供えしています。今回の出版を大変喜んでくれています。

今回、本を出版するにあたり、掲載の許可をいただくために千葉大学腸チフス事件で父とともにたたかったジャーナリストの大熊一夫さんと大熊由紀子さんにお電話させていただきました。母に年賀状をくださっている大熊由紀子さんは『寝たきり老人のいる国いない国』の著者です。突然の電話に明るく対応してくださいました。

「ついこの間、誰とだったかしら、最近お名前がすぐ出てこないのだけれど、お噂していたところなんですよ。今私が冤罪の仕事に関わっているのは大橋さんとの出会いが原点です。信念の方。まがったことが大嫌いな方でした」

大熊一夫さんは『ルポ・精神病棟』『冤罪・千葉大学腸チフス事件――この国に生れたるの不幸②』の著者です。歌を歌われると聞いていましたが、ほんとうに魅力的なお声でした。文章を載せることを快く承諾してくださり、

「一度お家に伺ったとき、栗の渋皮煮を出してもらって、とてもおいしかったのを覚えています」

と話してくださいました。

仕事のお仲間や家族を思うとき、確かに父が生きていて、今に続いているのを実感します。

私は、今後仕事にしたいと思ってチョークアートを習っています。湯浅真輝先生のご指導のもと、本書のカバー表紙の絵を描きました。本文中の「魔法の手」で書いている、私が小さいときに父が作ってくれたギャロップ、凧、万華鏡です。父の本『広い窓』をイメージして、窓からの光が射しこんで

います。父が窓の外の今の社会をどのような思いで見ているのか想像したい、と考えました。写真はもちろん父、大橋誠です。ビー玉は、ひとつやふたつでは遊べません。ひとりやふたりではなく多くの人が集まって、よりよい社会をつくりたいという願いをこめて描きました。

合わせて、『広い窓』の「サンパギータ」「じろ飴」をイメージしてⅡ章とⅢ章の扉絵を描きました。

『広い窓』出版から二十六年、『大きな重い枕』出版から十八年の時がたち、たくさんの方のお力によって、夢にも思わなかった父との共作の本ができました。しかも、一葉社から、世の中の理不尽に対して問う本としての出版です。

父がこの本を手に取って「ありがとう」と言うのがわかります。

本の出版にご尽力くださった一葉社の和田悌二様、大道万里子様、装丁をしてくださった松谷剛様、そして、この本を読んでくださった皆様に感謝いたします。ありがとうございます。

人権が大切にされる世の中であるように、戦争をくり返すことが決してない平和な世の中であるように、日本国憲法が守られるように、皆様とともに考えていけることを願っています。

2018年6月

飯田佐和子

大橋　誠（おおはし・まこと）の略歴

1930（昭和5）年8月11日　岐阜県養老郡養老町高田に生まれる
1948（昭和23）年3月　岐阜県立大垣中学校卒業
同　年4月　岐阜県立医科大学予科入学
1951（昭和26）年4月　岐阜県立医科大学入学
1955（昭和30）年3月　岐阜県立医科大学卒業
1956（昭和31）年9月　国立公衆衛生院正規課程医学科（1年コース）修了
1957（昭和32）年6月　国立予防衛生研究所細菌部第3室勤務（厚生技官）
1964（昭和39）年5月　国立予防衛生研究所細菌第一部ファージ型別室
1967（昭和42）年10月　国立予防衛生研究所細菌第一部主任研究官
1968（昭和43）年6月　国立予防衛生研究所細菌第一部ファージ型別室長
1976（昭和51）年9月　国立予防衛生研究所退職
同　年10月　東京都立衛生研究所勤務（専門参事研究員）
1977（昭和52）年12月　東京都立衛生研究所微生物部長
1985（昭和60）年4月　東京都立衛生研究所毒性部長兼務
1987（昭和62）年5月　東京都立衛生研究所所長（専門理事）
1991（平成3）年7月31日　東京都退職
1992（平成4）年6月20日　61歳死去

医学博士、日本細菌学会評議員、日本感染症学会評議員、感染性腸炎研究会幹事、厚生省伝染病予防調査会専門委員、厚生省公衆衛生審議会専門委員、Royal Society of Tropical Medicine and Hygiene 会員。

著書45編、原著87編、総説解説56編、学会発表306編、他編著書多数。

大《おお》 橋《はし》 誠《まこと》 を 求《もと》 め て

——「千葉大腸チフス事件」の冤罪を告発した疫学者

2018年8月11日　初版第1刷発行

定価　2500円＋税

編　　者　飯田 佐和子

発 行 者　和田 悌二

発 行 所　株式会社　一葉社

〒114-0024 東京都北区西ケ原1-46-19-101

電話 03-3949-3492 ／ FAX 03-3949-3497

E-mail : ichiyosha@ybb.ne.jp

URL : https://ichiyosha.jimdo.com

振替 00140-4-81176

装 丁 者　松谷　剛

印刷・製本所　モリモト印刷株式会社

ISBN978-4-87196-074-8